基 本 講 義

契　　　約・事務管理
不当利得・不法行為

小賀野 晶一
　　　　　　　　［著］
亀 井 隆 太

成 文 堂

はしがき

　民法は，私的生活を規律する規範であり，私たちの生活・生活関係に関する私法の一般法である。民法は人，物，私人間の権利・義務にかかる法体系を構成し，これらについて規律している。今日の社会的活動，経済的活動は民法制度によって支えられている。民法制度は私たちが生活をしていく上での法律技術・生活技術（生活の方法）を提供している。

　2017年に民法（債権関係）改正法が成立し，2020年4月1日に施行された。改正法により，契約を中心にして債権のルールが改められた。

　本書は，改正後にかかる民法典第3編「債権」の2章「契約」，第3章「事務管理」，第4章「不当利得」，第5章「不法行為」を主に扱っている。債権各論と呼ばれる分野を中心としているが，本書では，民法・財産法の全体を総合的に学べるよう，財産法の基礎となっている民法総則や，債権全体に共通するルールを定めた債権総論についても所々で触れている。

　本書は，初学者が自分で読み進めることができるよう，分かりやすい説明となるように心掛けた。また，問いかけや，事例を挙げてからの説明もできる限り多く取り入れ，問題意識をもって具体例に学べるよう工夫した。学習の便宜のため，あえて民法の体系とは異なる順序で叙述したところもある。なお，改正前の民法の状況については最小限度の記述にとどめた。

　民法の学習者は，民法だけでなく，常日頃社会に対して関心を持ち，これからどのような社会をめざすべきかを考えて行かなければならない。新型コロナ・ウィルスの問題は，①生命の重要性，②危機意識をもって予防的対応をとることの重要性を教えており，私たちの生活を対象にする民法のあり方，民法の教育・研究の目的について根本的に再考する契機を与えた。少子・高齢社会など他にも私たちは様々な問題に直面している。ここにおいて民法はどのような役割を果たすことができるだろうか。

　従来，民法学は解釈論を中心に精緻な研究を続け，教育にも反映させてきた。この重要性はこれからも変わることはないが，今後は上記①・②を柱に

して民法の規範定立を明確にすることが重要である。本書はこのような問題意識のもと民法の規範定立に努めた。なお，一部，小賀野『基本講義 民法総則・民法概論』(成文堂，2019 年) を参考にした。

　最後に，本書の出版にあたっては成文堂社長阿部成一氏のご高配を賜り，本書の企画・内容について編集部篠崎雄彦氏のご尽力を賜った。篠崎氏の激励と教示をいただくことがなければ本書は存在しなかった。ここにお二人とあたたかいご配慮をいただいた成文堂の皆様に心より感謝申し上げたい。

　　2021 年 2 月

小 賀 野 晶 一

亀 井 隆 太

目　　次

Ⅲ　契約各論

IV　法定債権

凡　例

判例時報　→　判時

判例評論　→　判評

判例タイムズ　→　判タ

判例地方自治　→　判自

法学教室　→　法教

ジュリスト　→　ジュリ

最高裁判所民事裁判例集　→　民集

大審院民事判決録（民事）　→　民録

大審院刑事判決録（刑事）　→　刑録

交通事故民事裁判例集　→　交民

I　序　論

第1　近代法原則

1　民法の意義

　民法の最大の成果は，私たちの自由な活動を保障したことにある。民法は生まれてきたすべての人（自然人）に等しく権利能力を付与する（権利能力平等の原則）。権利能力とは，権利義務の帰属主体となることができる資格をいう。自然人以外で法律によって権利義務の主体とされているものを法人という。

　権利能力平等の下で働く原理は，私的意思自治の原則である（私的意思自治の原則は，私的自治の原則，意思自由の原則などともいわれる）。これは，自由な社会に生きる私たちは，まずは自分の意思に従って生活関係を形作るべきであるという考え方である。

　私的意思自治は，所有権絶対，契約自由，過失責任の近代原則とともに，私法の基本原理を構成し，私たちの自由な活動を保障する。

　1898年に民法典が施行されて120余年が経過し，この間に民法典の改正，民法特別法の制定，民法に関する判例の蓄積，これらに伴う解釈論の精緻化など，民法の展開がみられる。

　経済的地位の弱い者を保護し，社会の福祉の向上を図るべく，近代法原則である所有権絶対，契約自由，過失責任の各原則はそれぞれ修正されていった。すなわち，解釈や立法によって所有権や契約は一定の制限がなされ，過失責任は無過失責任へ修正され，実質的平等がめざされ，一部は実現していった。もっとも，ここでの修正は私的意思自治を否定するものではなく，これを補完するものと捉えるべきである。

　民法の現代化を辿るためには，近代法原則とその修正を確認することが有益である。

　そして，近代法がその規律や制度の前提とする合理人・合理的行動の標準が地域生活にもたらす意義と問題点を明らかにし，民法を展望することが必要である。

2　近代法原則

　近代法は所有権絶対，契約自由，過失責任の3つの原則を掲げた。このことは社会経済の発展の基礎となった。

(1)　所有権絶対の原則

　民法は，所有者は，法令の制限内において自由にその所有物の使用，収益及び処分をなす権利を有すると規定する（206条）。

　近代法は所有権の絶対性あるいは不可侵性を強調した。近代法の三原則の関係をみると，所有権絶対の原則は，憲法の財産権保障の規定（日本国憲法29条）のもとで，自由主義経済社会の基盤となった。所有権絶対の原則は，所有権の自由を意味する。これにより行為者の自由を保障している。

　所有権絶対の原則の基盤のうえに，契約自由の原則，過失責任の原則と相まって，個人の意思とその意思に基づく自由な活動が保障された。こうして，私たちは生活の拠点となる住居が確保され，生活のための物を取得・利用・消費し，様々なサービスを享受することができるのである。

　206条は近代法原則の所有権の自由を明らかにするとともに，それが「法令の制限内において」認められることを明らかにし，近代法原則の修正についても踏み込んでいる。民法現代化の過程において，所有権制限の法令は増加している。

(2)　契約自由の原則

　私的意思自治の原則は特に契約の場合に限った場合は契約自由の原則と呼ばれる。

　民法は近代法原則の1つである契約自由の原則を導入した。人は契約を締結するに際し，相手方を自由に選択し（相手方選択の自由），また，契約の方式や内容を自由に決定することができる（方式の自由，内容の自由）。契約を締結し

ない自由もある。これにより行為者の自由な活動を保障している。

　2017年改正法は，「何人も，法令に特別の定めがある場合を除き，契約をするかどうかを自由に決定することができる」（521条1項）と規定し（契約締結の自由），また，「契約の当事者は，法令の制限内において，契約の内容を自由に決定することができる」（同条2項）とした（内容決定の自由）。また，522条2項は「契約の成立には，法令に特別の定めがある場合を除き，書面の作成その他の方式を具備することを要しない」と規定し，方式の自由を明記した。

　521条は近代法原則の契約の自由を明らかにするとともに，それが「法令に特別の定めがある場合を除き」，「法令の制限内において」認められることを明らかにし，近代法原則の修正について明示した。

　契約は生活および生活関係の方法として重要な役割を果たしている。契約という方法を用いることによって私たちは生活をし，社会経済活動を行うことが可能になる。人は原則として，自由に契約を締結し，他者との間で契約関係（債権と債務の関係）に立つことができる。

(3)　過失責任の原則

　近代法原則の1つである過失責任の原則は，「過失なければ責任なし」といわれるように，行為者に故意または過失がなければその行為によって結果が発生しても結果に対して責任を負わないという考え方（過失責任主義）をいう。

　これにより行為者の自由を保障している。不法行為責任の成立には故意・過失，権利・法律上保護される利益の侵害（違法性），因果関係，損害の発生が必要であり（709条），かかる事実は被害者側が主張・立証しなければならない。

　過失責任主義に立つ以上，責任能力がない者に対し責任を追及することはできない。自己の行為がどのような意味をもつかを理解できない者に責任を負わせるのは酷である。民法はこのような考え方に立ち，いわゆる結果責任を認めていない。結果責任は自由，活発な行為を阻害する。責任能力については712条および713条の規定がある。責任能力が無かったことの主張・立証責任は加害者側にある。

　民法は近代法原則である過失責任主義を明らかにしているが，民法は中間

責任をも取り入れ，いくつかの特別法によって無過失責任の規定が導入され，民法の解釈論も事案によっては過失の立証責任を緩和して，過失責任主義を修正している。

第2 法制改革と 2017 年民法改正

1 第3の法制改革期

日本は3つの法制改革を経験した（星野英一『民法のすすめ』212 頁［岩波新書，1998 年]）。第1期は，明治民法（1898 施行，第1編から第3編までは，1896 年公布，第4編，第5編は 1898 年公布）の時代である。民法の創生期である。明治民法は日本の近代化の基礎になった。第2期は，昭和民法（1948 年施行）の時代である。親族編・相続編の全部改正が行われ，民法1条，2条が追加された。第3期は，平成民法である。現在は，法制改正の時代であり，以下に述べる 2017 年の民法（債権関係）改正はここに位置づけられる。第2期，第3期は民法現代化の時代でもある。

2 2017 年民法（債権関係）改正の経緯

2009 年 10 月，法務大臣は法制審議会に対して諮問を行った（諮問 88 号［平成 21 年 10 月 28 日総会]「民法（債権関係）の見直しについて」)。

「民事基本法典である民法のうち債権関係の規定について，同法制定以来の社会・経済の変化への対応を図り，国民一般に分かりやすいものとする等の観点から，国民の日常生活や経済活動にかかわりの深い契約に関する規定を中心に見直しを行う必要があると思われるので，その要綱を示されたい。」

諮問を必要とする理由としては，「社会・経済の変化への対応」，および「国民に分かりやすい民法」が挙げられた。法制審議会は，法制審議会民法（債権関係）部会を設置した。

法制審議会民法（債権関係）部会では，民法のうち債権関係の規定の見直しについての調査，審議をした（審議の状況はウェブサイトで公表され，また商事法務編『民法（債権関係）部会資料集』［商事法務］として公刊された)。そして，「中間的な論点整理」の公表，パブリックコメントの手続を経て，「中間試案」を公表し

た（商事法務編『民法（債権関係）の改正に関する中間試案』，同『民法（債権関係）の改正に関する中間試案の補足説明』［商事法務，2013 年]）。

　その後，「民法（債権関係）の改正に関する要綱案」の作成（2015 年 2 月）を経て，2015 年 3 月 31 日，民法の一部を改正する法律案（第 189 回閣第 63 号）が国会に提出された。提出の理由は，「社会経済情勢の変化に鑑み，消滅時効の期間の統一化等の時効に関する規定の整備，法定利率を変動させる規定の新設，保証人の保護を図るための保証債務に関する規定の整備，定型約款に関する規定の新設等を行う必要がある。これが，この法律案を提出する理由である」というものである。

　2017 年 5 月 26 日，民法の一部を改正する法律案が可決，成立し（同年 6 月 2 日に公布，法律第 44 号）（施行日は，一部の規定を除き，公布の日から起算して 3 年を超えない範囲内において政令で定める日），同月同日，民法の一部を改正する法律の施行に伴う関係法律の整備等に関する法律案が可決，成立した（同年 6 月 2 日公布，法律第 45 号）（施行日は，一部の規定を除き，民法の一部を改正する法律の施行の日）。

　改正法は 2020 年 4 月 1 日に施行された（経過措置については「附則」［第 189 回国会閣法 63 号］参照）。

第 3　債権各論・債権の特徴

1　債権各論とは

　本書は債権各論を主たる対象としている。民法は，第 1 編「総則」，第 2 編「物権」，第 3 編「債権」，第 4 編「親族」，第 5 編「相続」の 5 編から成る。そのうち，民法第 3 編「債権」は，第 1 章「総則」，第 2 章「契約」，第 3 章「事務管理」，第 4 章「不当利得」，第 5 章「不法行為」の 5 章に分かれている。第 1 章「総則」の部分は「債権総論」と一般に呼ばれている。そして，契約，事務管理，不当利得，不法行為の 4 つは「債権各論」と呼ばれている。債権各論は契約や不法行為など日常生活に密接に関わる事柄を扱っている。

民法典の体系

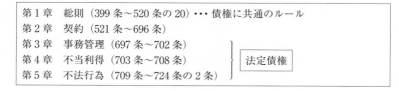

第1編 総則（1条〜174条）…民法に共通のルール（財産法の共通ルール）
第2編 物権（175条〜398条の2）
第3編 債権（399条〜724条の2）⎱ 財産法
第4編 親族（725条〜817条の11）
第5編 相続（882条〜1050条）⎱ 家族法

民法第3編「債権」

第1章 総則（399条〜520条の20）…債権に共通のルール
第2章 契約（521条〜696条）
第3章 事務管理（697条〜702条）
第4章 不当利得（703条〜708条）⎱ 法定債権
第5章 不法行為（709条〜724条の2条）

債権の発生原因

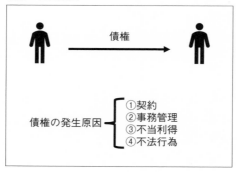

債権の発生原因 ── ①契約 ②事務管理 ③不当利得 ④不法行為

2 判例法

　民法の条文と並んで重要な法源として判例がある。裁判所の下す判決は，具体的な事件を解決するためのものであるが，裁判所が，類似の判決を行うことにより，他の同様の事件についても，事実上同一の解決を示すことにつながる。他の類似事件にも事実上の拘束力が生じて，裁判例が法規範性を帯びるのである（最高裁判所の判例の場合はそれが顕著となる）。わが国の民法は成文法主義を採用し，裁判所が下す判決は個々の事件の解決のためのものであって先例拘束性はない。しかし，法規範性を帯びた判例民法（判例法）は，成文

民法と並んで法源の1つとして重要な意義を有する。

3　債権と債務

　Aは所有する絵画をBに売却した。このとき，Bは「絵画を引き渡してくれ」とAに請求することができる。「絵画を引き渡してくれ」というように，ある特定の人が，他の特定の人に対して，特定の行為を請求することができる権利のことを債権という。債権を有する者を債権者という。債権者に対して義務（債務）を負う者を債務者という。絵画の引渡しに関しては，Bが債権者，Aが債務者ということになる。代金に関しては，AがBに対して「代金を支払え」と請求できるからAが債権者であり，代金を支払う義務を負うBが債務者である。

4　債権と物権

　民法は第2編に物権，第3編に債権について規定し，第1編総則とともに財産法を形成している。物権，債権ともに財産権として不可侵性を有する（日本国憲法29条1項）。物権，債権は私有財産制度の基本となる権利である。

　物権とは，物を直接的に支配することによって利益を享受することができる排他的な権利である。これに対して，債権とは，ある特定の人が，他の特定の人に対して，特定の行為を請求することができる権利である。債権を有する者を債権者という。債権者に対して義務（債務）を負う者を債務者という。債権の性格を物権と対比して考えてみよう。

　物権とは，物を直接的，排他的に支配する権利である。物権の直接性とは，物を直接支配できるという性格である。たとえば，ある物をAが所有しているという場合，Aは他人を介在させずに，直接自分で使用・収益・処分をすることができる。これに対して，債権の場合は，債務者の行為（履行）があってはじめて権利を実現することができる（物を直接支配することはできない）。

　次に，物権の排他性とは同一の物に一個の物権が存する場合，これと両立しない物権が同時に存在することはないという性格のことである。たとえば，ある物をAが単独所有している場合は，同時にその物にBの所有権があるということはない。これに対して，債権にはそのような排他性はない。たと

えば，ある人が同じ時間に別の劇場で演技をするという債務は複数成立することがあり，あとは，債務者がどの債務を履行するかの問題が残るのみである。

　そして，物権には，絶対性，すなわち，誰に対しても主張ができるという性格がある。たとえば，物を買って所有権を取得した場合，「これは自分のものだ」ということは，（対抗要件を備えれば）その物の売主だけでなく誰に対しても主張できる。これに対して，債権者が権利を主張できるのは債務者に対してのみであって，債権者は，債務者以外の者に対して権利を主張できないのが原則である。このことをもって債権は相対的権利であるという。

債権と物権

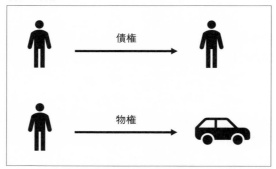

II　契約法を学ぶための基礎知識・契約総論

第1　契約に関する規律

1　契約とは

　日常生活において私たちは，電車やバスに乗ったり，コンビニエンススト
アで食料品を買ったり，レンタカーを借りたりと，様々な契約を結ぶことに
よって生活を営んでいる。長い人生においては，大工さんに家を建ててもらっ
たり，銀行から金銭を借りたり，高齢者福祉施設に入所することもあるだろ
う。これらも契約による。また，企業間の取引では，多種多様で大規模な取
引が大量に行われ，契約の態様も複雑化している。

　契約と約束の違いは何だろうか。契約も約束の一種であるが，契約は守る
ことが国家によって強制されている。たとえば，契約に違反すれば，裁判所
によって損害賠償の支払いを命じられる。自由な社会に生きる私たちは，ま
ずは自分の意思に従って生活関係を形作ってゆくべきであるという考え方を
私的意思自治の原則という。ただし，わがままが許されるわけではない。自
分の意思に基づいて行った行為には拘束を受ける。契約についていえば，自
分の意思で締結した契約は守らなければならない（「契約は守られなければなら
ない」）。

　契約は守ることが国家によって強制されているということを，契約には法
的拘束力があるという。これに対して，友人同士で「明日，一緒に遊ぼう」
と約束をした場合や，家族内で「部屋の掃除をする」といった約束をした場
合に，その約束を破られたとしても，その履行や損害賠償を命じる判決を裁
判所に求めることはできない。

2　契約締結の効果

　契約を締結するとどのような効果（効果とは法律効果とも呼ばれ，具体的には，権利が発生したり，変更したり，消滅したりすることである）が生じるだろうか。特定物売買（当事者が物の個性に着目した売買）を例にとると，売買契約の締結によって，次の2つの効果が生じる。第1に，売買の目的物を引渡す，代金を支払うという当事者双方の債権債務が発生する（債権的効果）。第2に，契約時に，売買の目的物の所有権が売主から買主に移転する（物権的効果）（最判昭33年6月20日民集12巻10号1585頁）（なお，所有権の移転時期の問題については，他に有力な見解がいくつかあるが物権法で詳しく学ぶ事柄であるのでここでは割愛する）。

最判昭33年6月20日民集12巻10号1585頁
　「売主の所有に属する特定物を目的とする売買においては，特にその所有権の移転が将来なされるべき約旨に出たものでないかぎり，買主に対し直ちに所有権移転の効力を生ずるものと解するを相当とする。」

3　事情変更の原則

　事情変更の原則とは，すべての契約には，「契約締結時の事情が存続する限りにおいて効力を有する」という条項が含まれており，もしその事情が変更したとすれば，契約の拘束力は失われるという考え方をいう。これはローマ法以来の考え方であるが，「契約は守られなければならない」という原則と矛盾する可能性をはらむ考え方である。

　事情変更の原則に関する一般的な明文は存在しないが，公平の見地から一定の要件の下で認められるべきものである。

　事情変更の原則を適用する要件としては，①当事者の予見しえなかった著しい事情の変更が生じたこと，②事情の変更が当事者の責めに帰すことができない事由によって生じたものであること，③契約通りの拘束力を認めることが信義則（1条2項）に反することを要すると考えられている。判例もこれらの要件を前提としていると考えられる。

　事情変更の原則が適用される場合の効果としては，①不利益を受ける当事者が契約の解除権を取得すること，②変更した事情に応じて契約の内容を改

訂する権利を取得することなどが考えられている。また，③これらの効果に先立って契約の再交渉義務を生じさせるという考え方もある。

4　債務不履行とは

> AはBからパソコンを購入した。Aは代金を払ったが，Bは引渡日になってもパソコンを引き渡さない。Aはどのような法的手段をとることができるだろうか。

債務者が任意に債務を弁済しない場合，民法のルール上，債権者は一定の要件を満たすことにより，次の法的手段をとることができる。

① 履行の強制（414条）
② 損害賠償請求（415条）
③ 契約の解除（541条，542条）

債務者が債務を任意に履行しないときは，民事執行法の規定に従い，債権者は履行の強制（強制履行，強制執行）を裁判所に求めることができる。履行の強制とは，裁判所の力を借りて債務の内容を強制的に実現することをいう。

しかし，強制履行では，債権者が被った損害を完全に回復できない場合がある。また，強制執行に代えて損害賠償を認める必要もある。そこで，債権者の債務者に対する損害賠償請求権が認められている（415条，414条2項，545条4項）。債務不履行に基づく損害賠償をするためには，債務が存在すること，債務が履行されないこと，損害が発生したこと，不履行と損害との因果関係があることが必要である。ただし，債務不履行が契約その他の債務の発生原因および取引上の社会通念に照らして債務者の責めに帰することができない事由によるものであるときは債務者は免責される（415条1項ただし書）。

また，債権者としては，その契約から解放されて，契約の拘束力から免れたいという場合もある。そこで，債権者には契約の解除権が認められている（541条，542条）。

5 契約に関する規律

契約の章は民法第3編「債権」の第2章に位置づけられ，契約に関する重要な規定が置かれている（521条～696条）。しかし，契約について考えるにあたっては，民法の他のパートに置かれている規律も踏まえなければならない。同じ第3編の第1章第2節「債権の効力」にも，契約にも関わる重要な規定が置かれている（債務不履行責任等）。

また，契約は法律行為である。民法第1編「総則」には，法律行為に関わる規定，また，法律行為の構成要素となる意思表示に関する規定が多く存在する。具体的には，第1編第5章「法律行為」の第1節「総則」，第2節「意思表示」，第3節「代理」，第4節「無効及び取消し」，第5節「条件及び期限」の規定（127条～137条）の各規定がある。

他にも意思表示や法律行為を行う主体である自然人の意思能力（3条の2），行為能力（4条～21条）の規定も重要である。

第2 契約の成立要件と有効要件

1 契約の成立要件と有効要件

契約のプロセスでは，まず，①契約が成立しているか否かが問題となる（成立要件）。契約は原則として申込みと承諾の合致により成立する。

次に，②契約が成立していることを前提に，契約の有効・無効が判断される（有効要件）。有効要件には，(1)当事者に関わる一般的有効要件と，(2)契約内容に関する一般的有効要件がある（第7，第8を参照）。

(1) 当事者に関わる一般的有効要件

当事者に関わる一般的有効要件としては以下のものがある。有効要件が欠ける場合，契約は無効，または取り消しうる。代理権がないのに代理行為が行われても，それは無権代理となり，本人にその効果は帰属しない。

(ⅰ) 意思能力・行為能力

契約当事者が自然人である場合は，法律行為は意思無能力のため無効となることがあり（3条の2），制限行為能力者（未成年者，成年被後見人，被保佐人，被

補助人）の行為（5条2項，9条本文，13条4項，17条4項参照）として取消されれ
ば，契約は無効となる。

(ii)　意思の不存在・瑕疵ある意思表示

また，意思が欠け（意思の不存在），または意思表示に瑕疵がある場合（瑕疵あ
る意思表示），意思表示は無効とされ，または取消しうる意思表示となる。無効
となる場合として，心裡留保（93条），通謀虚偽表示（94条）がある。取消しう
る場合として錯誤（95条），詐欺・強迫（96条）がある。

(iii)　代理権限

代理権を有しない者が他人の代理人として契約した場合は無権代理とな
り，本人に効果は帰属しない（無効）。有効な代理であることが本人に効果が
帰属するための要件となる（効果帰属要件）。

代理の要件

　代理とは，代理人と相手方が行った法律行為（特に契約）の効果が本人に帰
属するという制度である（99条以下）。代理は，代理人による本人の活動範囲の
拡張（私的自治の拡張），判断能力が十分でない者が代理人によって活動を行い
うる（私的自治の補充）という機能を有している。

　有効な代理（有権代理）が成立するためには，①代理人と相手方の法律行為
があること，②顕名があること（代理人が相手方に対して「本人のためにする
ことを示し」たこと。99条1項），③法律行為に先立つ代理権が存在することが
必要である。

契約の効力発生要件

　契約の効力がいつ発生し，いつ消滅するのかという問題は契約の効力発生要
件として扱われる。法律行為の条件・期限（効力発生要件）が問題となる（127
条〜137条）。

---

(2)　契約内容に関する一般的有効要件

契約内容に関する一般的有効要件には，確定性，適法性，社会的妥当性が
ある。

契約の給付内容は確定できるものでなければならない（確定性）。給付内容
が確定されていなければ，どのような内容として法的に拘束されるのかが不

明であり，契約として拘束力を与えることができないからである。確定性を欠く契約は無効である。

　また，契約は強行法規に反するものであってはならない（適法性）。債権法の規定の多くは，当事者が契約で定めていなかった事項を補充するための規定である（そのような規定を任意規定という）。契約自由の原則の下，原則として契約内容は自由に定めることができる。しかし，公の秩序に関する規定（強行規定）については，これに反してはならず，合意は無効である。たとえば，当事者で未成年者の契約でも取り消せないと定めても，強行規定(5条1項・2項)に反し，そのような強行法規違反の合意は無効である。物権や親族・相続に関する規定には強行法規が多い。

　さらに，契約は公序良俗に反するものであってはならない（社会的妥当性）。たとえば，麻薬の売買は公序良俗違反であり無効な契約である（90条）。

2 契約の無効・取消し

(1) 無効と取消し

　法律行為や意思表示は無効となったり，取消しとなったりする場合がある。ここで無効・取消しについて整理しておこう。

(2) 無効となる場合

　公序良俗違反（90条），強行法規違反（91条），意思能力を欠く状態でなされた法律行為(3条の2)，心裡留保(93条1項ただし書)，通謀虚偽表示(94条1項)等。

(3) 取消しとなる場合

　制限行為能力者の行った一定の行為（5条2項，9条本文，13条4項，17条4項），錯誤（95条1項），詐欺・強迫（96条1項・2項）等（消費者契約法に基づく取消権につき，Ⅲ1章9を参照）。

(4) 無効と取消の違い

　無効と取消しの違いはどこにあるのだろうか。どちらも法律行為や意思表示の効力が否定される点では共通している。

　無効とは，法律行為や意思表示の効力が初めから生じない場合をいう。無効な行為は，追認がなされても，有効となることはない。ただし，当事者がその行為の無効であることを知って追認をしたときは，新たな行為をしたものとみなされる（119 条）。

　これに対して，取消しとは，取り消さなければ有効のままであり，取り消せば初めから無効であったものとみなされる（遡及的に無効）というものである（121 条）。

　主張にかかる当事者は誰か。無効は誰でも，誰に対しても主張することができる。これに対して，取消しは，取消権を有する者のみが主張することができる（120 条）。

　なお，意思能力を欠く状態でなされた法律行為の無効（3 条の 2）は，公益を目的とする公序良俗違反の無効（90 条）とは異なり，意思無能力者の保護のためにある。そのため，無効を主張できるのは意思無能力者のみであって，取引の相手方からは主張できないものと解されている。このような無効を相対的無効，あるいは取消的無効という。

　期間制限についてはどうか。無効は，効力が初めから生じていないということであるので，無効の主張については特に期間制限の規定はなく，原則として，いつまでも主張できる（例外として，信義則により制限される場合がある）。これに対して，取消権は，追認をすることができる時から 5 年間行使しないとき，または行為の時から 20 年を経過したときは消滅する（126 条）。

第 3　契約の解釈

1　契約の解釈とは

　ある契約条項の意味について当事者間で意見の食い違いがあるなどの争いが生じる場合がある。このように契約内容を確定することが必要になる場合に契約の解釈が行われる。契約の解釈にあたっては，慣習，任意規定，条理，信義則が手がかりとなる。紛争の解決に当たって当事者の意思表示の意味を明らかにする必要があるが，この作業を狭義の解釈という（なお，仮に当事者の表示が食い違っていても，内心の意思が合致していればその内容で契約は成立すると考え

てかまわない。)。

　狭義の解釈には，第1に，表意者の内心の意思を探求するものであるという考え方と，第2に，当事者の表示が有する意味を客観的に明らかにするものであるという考え方がある。内心の意思に食い違いがあれば契約が不成立になるというのでは，契約の成立を欲していた者の取引の安全を害する。そのような考慮から，第2の考え方が伝統的通説となり，判例実務に定着している。しかし，第2の考え方によると，当事者双方とも意図していなかった内容の契約が成立してしまうおそれがあるとの批判もある（もっとも，当事者の主張と照らし合わせて契約内容が確定されるのであるから，そのようなことは生じないという理解もある）。第1の考え方を採る場合でも，近時の有力説は，内心の意思を探求するに際して，その客観的な意味を問題とするので，結局は第2の考え方とほとんど変わらないともいわれている。

2　補充的解釈と修正的解釈

　当事者が契約で何も定めてない部分について補充する解釈を補充的解釈という。

　また，当事者が明確に定めている条項が不当である場合，裁判所が不当な条項を合理的な内容として修正して解釈する場合がある。これを修正的解釈という。たとえば，賃貸借契約書で，賃借人にとって不利となる条項があった場合に（例：「賃借人が賃貸人の承諾を得ずに賃借建物に居住しないこと1か月以上に及んだときは，賃貸人は賃貸借契約を解除することができる」），当事者双方がその条項に拘束される意思なく入れられた例文条項であると裁判所が解釈する場合がある（例文解釈）。

第4　契約の分類

　契約は次のようにさまざまに分類される。

1　典型契約と非典型契約

民法第3編「債権」第2章「契約」の章に規定のある13種類の契約を典型

契約（有名契約）という。

　民法には，①贈与（ただで財産を譲渡する），②売買（物を売り買いする），③交換（物と物を交換する），④消費貸借（物の貸し借りで，借りた物は消費してもよく，同等の物を返せばよい），⑤使用貸借（ただで物を借りる），⑥賃貸借（賃料を支払って物を借りる），⑦雇用（人を雇い／雇われる契約），⑧請負（仕事の完成に対して報酬を支払う），⑨委任（事務を委託して任せる），⑩寄託（物を預け保管してもらう），⑪組合（組合を作り事業を営む），⑫終身定期金，⑬和解（相互に譲歩して紛争を解決する）の13種類の典型契約がある。

　なお，契約の章に定められていない契約は，民法に規定があっても典型契約には数えられない。たとえば，保証契約は，第3編「債権」第1章「総則」第3節「多数当事者の債権及び債務」に位置づけられている。

　社会では契約自由の原則の下，典型契約にあてはまらない様々な契約が行われている。そのような契約を非典型契約（無名契約）という。非典型契約は世の中に無数に存在するが，例としては，在学契約（学生と大学との契約），医療契約，出版契約，旅行契約，リース契約などが挙げられる。

　典型契約のうち2つ以上の契約が結合して行われる契約を混合契約という。例として，注文に応じて制作したものを売る契約である製作物供給契約が挙げられる。これは，請負契約と売買契約との混合契約であると考えられている。

2　双務契約と片務契約

　契約の各当事者が，契約に基づいて対価関係ある債務を負担する契約を双務契約という。財産権の移転に対して代金の支払いが行われる売買契約は双務契約の典型例である。双務契約では，同時履行の抗弁権（533条）や危険負担（536条）が問題となる。

　双務契約に対して，契約の一方当事者のみが債務を負う契約，または契約の各当事者が債務を負担する場合でも，双方の債務が対価関係に立たない契約を片務契約という。たとえば，贈与は，贈与者だけが財産を無償で与える債務を負うため，片務契約である。要物契約としての消費貸借（587条）では，「相手方から金銭その他の物を受け取ることによって」（587条）はじめて契約

が成立し，契約の成立によって貸主が債務を負うことはないため片務契約である。諾成的消費貸借（書面による消費貸借）（587条の2）も片務契約である。確かに，契約の成立によって当事者の双方が債務（貸す債務と返す債務）を負担するが，借主は，貸主の目的物の交付があってはじめてそれを返還する債務を負うにすぎないため，両者は対価関係に立たないからである。

③　有償契約と無償契約

　売買契約など，契約の当事者が，互いに対価関係ある経済的負担を負う（出捐をする）契約を有償契約という。双務契約は常に有償契約である。有償契約には売買の規定が準用される（559条）。

　契約の当事者の一方のみが経済的負担を負う契約，または契約の当事者双方が経済的負担を負うが，双方の経済的負担が対価関係に立たない契約を無償契約という。たとえば，贈与は，贈与者のみが経済的負担を負う契約なので，無償契約である。負担付贈与は，双方が経済的負担を負うが，それらに対価関係がないため無償契約である。

　片務契約だが有償契約の場合もある。たとえば，要物契約としての利息付き消費貸借（587条）は貸主が契約の成立により貸す義務を負うことはないため片務契約である。他方で，貸主は目的物を借主に交付して，貸主自らは目的物を消費できなくなるという経済的負担を負い，借主も利息を支払う経済的負担を負うためこれは有償契約である。

要物契約としての利息付き消費貸借（587条）

	契約の成立に伴う債務負担	経済的負担（出捐）
貸　主	貸す債務を負わない	あり （貸すことにより自らは消費できない）
借　主	返す債務	あり （利息を支払わなければならない）

↓ 　　　　　　　　　　　　　　　　↓
貸主が債務を負わないので片務契約　　互いに経済的負担を負うので有償契約

利息付き諾成的消費貸借（587 条の 2）

	契約の成立に伴う債務負担	経済的負担（出捐）
貸　主	貸す債務を負う	あり （貸すことにより自らは消費できない）
借　主	目的物の交付を前提に， 返す債務を負う	あり （利息を支払わなければならない）

　　　　　　　　↓　　　　　　　　　　　　　　　↓
「貸す債務」と「返す債務」とが対価　　互いに経済的負担を負うので有償契約
関係に立たないので片務契約

4　諾成契約と要物契約

　意思表示の合致（合意）だけで成立する契約を諾成契約という。民法は，「契約は，契約の内容を示してその締結を申し入れる意思表示（以下「申込み」という。）に対して相手方が承諾をしたときに成立する」（522 条 1 項）とし，また，「契約の成立には，法令に特別の定めがある場合を除き，書面の作成その他の方式を具備することを要しない」（522 条 2 項）としており，諾成契約を原則としている。諾成契約の原則に対する例外としては，以下に見るように，要物契約と要式契約がある。

　意思表示の合致のほか，物の引渡しその他の給付を成立要件とする契約を要物契約という。たとえば，消費貸借は，申込み・承諾の他に「相手方から金銭その他の物を受け取ることによって」（587 条）契約が成立するので，要物契約である。なお，同じ消費貸借でも，諾成的消費貸借（587 条の 2）は諾成契約である。

5　要式契約と不要式契約

　合意の他に一定の方式の具備を必要とする契約を要式契約という。たとえば，保証（446 条），諾成的消費貸借（587 条の 2）は，書面（電磁的記録）ですることにより成立するので，要式契約である。

　民法は「契約の成立には，法令に特別の定めがある場合を除き，書面の作成その他の方式を具備することを要しない」（522 条 2 項）として，不要式契約を原則としている。

第5　契約交渉段階の問題点

1　契約交渉の不当破棄

　契約締結によって契約の当事者は契約に拘束される。それでは契約の締結以前の交渉段階において，契約の当事者が責任を負うことはあるのだろうか。当事者には契約を締結するかしないかを決定する自由があることからすれば（契約自由の原則），契約締結前に当事者が契約に拘束されることはなく，責任を負うこともないのが原則である。

　　歯科医院を開設するためにＡはあるマンションの購入を希望し，マンションの売却予定者Ｂと売買交渉に入った。Ａは交渉過程でスペースについて注文を出し，レイアウト図を交付するなどし，また，電気容量の不足を指摘して，Ｂが電気容量増加のための設計変更および施工をすることを容認しながら，交渉開始6か月後になって自らの都合により契約の締結を破棄した。ＢはＡに対して損害賠償請求をすることができるだろうか。

　同様の事案で最高裁は，「契約準備段階における信義則上の注意義務違反を理由とする損害賠償責任を肯定した原審の判断」を是認することができるとした（最判昭59年9月18日判時1137号51頁，判タ542号200頁）。

　かつての通説は，このような場合の損害賠償責任の性質について，契約関係に入った特別の接触関係を重視して契約上の信義則（1条2項）を問題としてきた（契約責任または契約責任類似の責任）。しかし，現在では，端的に不法行為責任を問題とする説も有力である。

　損害賠償の範囲については，結局，契約は成立しなかったのであるから，信頼利益（契約が成立すると信じたために相手方が被った損害）に限られ，履行利益（契約が履行されていれば得られたであろう利益。たとえば転売により得られたであろう利益）には及ばないといわれている。信頼利益の損害とは，たとえば，目的物の調査に要した費用，代金支払いのために融資を受けたときの利息，他の有利な条件での申込みを拒絶してしまったことによる機会喪失の損害などである。

　なお，信頼利益が履行利益を上回る場合は，履行利益を限度とするべきである。

2　契約交渉段階における説明・情報提供義務違反

> 　Ａらは信用協同組合であるＢに出資をしたところ，Ｂが出資後に金融機能の再生のための緊急措置に関する法律（平成 11 年法律第 160 号による改正前のもの）8 条に基づく金融整理管財人による業務および財産の管理を命ずる処分を受け，経営破綻した。Ａらは出資に係る持分の払戻しを受けることができなくなった。Ａらは，①説明義務違反の不法行為（民法 709 条，44 条）に基づく損害賠償請求権，または，②詐欺を理由に本件各出資契約を取り消したことを理由とする不当利得返還請求権（①または②を選択的に請求），予備的に，③出資契約上の債務不履行を理由とする損害賠償請求権に基づき，出資金相当額の金員および遅延損害金の支払を求めた。

　これと同様の事案において，最高裁は，契約の交渉段階における信義則上の説明義務違反によって生じた損害の賠償義務につき，債務不履行責任ではなく不法行為責任の問題であるとした（最判平 23 年 4 月 22 日民集 65 巻 31405 頁）。

　その理由として次のように述べる。「契約の一方当事者が，当該契約の締結に先立ち，信義則上の説明義務に違反して，当該契約を締結するか否かに関する判断に影響を及ぼすべき情報を相手方に提供しなかった場合には，上記一方当事者は，相手方が当該契約を締結したことにより被った損害につき，不法行為による賠償責任を負うことがあるのは格別，当該契約上の債務の不履行による賠償責任を負うことはないというべきである。

　なぜなら，上記のように，一方当事者が信義則上の説明義務に違反したために，相手方が本来であれば締結しなかったはずの契約を締結するに至り，損害を被った場合には，後に締結された契約は，上記説明義務の違反によって生じた結果と位置付けられるのであって，上記説明義務をもって上記契約に基づいて生じた義務であるということは，それを契約上の本来的な債務というか付随義務というかにかかわらず，一種の背理であるといわざるを得ないからである。契約締結の準備段階においても，信義則が当事者間の法律関係を規律し，信義則上の義務が発生するからといって，その義務が当然にそ

の後に締結された契約に基づくものであるということにならないことはいうまでもない」。

第6　契約の成立

［1］　申込みと承諾による契約の成立

　契約はどのようにして成立するのだろうか。民法は「契約は，契約の内容を示してその締結を申し入れる意思表示（以下「申込み」という。）に対して相手方が承諾をしたときに成立する」（522条1項）と規定する。つまり，契約は申込みの意思表示と承諾の意思表示が合わさることによって成立する。

　申込みとは，契約の内容を示してその締結を申し入れる意思表示のことをいう。申込みは不特定多数人に対して行われるものでもよい。お店で商品を陳列棚に並べ値段を表示する行為や自動販売機の設置は，客として訪れる不特定多数人に対する申込みと解される。

　承諾とは，特定の申込みに対してなされるもので，申込みの内容通りに契約を成立させる意思表示のことをいう。承諾者が，申込みに変更を加えて承諾したときは，申込みの拒絶を意味する。変更を加えた承諾は新たな申込みをしたものとみなされる（528条）。

［2］　意思表示の合致

　契約が成立するためには，相対する複数の意思表示が合致することを必要とする。どのような場合に意思表示の合致があるといえるか考えてみよう。

> 　Ａがある甲土地を1000万円で買うと申し込み，Ｂがその土地を1000万円で売ると承諾した。

　「売る」と「買う」とでは意味は異なるが，客観的にはその土地を1000万円で売買するという点で同じことを意味するので，意思表示の合致が認められる。

> 　Aがある甲土地を1000万円で買うと言い，Bが別の乙土地を1000万円で売ると言った。

　この場合，A・Bの意思表示が合致していないので，契約は成立しない。

> 　Aがある乙土地のことを甲土地と呼ぶものと誤信して，甲土地を1000万円で買うと言い，Bが乙土地を1000万円で売ると言った。

　この場合，乙土地の売買として契約は成立すると解すべきである。Aの真意は乙土地を買うという点にあり，A・Bの意思は合致しており，契約が成立しても両者に不利益はないからである。

> 　AはBに98万円で自動車を売ると言った。Bは89万円で買うつもりであったが，98万円で買うとAに対して表示してしまった。

　この事例のように，客観的にみた場合は，両当事者の表示上の効果意思（表示行為から推断される効果意思）に合致があるが，真意（内心的効果意思）では合致していない場合についてどのように考えればよいだろうか。2つの考え方がある。第1に，当事者において真意の合致がない以上，契約は不成立だとする考え方がある。第2に，客観的にみて表示上の効果意思が合致している以上契約は成立し，真意との不一致については，契約の有効性の問題として，錯誤（95条）の規定により処理するという考え方がある。後者の考え方が有力である。

　判例には，AがBに生糸製造権を売却したところ，AはBから1万290円が支払われるものと考えていたが，Bは権利の譲渡に伴い全国蚕糸組合連合会からAに支払われる補償金（2000円）を控除した額（8290円）のみを支払えばよいと考えていたという事案で，申込みと承諾の合致を欠き，契約は成立しないと判示したものがある（大判昭19年6月28日民集23巻387頁）。

［3　申込の誘引］

　Aが経営する雑貨店の扉に貼り出されたアルバイトの求人広告を見たBは，A店を訪れ，Aに「働きたい」言った。Bのこの意思表示は承諾だろう

か。もしこれが承諾だとすれば，そこで雇用契約が成立する。しかし，それ
は常識にも合致しないであろう。AにはBがその店で働くにふさわしい人物
か決定する自由がある。そのように考えるとAの求人広告を申込みとみる
べきではない。そうすると，Bの意思表示も承諾ではありえない。むしろ，B
の意思表示を申込みとみるべきである。

　Aの求人広告のように，相手方に申込みをさせる意思を通知することを申
込の誘引という。申込の誘引をした者が改めて承諾して初めて契約が成立す
る。申込みか，申込の誘引かは諸事情を考慮して判断される。求人広告のよ
うに，契約の当事者が誰であるかに重きをおく場合は申込の誘引とみるべき
である。

4　申込みと承諾以外による契約の成立

(1)　交叉申し込み

　AがBに対して，Bが使っているノートパソコンを5万円で買いたいと申
込みをしたところ，Bがその申込みを受領する前にAに対して，そのノート
パソコンを5万円で売りたいと申し込んだとする。このように，当事者が互
い同じ内容の申込みをした場合を交叉申込みという。Bの申込みを承諾とみ
ることはできない。承諾は申込みに対してなされなければならないからであ
る。通説は，このような場合，当事者の意思が合致していることから契約の
成立を認めてもよいとする。

(2)　意思実現による契約の成立

　申込者の意思表示または取引上の慣習により承諾の通知を必要としない場
合には，契約は，承諾の意思表示と認めるべき事実があった時に成立する（527
条）。このような事実によって契約が成立することを意思実現による契約の
成立という。意思実現によって契約が成立するのは，申込者が承諾の通知を
必要としない旨を意思表示した場合，または取引上の慣習により承諾の通知
を必要としない場合である。なおネガティブ・オプション（送りつけ商法）に
ついてⅢ1章9を参照。

5　契約の成立時期

(1)　到達主義

　意思表示が効力を有するのはいつの時点だろうか。民法は，「意思表示は，その通知が相手方に到達した時からその効力を生ずる」とした（到達主義，97条 1 項）。

　申込みも承諾も意思表示であり，到達した時から効力を生ずる。たとえば，AがBに対して手紙でした申込みは，Bに到達したときから申込みの効力が生じる。相手方に到達するまで意思表示は効力を生じないので，相手方に到達する前であれば，撤回するのは自由である。相手方に到達する前に申込者が撤回したならば，相手方が準備を進めて迷惑を被るということもない。これに対し，意思表示が相手方に到達した後は，相手方の状況に配慮するべき必要性が生じる。

(2)　対話者間以外の場合

(i)　承諾の期間の定めのある申込み

　Aは新しい自動車が欲しくなり，以前から中古自動車が欲しいと言っていたBに今まで使っていた自動車を売ろうと思った。AはBへの手紙に「私のもっている甲自動車を売ります。承諾される場合は 1 週間以内にご返事願います」と綴り，手紙はBに到達した。ところがAは，これまで使っていた愛車を手放すのが惜しくなり，売るのをやめたくなった。Aは一方的に申込みを撤回することができるだろうか。

　民法は，承諾の期間を定めてした申込みは，撤回することができないとする（523 条 1 項本文）。もし，一方的に申込みの撤回が可能であるとすると，申込みを受けた相手方が調査や準備を進めていた場合に不利益を被るおそれがあるため撤回できないとしたのである。ただし，申込者が撤回をする権利を留保したときは，承諾期間内であっても撤回することができる（同条同項ただし書）。たとえば，Aが手紙に「1 週間以内にご返事願います。ただし，その期間内でも，この申込みが撤回される場合もあります」と撤回をする権利を留保したときは撤回が許される。この場合は，相手方も予め覚悟をしているの

だから不測の不利益は生じない。

　１週間の承諾期間内にＢの承諾の通知がＡに到達しなかった場合はどうだろうか。

　民法は，承諾の期間を定めた申込みに対して，その期間内に申込者が承諾の通知を受けなかったときは，その申込みは効力を失うとした（523条２項）。Ａが１週間以内に承諾の通知を受けなかった場合，Ａの申込みは失効し，以後，Ｂは承諾をすることができなくなる。

(ii)　承諾期間の定めのない申込み

> 　ＡがＢに「私が所有している自動車甲を売ります。購入を希望される場合は承諾の旨お返事をください」と承諾期間の定めなく申込んだ場合，一方的にこれを撤回することは可能だろうか。

　Ａの申込みに承諾の期間の定めがないからといって，Ａがいつでも申込みを撤回できるというのは不当である。申込みを受けた相手方に考えるための期間や通信に要する時間を与えるべきである。

　民法は，承諾の期間を定めないでした申込みは，申込者が承諾の通知を受けるのに相当期間を経過するまでは，撤回することができないとした（ただし，申込者が撤回をする権利を留保したときは，相当期間内でも撤回することができる）（525条１項）。相当期間とは，被申込者が考えるための期間や通信に要する期間である。

　承諾の通知を受けるのに相当な期間を経過すれば，申込者は申込みの撤回ができる。申込みの撤回の意思表示は到達時に効力を生じるから（到達主義），申込みの撤回の意思表示が相手方に到達するよりも前に相手方の承諾が申込者に到達すれば契約は成立する。

　ところで，承諾の期間の定めのない申込みに対しては，申込みの撤回がない限り，いつまでも承諾可能なのだろうか。承諾の期間の定めのない申込みは，確定した承諾期間を定めていないというだけであって，「いつまでも承諾を受け入れる」という趣旨ではないだろう。この場合，承諾の通知を受けるのに相当期間経過後，さらに相当期間が経過することにより，申込みは失効すると考えるべきであろう。

(3)　対話者間の場合

> 　ＡとＢは，喫茶店内で待ち合わせをし，Ａ所有の自動車の売買について話し合っている。Ａは「自動車を売りたい」と申込んだが，直後にやっぱり売るのをやめたいと思った。申込みを撤回できるであろうか。

　民法は，対話者に対してした承諾期間を定めない申込みは，その対話の継続中は，いつでも撤回することができるとする（525条2項）。対話の継続中に申込みを受けた相手方が準備を進めて迷惑を被るということは通常ないからである。電話で話す当事者もここでいう対話者にあたる。

　対話者に対してした申込みに対して，対話の継続中に申込者が承諾の通知を受けなかったときは，その申込みは効力を失う。対話者間の申込みに対してはその話の中での応答が求められているのである（ただし，申込者が対話の終了後もその申込みが効力を失わない旨を表示したときは，申込みの効力は失われない）（525条3項）。

(4)　97条3項とその例外

①　97条3項

　意思表示は，表意者が通知を発した後に①死亡し，②意思能力を喪失し，③行為能力の制限を受けたときであっても，そのために効力は失われない（97条3項）。たとえば，Ａから「自動車を買いませんか」との申込みを受けたＢが「買います」と書いた手紙をポストに投函したところ，Ｂがその後に死亡したとしても，Ｂによる承諾の意思表示は死亡により効力が失われることはなく，承諾がＡに到達すれば契約は成立となる。Ｂが意思能力を喪失し，または行為能力の制限を受けたときも同様である。以上については，次の例外がある。

②　97条3項の例外（526条）

> 　ＡがＢに宛てた「自動車を買いませんか」という申込みの手紙を郵便ポストに投函したところ，その手紙がＢに到達する前にＡは死亡した。Ａの申込みに対してＢは承諾できるのだろうか。

　民法は，申込者が申込みの通知を発した後に①死亡し，②意思能力を有しない常況にある者となり，または③行為能力の制限を受けた場合において，申込者がその事実が生じたとすればその申込みは効力を有しない旨の意思を表示していたとき，その相手方が承諾の通知を発するまでにその事実が生じたことを知ったときは，その申込みは効力を有しないとした（526条）。すなわち，原則として申込みの効力は失われないが（97条3項），Ａが「もし私が死亡したときは申込みが無効となるものとする」と表示していたときや，Ｂが承諾の意思表示を発するまでにＡの死亡の事実を知ったときは，Ａの申込みは効力を有しない。そのような場合には，契約は成立しないとするのが申込者の通常の意思であると考えられることによる。

　申込みが相手方に到達して，申込みの効力が生じた後に死亡等の事実が生じた場合も526条の適用の対象である。承諾の通知を発した後に事実を知った場合には526条は適用されず契約は成立する。

(5) 遅延した承諾・申込みに変更を加えた承諾

　承諾は，申込みが効力を有する間になされることが必要であり，申込者に到達した時に承諾の効力を生ずる（97条1項）。遅延した承諾については，申込者は，新たな申込みとみなすことができる（524条）。承諾者が，申込みに条件を付し，その他変更を加えてこれを承諾したときは，その申込みの拒絶とともに新たな申込みをしたものとみなされる（528条）。

第7　当事者に関わる一般的有効要件

1　意思能力

　3条の2は，「法律行為の当事者が意思表示をした時に意思能力を有しなかったときは，その法律行為は，無効とする」と規定する。意思能力を欠く状態でされた法律行為は無効となる。自然人が意思能力を有しないことを意思無能力という。意思能力を有しない者のことを意思無能力者という。乳幼児がする法律行為，重度の精神病患者がする法律行為は，意思能力を欠くものとして無効となる。

　ある人の行為がその人の意思に基づくといえるための前提として，その人に一定の判断能力があったことが必要であると考えられる。このような判断能力のことを，民法では意思能力と呼んでいる。

　意思能力の定義について明文はない。個々の法律行為をすることの意味を理解する能力のことをいうというのが有力な見解である。これよれば，意思能力の有無は，画一的に定まるのではなく，問題となっている法律行為ごとに（法律行為の内容・性質が吟味される），行為時の状況も踏まえ判断される。

2　行為能力制度

　意思無能力であったことは，それを主張する側で主張立証しなければならない。しかし，このような証明は困難である。それでは判断能力が不十分な人の保護を図れない。そこで民法は，制限行為能力制度を設け，判断能力が不十分な人を画一的に保護することを可能とした。制限行為能力者には保護者が付く。

　行為能力が制限されている者のことを制限行為能力者という。行為能力とは，単独で確定的に有効な法律行為をなしうる資格のことをいう。制限行為能力者がした一定の法律行為は取り消すことができる（5条2項，9条本文，13条4項，17条4項）。

　制限行為能力者には未成年者，成年被後見人，被保佐人，被補助人の4類型がある。

(1)　未成年者とは

　未成年者とは20歳未満の者である（4条参照）（2018年改正［2022年4月1日施行］により，成年年齢は18歳となることが予定されている）。未成年者には保護者として，法定代理人（親権者または未成年後見人。824条，859条1項）が付き，法定代理人は未成年者の代理権を有する（824条本文，859条1項）。

　未成年者が婚姻をしたときは，これによって成年に達したものとみなされる（753条）。なお，2018年改正（2022年4月1日施行）により，婚姻適齢（結婚ができるようになる年齢）は，男女とも18歳に統一される。成年年齢と婚姻適齢は同じとなるので，753条は削除される予定である。

(2)　未成年者がする法律行為

　未成年者が法律行為をするには，その法定代理人の同意を得なければならず，法定代理人の同意を得ないで行った法律行為は，取り消すことができる（5条1項本文，同条2項）。これが原則である。

　ただし，次の場合は未成年者のする法律行為も例外的に確定的に有効となる。

(ⅰ)　単に権利を得，または義務を免れる法律行為（5条1項ただし書）

　単に権利を得（例：贈与を受ける），義務を免れる（例：債務免除を受ける）法律行為によって，未成年者に不利益が生じることは通常ないことから，未成年者が法定代理人の同意なしにこれを行っても取り消すことはできない。

(ⅱ)　法定代理人が処分を許した財産の処分行為（5条3項）

　法定代理人が目的を定めて処分を許した財産は，その目的の範囲内において，未成年者が自由に処分することができる（5条3項前段）。たとえば，親権者が未成年者に勉強道具の購入のために1万円を与え，未成年者が購入をしてきたときなどである。

　法定代理人が目的を定めないで処分を許した財産（お小遣い）についても，未成年者は自由に処分することができる（5条3項後段）。

(ⅲ)　未成年者の営業の許可

　一種または数種の営業を許された未成年者は，その営業に関しては，成年者と同一の行為能力を有する（6条1項）。

(ⅳ)　未成年者本人も自ら取り消すことができる（120条1項）

3　成年後見制度

(1)　成年後見制度とは

　認知症，知的障害，精神障害などにより判断能力が不十分である人が，自分で自分の財産を管理したり，契約を締結することが困難となる場合がある。このような人々を保護・支援するのが成年後見制度である。成年後見制度は，本人の残存能力の尊重，ノーマライゼーション，自己決定権の尊重を理念としている。

　成年後見制度は，法定後見と任意後見の2つからなる。法定後見とは，家

庭裁判所によって選任された成年後見人・保佐人・補助人（成年後見人等）が，本人（成年被後見人，被保佐人，被補助人）を代理して契約をしたり，本人が自分で契約をする際に同意を与えたり（同意が必要とされている場合。成年後見人には同意権はない），本人がなした契約を後から取り消すことによって，本人を保護・支援する制度である。成年後見人等は，本人の生活・医療・介護・福祉など，本人の身のまわりの事柄にも目を配りながら本人を保護し，支援する。このように，成年後見人等は本人の財産管理や，身上監護（身上保護）を行う。

　成年後見人等はその事務について家庭裁判所に報告するなどして，家庭裁判所の監督を受ける。なお，成年後見人等の職務は法律行為に関するものに限られており，食事の世話や介護など（事実行為）は，一般に成年後見人等の職務ではない。

(2)　成年被後見人

　後見開始の審判を受けた者を成年被後見人という。家庭裁判所は，精神上の障害により事理弁識能力を欠く常況にある者については，後見開始の審判をすることができる（7条）。成年被後見人には保護者として成年後見人が付き（8条），成年後見人は成年被後見人の代理権（859条）を有する。

　成年被後見人の法律行為は，取り消すことができる（9条本文）。ただし，日用品の購入その他日常生活に関する行為については，この限りでない（同条ただし書）。

(3)　被保佐人

　保佐開始の審判を受けた者を被保佐人という。家庭裁判所は精神上の障害により事理を弁識する能力（事理弁識能力）が著しく不十分である者について，保佐開始の審判をすることができる（11条本文）。被保佐人には保護者として保佐人が付く（12条）。

　被保佐人が13条1項各号に列挙された行為をするには，保佐人の同意を得なければならない（ただし，日用品の購入その他日常生活に関する行為を除く）（13条1項）。被保佐人が保佐人の同意を得なければならない行為について，保佐人の同意を得ないでした行為は取り消すことができる（13条4項）。

　被保佐人は，事理弁識能力が著しく不十分ではあるが，事理弁識能力を欠く況にあるわけではないことから，原則として，単独で確定的に有効に行うことができる。これに対して，13条1項に掲げられた重要な法律行為については，保佐人の同意がない限り取り消すことができる。

　13条1項1号から10号には，次の行為が挙げられている。

1号	元本を領収し，または利用すること。
	元本とは法定果実（利息や家賃）を生み出す財産をいう。 例：預貯金の払い戻し，貸金の返還を受けること
2号	借財または保証をすること。
	例：金銭消費貸借で借主となること，保証人となること
3号	不動産その他重要な財産に関する権利の得喪を目的とする行為をすること。
	例：不動産の売買，担保権の設定，クレジット契約の締結
4号	訴訟行為をすること。
	例：訴えの提起をすること（応訴や，離婚・認知などの人事訴訟は保佐人の同意がなくても可能）
5号	贈与，和解，または仲裁合意をすること。
	例：贈与をすること
6号	相続の承認もしくは放棄または遺産の分割をすること。
	例：遺産分割協議をすること
7号	贈与の申込みを拒絶し，遺贈を放棄し，負担付贈与の申込みを承諾し，または負担付遺贈を承認すること。
	本人に不利益が生じるおそれがあるため。
8号	新築，改築，増築または大修繕をすること。
	新築などには多額の出費が必要となるため
9号	602条（短期賃貸借）に定める期間を超える賃貸借をすること。
	602条に定める期間を超えない賃貸借であれば，被保佐人は単独で行うことができる。
10号	1号〜9号に列挙された行為を制限行為能力者（未成年者，成年被後見人，被保佐人，17条1項の審判を受けた被補助人）の法定代理人としてすること。
	1号〜9号の行為を被保佐人が，他の制限行為能力者の法定代理人としてすることにつき，保佐人の同意事項としている（他の制限行為能力者の保護のため）。

被保佐人が13条1項各号に列挙された行為以外の行為をする場合であっても，家庭裁判所は，請求権者の請求によって，保佐人の同意を要する旨の審判をすることができる（13条2項本文）。ただし，日用品の購入その他日常生活に関する行為については同意を要する旨の審判をすることはできない（13条2項ただし書）。保佐人の同意を要するとされた行為について，被保佐人が保佐人の同意を得ないでした行為は取り消しうる（13条4項）。

(4)　被補助人

補助開始の審判を受けた者を被補助人という。家庭裁判所は，精神上の障害により事理を弁識する能力が不十分である者について，補助開始の審判をすることができる（15条1項本文）。被補助人には保護者として補助人が付く（16条）。

補助人の同意を要する行為であって，補助人の同意を得ないでした被補助人の行為は，取り消すことができる（17条4項）。審判により補助人の同意を要するとすることができる行為は，13条1項に規定する行為の一部に限られている（17条1項ただし書）。

原状回復義務

意思無能力により法律行為が無効である場合，あるいは制限行為能力者の行為が取り消されて無効となった場合に，その行為に基づく債務の履行として給付を受けた者は，相手方に対し原状回復義務を負う（121条の2第1項）。

ただし，意思無能力者・制限行為能力者は，その行為によって現に利益を受けている限度において（現存利益の限度で），返還義務を負う（121条の2第3項）。意思無能力者・制限行為能力者は金銭を費消してしまっていたり，給付物を紛失している場合もあるので，保護する趣旨である。遊興費などで浪費してしまった場合は，現存利益は存在しない（大判昭14年10月26日民集18巻1157頁）。これに対して，生活費に用いた場合には，その分自分の財産の支出を免れているので，現存利益は存在すると考えられている（大判昭7年10月26日民集11巻1920頁）。

(5)　任意後見

　任意後見は次のような仕組みである。まず，本人（委任者）が，将来，判断能力が不十分な状態になった場合に備えて，受託者（任意後見人となる者）に，自己の生活，療養看護や財産管理に関する事務の全部または一部を委託し，その委託に係る事務について代理権を付与する契約（任意後見契約）を公正証書で締結する。本人の判断能力が低下した際に，家庭裁判所が任意後見監督人を選任することによって任意後見契約が発効する。任意後見人は，任意後見契約で定められた事務について，家庭裁判所が選任する任意後見監督人の監督のもと，契約で定められた特定の法律行為を本人に代わって行う。任意後見人は本人の意思を尊重し，心身の状態および生活の状況に配慮しつつ保護・支援を行う（任意後見契約法2条，3条，6条参照）。任意後見契約は，本人に十分な判断能力がある内に行われる。

成年後見制度の利用状況

　成年後見制度（成年後見・保佐・補助・任意後見）の利用者数は 224,442 人となっている（2019 年 12 月末日時点）（利用者とは，後見，保佐，補助開始の審判がされ，現に成年後見人等による支援を受けている者，任意後見監督人選任の審判がされ，任意後見契約が効力を生じている者のこと）。

成年後見の利用者数	171,858 人
保佐の利用者数	38,949 人
補助の利用者数	10,983 人
任意後見の利用者数	2,652 人

　成年後見人等（成年後見人，保佐人及び補助人）と本人との関係は下記の表に示した状況になっている（2019 年 1 月から 12 月の選任）

親　族	7,779 件（21.8%）
親族以外	27,930 件（約 78.2%） （弁護士 7,763 件） （司法書士 10,539 件） （社会福祉士 5,133 件） （市民後見人 296 件）
合　計	35,709 件

出所：最高裁判所事務総局家庭局「成年後見関係事件の概況―平成 31 年 1 月～令和元年 12 月―」（2020 年 3 月）

制限行為能力者 4 類型のまとめ

	未成年者	成年被後見人	被保佐人	被補助人
保護者	法定代理人（親権者・未成年後見人）	成年後見人	保佐人	補助人
保護者の代理権	・代理権あり（824 条本文，859 条 1 項）	・代理権あり（859 条） ・ただし，859 条の 3 の制限あり（成年被後見人の居住の用に供する建物またはその敷地について，売却，賃貸，賃貸借の解除または抵当権の設定その他これらに準ずる処分をするには，家庭裁判所の許可を得なければならない）	・家庭裁判所が，特定の法律行為について保佐人に代理権を付与する審判をした場合に限り代理権あり（876 条の 4 第 1 項） ・成年後見人の代理権の制限規定（859 条の 3）が準用されている（876 条の 5 第 2 項）	・家庭裁判所が，特定の法律行為について補助人に代理権を付与する審判をした場合に限り代理権あり（876 条の 9 第 1 項） ・成年後見人の代理権の制限規定（859 条の 3）が準用されている（876 条の 10 第 1 項）
保護者の同意権	・同意権あり（5 条 1 項） ・ただし，次の場合は同意権なし ①単に権利を得，または義務を免れる法律行為（5 条 1 項ただし書） ②法定代理人が処分を許した財産の処分行為（5 条 3 項）。 ③未成年者の営業の許可（6 条 1 項）	・同意権なし（成年後見人から同意を与えられても，成年被後見人がその通りの行為をするかどうかの保障はないためと一般に説明される）	・13 条 1 項各号に列挙された行為につき同意権あり（日用品の購入その他日常生活に関する行為は除外。同条同項ただし書） ・家庭裁判所により，保佐人の同意を要する旨の審判がなされた行為（13 条 2 項）。	・13 条 1 項各号に列挙された行為の一部（17 条 1 項）につき，家庭裁判所による同意権付与の審判がある場合に同意権あり
保護者の取消権・追認権	・取消権あり（5 条 2 項・120 条 1 項） ・ただし，5 条 1 項ただし書・同条 3 項，6 条の場合は取り消すことができない ・追認権（122 条）	・取消権あり（9 条本文・120 条 1 項） ・ただし，日用品の購入その他日常生活に関する行為については，取り消すことができない（9 条ただし書） ・追認権（122 条）	・保佐人の同意を要する行為につき，取消権あり（13 条 4 項・120 条 1 項） ・追認権（122 条）	・補助人の同意を要する行為につき，取消権あり（17 条 4 項・120 条 1 項） ・追認権（122 条）

第8　契約内容に関する一般的有効要件

［1］　法律行為とは

　民法総則の法律行為に関する規定は契約を規律する重要な規定である。

　近代法として成立した民法典は人の意思，その意思に基づく自由な活動を最大限に保障している。これを支える法技術として，法律行為や法律行為を構成する意思表示，意思能力に関する規律がある。

　法律行為の態様としては，契約，単独行為，合同行為がある。法律行為は意思表示を要素としている。

　契約（たとえば売買契約）は2人以上の意思表示（「売る」という申込みの意思表示と，これに対向する「買う」という承諾の意思表示）の合致であり，単独行為（遺言など）は1人の意思表示そのものであり，合同行為（法人の設立行為など）は共通目的に向かう複数の意思表示から構成される。

　意思表示とは，法律効果を発生させることを欲する意思（効果意思）を外部に表示することをいう。意思表示の例としては，契約の申込み・承諾，債務免除，契約の取消し・解除，遺言などが挙げられる。

　法律行為とは，契約，単独行為，合同行為の上位概念ないし総称と捉えることができる。

法律行為とは

法律行為	契約…2個以上の意思表示（申込みと承諾）の合致により成立する。 単独行為…単独の意思表示によって成立するもの（債務免除，遺言など）。 合同行為…方向を同じくする2個以上の意思表示が合致して成立する。

※契約は，原則として申込みの意思表示と，承諾の意思表示の合致により成立する（522条1項）。当事者の意思は契約の基礎になっている。

申込みと承諾による契約の成立

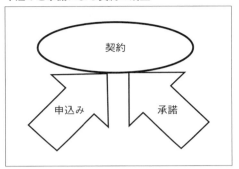

2　意思表示の成立過程

　意思表示は，①動機，②効果意思，③表示意思，④表示行為の順で成立すると解されている。土地の売買の例でいうと，①動機とは，たとえば，この土地は住むのに良さそうだとか，この土地を転売したら儲かりそうだと思うことである。②効果意思とは，「この土地を買おう」というように法律効果を欲する意思のことである（内心的効果意思ともいう）。③表示意思とは効果意思を外部に表示しようとする意思である。④表示行為とは効果意思を外部に表示することをいう。

　このうち，①動機は，効果意思のきっかけに過ぎず，意思表示の内容とはならないと考えるのが伝統的な見解である。

①動機→②効果意思―③表示意思―④表示行為

　意思表示のプロセスが正常に働けば，契約は有効に成立する（意思表示のプロセスは，単独行為，合同行為でも問題となるが，ここでは契約について説明する）。

　しかし，そのプロセスが正常に働かない場合があり，その場合の意思表示の効力が問題となる。正常でない意思表示の場面は，これまで2つの類型に分けることができると解されてきた。

　第1に，意思（真意）と表示とが不一致の場合がある。この場合を意思の不存在（意思の欠缺）と呼ぶ。通常の取引では，表意者の内心の意思（真意）と表

示は一致している（表示に対応する意思は存在している）。しかし，心裡留保（93条），通謀虚偽表示（94条），錯誤（95条）（表示行為の錯誤）の各場合においては，意思（真意）と表示との不一致が生じ，意思表示の効力（取り扱い）が問題となる。

　第2に，意思（真意）と表示とは一致していても，効果意思の形成過程に問題がある場合がある。これを瑕疵ある意思表示と呼ぶ。詐欺，強迫（96条）の場合がこれにあたる。

　以上の2類型が民法の伝統的な分類である。2017年の改正法では，後述のように錯誤の効果は取消しとされ，改正前の「意思の不存在の効果は無効」，「瑕疵ある意思表示の効果は取消し」という整理は一貫しないものとなった。

③　意思の不存在・瑕疵ある意思表示

(1)　心裡留保

> 　AとBは，Aの甲土地をBに売却する売買契約を締結した。実はAは冗談で甲土地を売ると言ったのであった。後日，Bが甲土地の引渡しを請求したところ，Aは「あれは冗談だった」と主張して引渡しを拒否している。Aは拒否できるだろうか。

(i)　心裡留保とは

　Aは土地を売ると冗談で言っており，真意でないことを自ら分かった上で「売る」と表示している。そのような意思表示に基づく契約は有効なのだろうか。

　このAの意思表示のように，表意者が，その真意ではないことを自ら認識しつつ行った意思表示のことを心裡留保という。

　民法は，心裡留保の意思表示につき「意思表示は，表意者がその真意ではないことを知ってしたときであっても，そのためにその効力を妨げられない。ただし，相手方がその意思表示が表意者の真意ではないことを知り，又は知ることができたときは，その意思表示は，無効とする」と規定する（93条1項）。

　表意者に心裡留保の意思表示であっても，そのことを知る由もない相手方

を保護するため，表意者が真意でない場合でも有効とした。このように心裡留保の意思表示は原則として有効である（93条1項本文）。

　ただし，相手方が，その意思表示が表意者の真意ではないことにつき知り（悪意），または知ってはいないが知ることができた場合（善意有過失），民法は表意者の意思表示を無効とした（93条1項ただし書）。このような場合，相手方を保護する必要はないので無効としたのである。相手方が保護されるのは善意無過失の場合ということになる。

　事例の場合，原則として，Aの意思表示は有効であり，Aは甲土地の引渡しを拒否できない。しかし，BがAの表示がその真意でないことについて悪意または有過失である場合，Aの意思表示は無効である。契約は有効な意思表示によって支えられていなければならないので，契約も無効となる。契約が無効である以上，Aは甲土地の引渡しを拒否できる。

善意・悪意の意義

・善意…ある事実を知らないこと

・悪意…ある事実を知っていること

・有過失…善意だが過失があること（過失はさらに軽過失と重過失に分けられる）

・善意無過失…善意であり，かつ過失がないこと

(ii)　善意の第三者との関係

　上記事例の場合に，悪意または有過失のBがこの土地が自己の名義となっていることを利用して，善意のCに売却したときはどうか。

　この場合でも，AはCに対して，Aの意思表示は無効であり，契約は無効であるから，甲土地は自分のものだと主張できるのだろうか。しかし，CがAの意思表示が無効なものだと知らなかった場合には，Cが害されるので保護する手立てが必要となる。

　そこで，民法は，93条1項ただし書の規定による意思表示の無効は，善意の第三者に対抗することができないとした（93条2項）。

　事例でいえば，Aは意思表示の無効を善意のCに対抗できない。Aはあえて心裡留保の意思表示をしたのであるから，善意のCとの関係でこのように

扱われてもやむを得ない。

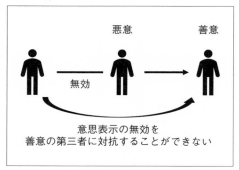

93条2項

悪意　　　善意

無効

意思表示の無効を
善意の第三者に対抗することができない

(2)　通謀虚偽表示

　AとBは，Aの甲土地をBに売却する売買契約を締結した。AがBに甲土地を売ったのは，Aの債権者により甲土地が差押えられるのを回避するためであった。Aが本当はBに売却するつもりがないということについては，AとBとで相談済みであった。にもかかわらず，後日，BはAに甲土地の引渡しを請求した。Aはこれを拒むことができるか。また甲土地がすでに引渡されていた場合，AはBに何を求めることができるか。

(i)　通謀虚偽表示とは

　AとBは相談して嘘の契約をしている。そのような意思表示に基づく契約は有効なのだろうか。

　相手方と通謀して（示し合わせて）行った真意ではない意思表示を通謀虚偽表示という。

　通謀虚偽表示は，強制執行を免れる目的などのために行われる。

　民法は，相手方と通じてした虚偽の意思表示は無効とする（94条1項）。通謀に基づく虚偽の意思表示を有効とする必要もなく，両当事者に効果意思がないことから無効とした。事例の場合，A・Bともに意思表示は無効である（94条1項）。契約は有効な意思表示によって支えられていなければならない

ので，契約は無効である。したがって，Aは引渡しを拒否できる。甲土地がすでに引渡されていた場合，Aは121条の2第1項により，土地の返還（原状回復）を求めることができる。

(ii) 善意の第三者との関係

　上記事例の場合に，Bが甲土地が自己の名義となっていることを利用して，この土地を善意のCに売却したときはどうなるか。

　AはCに対して，AとBの意思表示は94条1項により無効であり，契約は無効であるから，甲土地は自分のものだと主張できるのだろうか。しかし，それではCが通謀虚偽表示で意思表示が無効だと知らなかった場合には，Cが害される。

　そこで民法は，94条1項による意思表示の無効は，善意の第三者に対抗することができないとした（94条2項）。事例では，Aは意思表示は無効だと主張して，Cから甲土地を取り戻すことはできない。通謀虚偽表示を行ったAには強い帰責性があり，善意の第三者との関係でこのような結果となってもやむを得ないのである。

　94条2項の「第三者」とは，虚偽の意思表示の当事者またはその一般承継人以外の者であって，その表示の目的につき法律上利害関係を有するに至った者をいう（最判昭和45年7月24日民集24巻7号1116頁）。上記事例のCのように不動産の仮装譲受人からその不動産を譲り受けた者や，不動産の仮装譲受人からその不動産上に抵当権を取得した者，仮装譲渡された目的物を差し押えた債権者，仮装債権の譲受人などがこれにあたる。新たな利害関係を作った者と言えない場合は，「第三者」には含まれない。たとえば，一番抵当権が仮装で放棄された場合に，順位が上昇したと信じた二番抵当権者，債権が仮装譲渡された場合に，債権者から履行を請求された債務者は「第三者」にはあたらない。

　上記事例でCからさらにDが善意で甲土地を取得した場合はどうだろうか。Dのような第三者からの転得者も，保護するべき必要性は直接の第三者と変わらず，94条2項の「第三者」に含まれるものと解される。

94条2項類推適用

　94条2項の趣旨は，虚偽の外観を作出した帰責性ある権利者の犠牲の下に，虚偽の外観を信頼した第三者を保護して，取引の安全を図ることにある。そのことからすれば，「通謀」はなくても，権利者に帰責性が認められ，「意思表示」はなくても虚偽の外観が認められる場合には，第三者の信頼を要件として，94条2項を類推適用して，第三者を保護することが考えられる。94条2項は表見代理（109条，110条，112条）などと並んで，虚偽の外観を信頼して取引をした第三者を保護する権利外観法理（表見法理）に基づく規定である。

　94条2項類推適用の要件は，①虚偽の外観の存在，②虚偽の外観の作出についての権利者の帰責性，③第三者の信頼（善意または善意無過失）である。具体的な事案の検討においては，本人の帰責性の度合いに応じて，第三者をどのような要件の下で保護すべきかにつき比較衡量に基づいて検討する必要がある。94条2項類推適用に関する判例法理が形成されている（最判昭45年9月22日民集24巻10号1424頁，最判昭43年10月17日民集22巻10号2188頁，最判平18年2月23日民集60巻2号546頁等）。

(3)　錯　誤

　錯誤とは，言い間違えや，勘違いなど，表意者の認識や判断の誤りがあり，表意者がそれについて認識せずに意思表示をした場合をいう。

　錯誤による意思表示は，一定の要件を満たすことにより取り消すことができる（95条1項柱書）。要件としては，錯誤が重要なものであること，表意者に重過失がないことなどが必要とされている。

(i)　錯誤の類型

　錯誤の類型として次の2つがある。

　　①意思表示に対応する意思を欠く錯誤（95条1項1号）…表示行為の錯誤
　　②表意者が法律行為の基礎とした事情についてのその認識が真実に反する錯誤（95条1項1号）…基礎事情の錯誤（動機の錯誤）

(ii)　表示行為の錯誤（95条1項1号）

　95条1項1号の「意思表示に対応する意思を欠く錯誤」は，表示行為の錯

誤と呼ばれる。

　表示行為の錯誤の態様としては，①言い間違い，書き間違い等の表示上の錯誤がある。たとえば，98 万円と書くはずのところを 89 万円と書いてしまった場合である。

　また，②表示行為の意味についての錯誤があった場合の内容の錯誤がある。たとえば，ユーロとスイス・フランを同価値だと思い込んでいた場合である。

> 　A と B は，A の甲土地を B に売却する売買契約を締結した。A は売買契約書に 1000 万円と書くべきはずのところを 100 万円と書いてしまった。A は土地の引渡しを拒否できるだろうか。

　A は，1000 万円で売る意思であったところ，100 万円と表示してしまっている。すなわち，A は意思表示に対応する意思を欠いているため，表示行為の錯誤が問題となる。95 条の所定の要件が満たされることにより，A は意思表示を取り消すことができ，取り消されれば契約は無かったことになるため，A は甲土地の引渡しを拒否できる。

　・表示行為の錯誤の要件

　錯誤により意思表示の取消しが認められるためには，「錯誤が法律行為の目的及び取引上の社会通念に照らして重要なものである」ことが必要である（95 条 1 項柱書）。些細な点での錯誤でも取消しが可能であるとすると，相手方が害されるからである。2017 年改正前の議論では，重要な錯誤（要素の錯誤と呼ばれていた）とは，その錯誤がなかったならば，表意者がその意思表示をしなかったであろうと考えられる場合で（主観的因果関係），一般人も，その意思表示はしなかったであろうと考えられるほどに重要なものであることが必要だとされていた（通説，大判大年 10 月 3 日民録 24 輯 1852 頁）。

　また，錯誤による取消しが認められるためには原則として，錯誤につき表意者に重過失がないことが必要である（95 条 3 項）。重過失がある者は保護に値しないから錯誤取消しは認められない。

　ただし，表意者に重過失があっても，次の①②の場合には，相手方を保護する必要がないので取消しが認められる（95 条 3 項 1 号・2 号）。

　①相手方が表意者に錯誤があることを知り（悪意），または重過失に
　　よって知らなかったとき。

　②相手方が表意者と同一の錯誤に陥っていたとき。

(iii)　基礎事情の錯誤（動機の錯誤）（95条1項2号）

　95条1項2号の「表意者が法律行為の基礎とした事情についてのその認識
が真実に反する場合の錯誤」は基礎事情の錯誤（動機の錯誤）と呼ばれる。

> 　AはD駅前の開発が行われると誤信して，転売により大きな利益を得られる
> と考え，BからD駅前の甲土地を購入したところ，後日，そのような開発の予
> 定はないことが判明した。Aは契約を取消すことができるか。

　95条1項1号・2号のどちらの錯誤が問題となるだろうか。Aは甲土地を
購入する意思で甲土地を購入したのであるから，1号の表示行為の錯誤（表示
上の錯誤）はない。ここでは，2号の基礎事情の錯誤が問題となる。

　基礎事情の錯誤においては，表意者が法律行為の基礎とした事情が相手方
に表示されていたときに限り取消しをすることができる（95条2項）。このよ
うな表示が要件とされているのはなぜだろうか。

　「表意者が法律行為の基礎とした事情」とは，意思表示の形成プロセスでい
えば，①動機，②効果意思，③表示意思，④表示行為のうち，①動機の部分
にあたる。改正前の議論であるが，動機の錯誤は意思表示の錯誤ではないか
ら（意思表示の要素は②以下），当初は改正前95条の錯誤にはあたらないと解さ
れていた。しかし，相手方に不測の損害を被らせない限りは，表意者を保護
することが適当である。そこで，動機を表示して，意思表示の内容となった
場合には錯誤となりうると解されるようになった（最判昭29年11月26日民集8
巻11号2087頁等）。改正民法95条2項は，このような判例法理（改正前の通説）
の考えを受け継ぎ，法律行為の基礎とした事情を相手方に表示することを基
礎事情の錯誤の要件とした。

　他の要件として，表示行為の錯誤と同じく「錯誤が法律行為の目的及び取
引上の社会通念に照らして重要なものである」こと（95条1項柱書），錯誤につ
き表意者に重過失がないことが必要である（95条3項）。ただし，表意者に重

過失があっても，①相手方が表意者に錯誤があることを知り，または重過失
によって知らなかったとき，または②相手方が表意者と同一の錯誤に陥って
いたときには取消しうる（95条3項1号・2号）。これも表示行為の錯誤と同じ
である。

(iv)　錯誤の効果

　95条所定の要件を満たすことにより，錯誤による意思表示は取消しうるも
のとなる。

　改正前は錯誤の効果は無効とされていたが，これは表意者のみが主張でき
る無効（取消的無効，相対的無効）であると解されていたこともあって（最判昭45
年3月26日民集24巻3号151頁），改正後は効果は取消しとされた。

電子消費者契約法3条による錯誤の取り扱い

　電子消費者契約法（電子消費者契約に関する民法の特例に関する法律）3条
本文は，民法95条3項の規定は，消費者が行う電子消費者契約の申込みまたは
承諾の意思表示について，その意思表示が同条1項1号に掲げる錯誤に基づく
ものであって，その錯誤が法律行為の目的および取引上の社会通念に照らして
重要なものであり，かつ，①消費者がその使用する電子計算機を用いて送信し
た時に当該事業者との間で電子消費者契約の申込みまたは承諾の意思表示を行
う意思がなかったとき，②消費者がその使用する電子計算機を用いて送信した
時に当該電子消費者契約の申込みまたは承諾の意思表示と異なる内容の意思表
示を行う意思があったとき，のいずれかに該当するときは，適用しないと規定
している。これは，電子消費者契約においては誤操作により消費者の重過失が
認定されやすいことから，消費者を保護するために，表示上の錯誤について，
表意者が重過失の場合は錯誤による取消しができないとする民法95条3項の
規定を排除するものである。もっとも電子消費者契約法3条ただし書は適用除
外を定めている。すなわち，①当該電子消費者契約の相手方である事業者が，
当該申込みまたは承諾の意思表示に際して，電磁的方法によりその映像面を介
して，その消費者の申込みもしくは承諾の意思表示を行う意思の有無について
確認を求める措置を講じた場合，②その消費者から当該事業者に対して当該措
置を講ずる必要がない旨の意思の表明があった場合，民法95条3項は適用さ
れる。多くの電子消費者契約はこれにあてはまるであろう。

(v)　第三者との関係

　錯誤取消しは，善意無過失の第三者に対抗することができない（95条4項）。たとえば，Aが錯誤に陥って，Bに甲土地を売却し，さらにBがCに甲土地を売却した場合，Aが錯誤取消しを主張しても，Cが善意無過失であったときは，Aは取消しをCに対抗できない。第三者の主観的要件としては無過失が要求され，93条，94条の場合に比べて，第三者の保護要件が厳しく設定されている。心裡留保や通謀虚偽表示の意思表示をした者の帰責性に比べて，錯誤に陥った者の帰責性は大きくない。そのバランスから，95条4項の第三者保護要件は厳しくされている。

(4)　詐　欺（96条）

　AとBは，Aの甲土地をBに売却する売買契約を締結した。契約締結に至ったのは，Bが土地を買いたいがために「その土地は今後値下がりすることは確実なので，早く売ったほうがよい」と言ってAを騙したからであった。

(i)　詐欺とは

　AはBから騙されて意思表示をしている。他人を騙して錯誤に陥らせることを詐欺という。民法は，「詐欺又は強迫による意思表示は，取り消すことができる」（96条1項）と規定した。

(ii)　要　件

　詐欺により意思表示を取り消すためには，次の要件を満たす必要があると解される。

　　①詐欺者による詐欺（欺罔）行為（真実でない事実を真実だとして表示する行為）があること。

　　②詐欺者の故意：(a)表意者を錯誤に陥れようとする故意，(b)この錯誤により表意者に意思表示をさせようとする故意（二段の故意）。

　　③詐欺行為により表意者を錯誤に陥らせたこと。

　　④錯誤により意思表示がされたこと（因果関係）。

　　⑤詐欺行為に違法性があること（取引通念に反しない多少の誇張は違法とまではいえない）。

(iii)　第三者による詐欺

　相手方に対する意思表示について第三者が詐欺を行った場合においては，相手方がその事実を知り（悪意），または知ることができたとき（有過失）に限り，その意思表示を取り消すことができる。たとえば，A と B との契約において，C が A を欺いたときは，B が詐欺の事実につき悪意または有過失の場合にだけ，A は取消すことができる（96 条 2 項）。B が詐欺につき善意無過失である場合には B の保護の要請もあることから，いくら A が詐欺に遭ったからといっても取消しは認められないのである。

(iv)　効　果

　96 条の要件を満たすと表意者は取り消すことができる。

　上記事例の場合，96 条の要件が満たされれば A は意思表示を取り消すことができる。取消しにより A の意思表示は遡及的に無効となり（121 条），契約も無効となる。

(v)　第三者との関係

　表意者は詐欺であることについて善意無過失の第三者には詐欺による意思表示の取消しを対抗（主張）できない（96 条 3 項）。たとえば，詐欺をした B が，甲土地を善意無過失の C に売却した場合，騙された A は詐欺による意思表示の取消しを C に対抗できない。その結果，A は C から土地を取り戻せない。第三者の保護要件が心裡留保，通謀虚偽表示よりも厳格であるのは，心裡留保や通謀虚偽表示の意思表示をした者の帰責性に比べ，詐欺に遭った者の帰責性は大きいとはいえないからである。

取消し後の第三者

　A が B に騙されて甲土地を売却し，詐欺に気がついた A が 96 条 1 項により取消したとする。その後 B が C に甲土地を売却した場合，C は 96 条 3 項により保護されるだろうか。C が善意無過失であれば保護されると思ったかもしれない。しかし，96 条 3 項は，取消しによる遡及効（121 条。意思表示が過去に遡って初めから無かったことになる）から第三者を保護するための規定である。それゆえ，取消し後に取引関係に入った C は 96 条 3 項の「第三者」には含まれないと解されている。しかし，このような C が一切保護されないというのも妥当でない。そこで，判例は，177 条の対抗問題として処理し，対抗要件の具備の

先後により AC の優劣を解決しようとする（大判昭 17 年 9 月 30 日民集 21 巻 911 頁）。これに対しては 94 条 2 項類推適用によって処理するべきだとする有力説もある。

　以上については，錯誤取消し後の第三者についても同様に考えることができる。

(5)　強　迫

　A と B は，A の甲土地を B に売却する売買契約を締結した。契約締結に至ったのは，A が売買契約をしたがらないので，B が「その土地を売らないと A の家族に危害を加える」と脅して契約を結ばせたからであった。

(ⅰ)　強迫とは
A は B から脅されて意思表示をしている。

　害悪が及ぶことを他人に告げ，畏怖を与えて意思表示をさせることを強迫という。

(ⅱ)　要　件
　①強迫者による強迫行為があること。

　②強迫者の故意：(a)表意者に畏怖を生じさせようという故意，(b)この畏怖により表意者に意思表示をさせようとする故意（二段の故意）。

　③強迫行為により表意者に畏怖を生じさせたこと（強迫行為）。

　④畏怖により意思表示がされたこと（因果関係）。

　⑤強迫行為に違法性があること。

(ⅲ)　効　果
　以上の要件を満たすと表意者は取り消すことができる。取消しの効果は詐欺の場合と同様である。

(ⅳ)　第三者との関係
　強迫による取消しに関しては，第三者を保護する規定は置かれていない。表意者は，善意無過失の第三者にも対抗することができる。強迫をされた表意者に落ち度があるとはいえないため，表意者の保護が優先され，第三者は善意無過失でも保護されない（96 条 3 項反対解釈）。

懸賞広告

1　懸賞広告とは

「行方不明となったインコを捕まえてくれた人には，10 万円を差し上げます」というような広告を懸賞広告という。懸賞広告は申込みと承諾に類似する特殊な契約であると考えることができる（契約説）。

　ある行為をした者に一定の報酬を与える旨を広告した者（懸賞広告者）は，その行為をした者がその広告を知っていたかどうかにかかわらず，その者に対してその報酬を与える義務を負う（529 条）。

2　指定した行為をする期間の定めのある懸賞広告

　懸賞広告者は，その指定した行為をする期間を定めてした広告を撤回することができない（ただし，その広告において撤回をする権利を留保したときは撤回することができる）（529 条の 2 第 1 項）。

　指定した行為をする期間を定めてした広告は，その期間内に指定した行為を完了する者がないときは，その効力を失う（529 条の 2 第 1 項）。

3　指定した行為をする期間の定めのない懸賞広告

　懸賞広告者は，その指定した行為を完了する者がない間は，その指定した行為をする期間を定めないでした広告を撤回することができる（ただし，その広告中に撤回をしない旨を表示したときは，撤回することができない）（529 条の 3）。

4　懸賞広告の撤回の方法

　前の広告と同一の方法による広告の撤回は，これを知らない者に対しても，その効力を有する（530 条 1 項）。

　広告の撤回は，前の広告と異なる方法によっても，することができる（ただし，その撤回は，これを知った者に対してのみ，その効力を有する）（530 条 2 項）。

5　懸賞広告の報酬を受ける権利

　広告に定めた行為をした者が数人あるときは，最初にその行為をした者のみが報酬を受ける権利を有する（531 条 1 項）。数人が同時に前項の行為をした場合には，各自が等しい割合で報酬を受ける権利を有する（ただし，報酬がその性質上分割に適しないとき，または広告において一人のみがこれを受けるものとされたときは，抽選で報酬を受ける者を定める）（531 条 2 項）。

6　優等懸賞広告

　広告に定めた行為をした者が数人ある場合において，その優等者のみに報酬を与えるべきときは（優等懸賞広告），その広告は，応募の期間を定めたときに

限り，その効力を有する（532 条 1 項）。

　この場合において，応募者中いずれの者の行為が優等であるかは，広告中に定めた者が判定し，広告中に判定をする者を定めなかったときは懸賞広告者が判定する（532 条 2 項）。応募者は，この判定に対して異議を述べることができない（532 条 3 項）。

　531 条 2 項の規定は，数人の行為が同等と判定された場合について準用され，報酬がその性質上分割に適しないとき，または広告において一人のみがこれを受けるものとされたときは，抽選で報酬を受ける者を定める（532 条 4 項）。

第 9　双務契約における牽連関係

1　双務契約における牽連関係

　民法は第 3 編第 2 章第 1 節第 2 款「契約の効力」の表題の下，①同時履行の抗弁権（533 条），②危険負担（536 条），③第三者のためにする契約（537〜539条）を規定している。ここでは，双務契約の牽連関係に関する①，②について概観する。

　双務契約とは，契約の各当事者が，契約に基づいて対価関係ある債務を負担する契約をいう。双務契約では，一方の債務と他方の債務の債務は対価関係にあるため，一つの債務に生じた事柄が，他方の債務に影響することがある。このような関係性を牽連関係という。これには，成立上の牽連関係，履行上の牽連関係，存続上の牽連関係がある。

2　成立上の牽連関係

　たとえば，家屋の売買契約において，家屋が売買契約の前日にすでに全焼していたような場合，家屋の引渡債務は履行不能である。契約成立時においてすでに履行不能な場合を原始的不能という。

　2017 年改正前の伝統的見解は，一方の債務の原始的不能により，他方の代金債務も成立しないものと考えていた（契約は無効）。

　しかし，改正後の 412 条の 2 第 2 項では，「契約に基づく債務の履行がその契約の成立の時に不能であったことは，415 条の規定によりその履行の不能

によって生じた損害の賠償を請求することを妨げない」と規定され，これは契約に基づく債務の履行がその契約の成立の時に不能であっても，契約として有効であることを前提としている（契約が有効であることを前提として損害賠償の請求を認めている）。このことから，改正後民法において成立上の牽連関係は問題とならないと考えられる。

第10　履行上の牽連関係

1　同時履行の抗弁権（533条）

　Ａ所有の家屋をＢに売却する売買契約が締結された。買主Ｂは代金債務の履行も履行の提供もしていない。Ｂが家屋の引渡しをＡに求めた場合，売主Ａは家屋をＢの求めに応じて引渡さなければならないのだろうか。

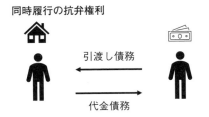

同時履行の抗弁権利

引渡し債務

代金債務

　売買契約をした以上，Ｂは家屋の引渡しを求める債権を有しており，Ａは家屋を引渡す債務を負っている。このような場合，ＡはＢの引渡しの請求に応じなければならないようにも思える。しかし，Ａは代金を受取ることができる代わりに家屋の所有権をＢに移し，家屋を引渡すことを契約したわけであるから，特約でどちらかが先（先履行）であると定めた場合でない限り，家屋の引渡しは，代金の支払いと引き換えになされるべきである。

　双務契約から生じた債権債務間には，対価関係（ギブアンドテイクの関係）がある。そのため，公平の見地からは，一方の当事者が履行の提供もしないで請求してきたときは，他方の当事者は「自分の債務も履行しない」と拒絶が

できると考えるべきである。そこで民法は,「双務契約の当事者の一方は,相手方がその債務の履行(債務の履行に代わる損害賠償の債務の履行を含む。)を提供するまでは,自己の債務の履行を拒むことができる」(533条本文)と定めた。このように履行を拒むことができる権利のことを同時履行の抗弁権という。一方の債務が履行されない場合には,他方の債務も履行されなくてもよいという関係のことを,履行上の牽連関係という。

　同時履行の抗弁権はなぜ認められているのであろうか。その根拠はまず,公平に求めることができる。また,同時履行であることは当事者の意思にも適う。そして,相手に履行を求めるのであれば,その者も自己の債務の履行をしなければならないことから,履行が促進されることが期待できる。

［2］ 同時履行の抗弁権の効果

　相手方がその債務の履行を提供するまでは,同時履行の抗弁権によって,自分の債務の履行を拒むことができる。先の例では,Bが自己の債務の履行の提供をするまでは,Aは自らの債務の履行(家屋の引渡し)を拒むことができる。

　同時履行の抗弁権が民事訴訟において行使された場合はどのようになるか。AがBから家屋の引渡しの履行を求める訴訟が提起された場合,Aが代金の履行または履行の提供を受けていない限り,Aは同時履行の抗弁権を行使することにより家屋の引渡しの履行を拒絶できる。Aの同時履行の抗弁の行使が裁判所に認められた場合,そのままではBの請求は認められないので請求が棄却されるようにも思われるが,裁判所は,請求棄却判決ではなく,引換給付判決(「被告(A)は原告(B)に対し,金○○円の支払いを受けるのと引換えに本物件を引き渡せ」という判決)を下す(大判明44年12月11日民録17輯772頁・通説)。

　同時履行の抗弁権を有するAは,自己の債務の履行しないことが正当化されるから,Aは債務の履行をしなくても履行遅滞であるとして債務不履行による損害賠償,契約の解除をされずに済む。

　また,同時履行の抗弁が付着した債権を自働債権として相殺することはできない(大判昭13年3月1日民集17巻318頁,通説)。

3　双務契約における同時履行の抗弁権の要件

同時履行の抗弁権を主張するためにはどのような要件を満たす必要があるだろうか。

533条は次のように規定している。「双務契約の当事者の一方は，相手方がその債務の履行（債務の履行に代わる損害賠償の債務の履行を含む。）を提供するまでは，自己の債務の履行を拒むことができる。ただし，相手方の債務が弁済期にないときは，この限りでない」。

この文言から，次の要件が挙げられる。

① 同一の双務契約から生じた対立した債務が存在すること。

② 相手方の債務が履行期（弁済期）にあること。

③ 相手方が自らの債務の履行または履行の提供をしないで請求すること。

① 同一の双務契約から生じた対立した債務が存在すること

同時履行の抗弁権は，上述したようにギブアンドテイクの関係性から認められるものであるから，その要件として同一の契約から生じた対価関係ある債務を互いに負担する関係があることを必要とする。例として次のものが挙げられる。

- 動産の売買における動産の引渡しと代金の支払い
- 不動産の売買における，売主の移転登記と買主の代金の支払い（大判大7年8月14日民録24巻1650頁）
- 建物の売買における，売主の建物の引渡しと買主の代金の支払い（最判昭34年6月25日判時192号16頁）

なお，債権譲渡によって債権者が変更した場合でも，債権の同一性は維持されているので同一の双務契約から生じた債権であることには変わりなく，債務者は同時履行の抗弁権を主張することができる（468条1項）。

② 相手方の債務が履行期（弁済期）にあること

相手方の債務が履行期にあることが必要である。より厳密にいえば，自己の債務が履行期にあり，かつ，相手方の債務が履行期にあることが同時履行の抗弁権が機能する場面である。なぜならば，Aの債務が履行期にない場合

は，Aはまだ履行をしなくてよいのであり，それを理由にBからの履行の請求を拒むことができるので（履行期限の抗弁），同時履行の抗弁権は問題とならないからである。

　他方で，Aの債務が履行期にある場合でも，Bの債務が履行期にない場合は，契約上，Aが先履行義務を負っているのであるから，Aは同時履行の抗弁権は主張できない。

　それでは次の場合はどうだろうか。

> 　Aが先履行義務を負っているケースで，Aが先履行義務の履行を怠り，履行遅滞となっているうちに，Bの債務の履行期が到来した場合，Aは同時履行の抗弁権を主張できるか。

　通説は，Bの債務が履行期にあるのであれば公平の見地からAは同時履行の抗弁権を主張できるとする。ただし，契約の趣旨からみて，Bの債務の履行がAの債務の履行を前提とする場合は，Bの履行期の定めは一応のものであり，Aの先履行義務が履行されない限りBの履行期は到来していないとみて，Aの同時履行は認めるべきではない。

　③　相手方が自らの債務の履行または履行の提供をしないで請求すること
　同時履行の抗弁権を主張するためには，相手方が履行や履行の提供をせずに履行を請求しきた場合であることを要する。たとえば，Bがその債務をすでに履行したのであれば，Aの同時履行の抗弁権が問題とならないのは当然である（Aは自己の債務の履行期に履行しなければならない）。Bが履行の提供をしているときは，Aはもはや同時履行の抗弁権を主張できない。「同時でなければ履行しない」とは，相手方が履行の提供をするまでの間主張できるにすぎないのである。

　それでは次の場合はどうか。

> 　Aの自動車をBに売却する売買契約が締結された。BはAに代金債務の履行の提供をしたところ，Aは受領をせず，自己の債務の履行もしなかった。後日，今度は，Bが履行の提供をせずにAに自動車の引渡しを履行するように求めてきた。このときAはもはや同時履行の抗弁権を主張できないのであろうか。

これには 2 つの考え方がある。第 1 に，最初の B の履行の提供により，A の同時履行の抗弁権は消滅し，A はもはや同時履行の抗弁権は主張できなくなる（先履行を余儀なくされる）という見解がある。第 2 に，B が再度履行の提供をしない限り，A は依然として同時履行の抗弁権を主張できるという見解がある（B がその後無資力となった場合にも A が無条件で履行しなければならないとすれば不公平だとする）。判例は，第 2 の考え方を採る（最判昭 34 年 5 月 14 日民集 13 巻 5 号 609 頁）。

4　双務契約の履行以外で問題となる同時履行の抗弁権

同時履行の抗弁権は双務契約の履行以外の場面でも問題となる。民法上の規定や，民法には規定はないが解釈で認められるものがある。

- 債務の履行に代わる損害賠償債務と他方当事者の債務（533 条本文かっこ書）
- 弁済と受取証書の交付（486 条）
- 解除による原状回復義務（546 条，533 条）
- 契約が無効・取消しの場合の相互の原状回復義務（判例，533 条類推適用）
- 建物買取請求権の行使による代金の支払いと借地の引渡し（大判昭 18 年 2 月 18 日民集 22 巻 91 頁）（なお，造作買取請求権による造作代金の支払いと建物の明け渡しの同時履行について判例はこれを否定するが，学説には肯定するものが多い）。

同時履行の抗弁権と留置権との違い

同時履行の抗弁権も留置権も，引渡しを拒絶できる権利である点で共通している。

留置権とは，他人の物の占有者が，その物に関して生じた債権を有するときに，その債権の弁済を受けるまで，その物を留置することができる権利のことをいう（295 条 1 項）。留置権は，公平の趣旨から認められる担保物権の一つであり，債務者に心理的に強制を加えることにより，債務の弁済を促す機能を有する。

両者の相違点としては，留置権は物権であることから，誰に対しても主張することができる権利であるのに対し，同時履行の抗弁権は双務契約の効力とし

て認められるものであるため，契約の相手方にしか主張できないという点で両者の性格は大きく異なっている。

5　不安の抗弁権

　たとえば，売主が先履行義務を負う場合において（代金後払い），買主の財産状態が悪化して，売主が後で代金を請求しても，支払いの見込みがないようなときに，売主が買主の商品引渡しの請求に応じなければならないとすれば売主に酷である。このような場合に，先履行義務者は履行を拒むことができるという権利のことを不安の抗弁権という。明文はないが，学説の一部や裁判例は不安の抗弁権を認めている。2017 年民法改正の立案過程でも不安の抗弁権の導入が議論されたが，立法化には至らなかった。

第11　存続上の牽連関係

1　危険負担とは

　Ａ所有の中古自動車をＢに売却するという売買契約が締結された。ところが，自動車がＢへ引渡される前に，第三者の放火により自動車が全焼してしまった。Ｂは，自動車を手に入れることができないにもかかわらず，Ａに代金を支払わなければならないのであろうか。

　このケースでは，当事者双方の債務者の責めに帰すことができない事由によって自動車の引渡しが履行不能となったこと（412 条の 2 第 1 項）について，契約当事者のどちらが不利益を負担するのかが問題となる。すなわち，Ｂが自動車を手に入れることができないにもかかわらず，代金を支払わなければならないとすればＢが危険（不利益）を負担することになり，他方，Ｂが代金を支払わなくてもよいのであれば，Ａが危険を負担することになる。

　このように，双務契約の一方の債務が当事者双方の債務者の責めに帰すことができない事由によって履行不能となって消滅した場合に，他の債務がどのように扱われるかという問題を危険負担の問題という。またその問題における両債務の関係を，存続上の牽連関係という。

　ここで，履行不能となった債務の債権者（上の例では，自動車の引渡し債務の債権者B）が危険を負担する場合を，債権者主義という。反対に，履行不能となった債務の債務者が危険を負担する場合を債務者主義という。ここでいう債務者・債権者とは履行不能となった債務（上の例では，自動車の引渡し債務）の債権者・債権者のことをいう。

危険負担の問題

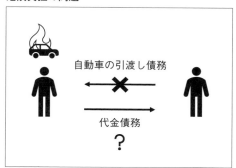

- ・履行不能となった債務の債権者が危険を負担する場合（たとえば，売買目的物の滅失にも関わらず債権者が代金を支払わなければならない場合）…債権者主義
- ・履行不能となった債務の債務者が危険を負担する場合（たとえば，売買目的物の滅失により債務者が代金を受け取れなくなる場合）…債務者主義

　民法は，「当事者双方の責めに帰することができない事由によって債務を履行することができなくなったときは，債権者は，反対給付の履行を拒むことができる」（536条1項）と規定する，つまり，民法は債務者主義を原則としている。法的構成としては，反対債務（事例では代金債務）の消滅ではなく，反対債務の履行拒絶権の発生という構成を採用している。原始的不能の場合も，後発的不能の場合も「債務を履行することができなくなったとき」に該当する。

　事例では，第三者の放火という当事者双方の責めに帰することができない

事由によって自動車の引渡し債務が履行不能となっているので，536条1項が適用され，Bに代金債務の履行拒絶権が生じ，Bは履行を拒むことができる。

2　債権者の責めに帰すべき事由による履行不能

先の事例で，自動車が全焼した原因がBの失火であった場合はどうか。

このように自動車の滅失につき，Bに責めに帰すべき事由がある場合はどうだろうか。

民法は，「債権者の責めに帰すべき事由によって債務を履行することができなくなったときは，債権者は，反対給付の履行を拒むことができない」とした（536条2項前段）。債権者に責めに帰すべき事由が存する場合に，債権者主義となるのは当然であろう。Bは，代金を支払わなければならない。

3　引渡しによる危険の移転

売主が買主に目的物（売買の目的として特定したものに限る）を引き渡した場合において，その引渡しがあった時以後にその目的物が当事者双方の責めに帰することができない事由によって滅失・損傷したときは，買主は，代金の支払を拒むことができない（567条1項後段）。すなわち，目的物の引渡しによって，買主に危険が移転し，債権者主義となる（567条1項後段は536条1項の特則規定）。

また，売主が契約の内容に適合する目的物をもって，その引渡しの債務の履行を提供したにもかかわらず，買主がその履行を受けることを拒み，または受けることができない場合において（買主の受領遅滞），その履行の提供があった時以後に当事者双方の責めに帰することができない事由によってその目的物が滅失・損傷したときも，567条1項後段と同様に，買主は代金の支払いを拒むことができない（567条2項）。これは，まだ引渡しがない間は，危険は買主に移転しないのが原則であるところ，買主の受領遅滞中の目的物の滅失・損傷については，買主の責めに帰すべき事由によるものとみなされ（413条の2第2項参照），例外的に，履行の提供があった時以後，買主に危険が移転するという趣旨である。

4　利益償還義務

　債権者の責めに帰すべき事由によって債務を履行することができなくなった場合において，債務者は，自己の債務を免れたことによって利益を得たときは，これを債権者に償還しなければならない（536条2項後段）。

　たとえば，一部故障がある中古自動車の売買に際して，売主の負担で自動車を修理してから引渡すという合意があったが，債権者（買主）の責めに帰すべき事由により，自動車が滅失したとする。この場合，536条2項前段により買主は反対給付（代金）の履行を拒むことができない。このとき，売主が代金を丸ごと受け取ることができるのに，修繕費用も免れることができるとすれば不公平である。そこで，民法は「利益」（この例では，修繕費用分）を債権者に償還しなければならないとした（536条2項後段）。

第 12　第三者のためにする契約

1　第三者のためにする契約とは

　　Aは自らの死亡に備え，妻Cを生命保険金の受取人とする保険契約を保険会社Bと締結した。この保険契約により，AはBに保険料を支払い続け，もし，Aが死亡した場合は，BはCに保険金を支払うことになる。これはどのような法律上の仕組みに基づいているだろうか。

　生命保険契約者以外の第三者を生命保険金の受取人とする契約を第三者のためにする生命保険契約という。この生命保険契約は民法537条以下に規定される第三者のためにする契約の一種である。

　第三者のためにする契約とは，契約当事者の一方（諾約者）（B）が，相手方（要約者）（A）に，第三者（C）に対してある給付をすることを約することによって，第三者が諾約者に対して直接その給付を請求する権利を取得する契約をいう（537条1項）。第三者のことを受益者ともいう。

　先の例では，生命保険会社Bが諾約者であり，被保険者Aが要約者，保険金受取人Cが第三者（受益者）である。

　契約の効力は，当事者にしか生じないのが私的自治の原則からの帰結であ

る。これを，契約の相対効の原則という。ただ，契約の効果を第三者に帰属させても，必ずしも私的自治の原則に背くものではない。民法は，契約の相対効の原則の例外として，第三者のためにする契約を認めている。

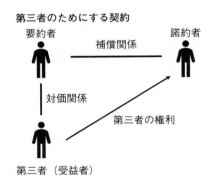

第三者のためにする契約

> 　AはCに10万円の借金があったので，金銭を工面するためAはノートパソコンを売却しようと思っている。AはBにノートパソコンを売却し，ノートパソコンの代金債権をCに与えることで，借金の返済の代わりにしようと考え，その旨Bと合意した。

　これは，Aを要約者，Bを諾約者，Cを第三者（受益者）とする第三者のためにする契約である。

　第三者のためにする契約は，このように決済の手段としても行われる。

　要約者Aと第三者Cとの関係を対価関係という。これは第三者のためにする契約によってCに利益を与える原因となった関係のことである。上の例では，AがCに借金をしており，返済のために第三者のためにする契約を行ったというA・C間の関係を指す。

　対価関係からみて，要約者Aと諾約者Bの関係を補償関係という。BのCに対する給付の負担（BがCに10万円を支払う負担）を，要約者AがBに「補償」する（AがBにノートパソコンを給付することによりBのCに対する負担を補償する）と捉えてこのように呼ばれる。補償関係は，第三者のためにする契約の内容であるから，補償関係が無効・取消しとなった場合には（解除については後

述)，Cは権利を取得しない。たとえば，A・Bの売買契約が錯誤により取り消された場合，CはBに対する債権を有しないことになる。第三者のためにする契約は，Aが本来取得するはずの権利（Aの10万円の代金債権）を，特約により，Cが取得するということを意味するので，Aが本来取得するはずの権利が不発生となる場合には，Cの権利取得にも影響するというわけである。そのことから，Cは，93条2項，94条2項，95条4項，96条3項，545条1項ただし書の「第三者」には該当せず，これらの規定による保護を受けないものと解される。

　第三者のためにする契約により，第三者Cは，諾約者Bに対して直接，その給付を請求する権利を有する（537条1項）。

　胎児や設立中の会社のように権利能力（法人格）がない者も第三者となることはできるのだろうか。第三者のためにする契約は，①成立の時に第三者が現に存しない場合，②第三者が特定していない場合であっても有効である（537条2項）。

　第三者Cの権利はいつ発生するのだろうか。民法は，第三者Cの権利はCが諾約者に対し，利益を享受する意思を表示した時に発生するとした（537条3項）。このような意思表示を受益の意思表示という。第三者の権利の発生のために受益の意思表示を要求した趣旨は，私的意思自治の原則から，権利であってもその取得を押しつけるべきでないからである（「利益といえども意思に反して強制されない」）。なお，受益の意思表示のように，一方的な意思表示により法律効果の変動を生じさせることができる権利を形成権という。

　民法以外の法律では受益の意思表示がなくても第三者の権利取得を認める場合もある。たとえば，第三者のためにする生命保険の場合は，保険法42条により，第三者（保険金受取人）は当然に（受益の意思表示なしに）権利を取得する。

第三者のためにする生命保険契約
保険法 42 条　保険金受取人が生命保険契約の当事者以外の者であるときは，当該保険金受取人は，当然に当該生命保険契約の利益を享受する。

2 第三者の権利の確定

受益の意思表示により第三者Ｃの権利が発生した後は，当事者（要約者Ａ・諾約者Ｂ）は，これを変更・消滅させることができない（538条1項）。Ｃを害するからである。この反対解釈として，Ｃの権利の発生前は，Ａ・Ｂ間で対象とされた権利を変更・消滅させることができる。Ｃの権利は，Ａ・Ｂ間の契約から生ずる権利にすぎないからである。

Ｃの権利が発生した後に，ＢがＣに対する債務を履行しない場合でも，Ｃは契約を解除することはできない。Ｃは，第三者のためにする契約の契約当事者ではないからである。この場合，ＡはＣの承諾を得なければ，契約を解除することができない（538条2項）。Ｃの権利を一方的に奪うのは妥当でないからである（無効・取消しの場合については上述した）。

3 諾約者の抗弁

諾約者Ｂは，要約者Ａに主張しえた事由を，第三者Ｃにも対抗することができる（539条）。たとえば，ＢはＡの債務不履行を理由に契約を解除することができ，契約の解除をＣにも対抗することができる（先の事例では，ＡがノートパソコンをＢに引渡さなかった場合，Ｂは解除できＣにも対抗できる）。またＢは，Ａに対して同時履行の抗弁権を有するときは，その同時履行の抗弁権でもって，ＣのＢに対する請求に対しても対抗できる。

第13 契約の解除

1 契約の解除とは

契約または法律の規定によって生じた解除権に基づいて，契約当事者が，一方的な意思表示によって，契約を終了させることを契約の解除（以下，単に解除ともいう）という。解除とは，契約を白紙に戻すことを意味する。

たとえば，売買契約において，売主が物を約定の期日に引き渡さなかった場合，買主は一定の要件の満たせば，債務不履行を理由に売買契約を解除することができる。

債務不履行が生じた場合，債権者（相手方）の救済手段としては，履行の強

制（414条），損害賠償請求（415条），解除（541条，542条）があるが，契約を解消し，新たな契約をした方が合理的である場合には解除が選択される。このように，解除は，契約の拘束から解放して，自己の債務負担から解放することにより，新たな取引を可能にするという機能を果たしている。また，すでに給付してしまった物や金銭を原状回復する上でも重要な機能を果たす。

「契約は守られなければならない」という法諺があるように，契約が締結された以上，当事者は契約を白紙撤回することは許されないのが原則である。しかし，例外的に，一定の場合に契約の白紙撤回が認められる。白紙撤回を認める制度としては，解除の他に，取消し（錯誤，詐欺，強迫，制限行為能力者の行為）がある。

民法の目次には，第3編「債権」第2章「契約」第1節「総則」の第4款に「契約の解除」という項目がある。ここに契約全般に共通する解除に関するルールが規定されている。第4款「契約の解除」の最初の条文である540条1項を見てみよう。

「契約又は法律の規定により当事者の一方が解除権を有するときは，その解除は，相手方に対する意思表示によってする。」

540条1項は解除（権）を次のように捉えている。①解除権は契約または法律の規定によって発生するものであり，②解除は相手方に対する一方的な意思表示によってなされる（単独行為）。当事者が契約によって解除権を当事者の一方または双方に留保させる場合の解除を約定解除という。手付の交付に際して約定解除権の留保が合意される場合（解約手付）が約定解除の典型例である。これに対し，法律により解除権が発生する場合の解除を法定解除という。

541条，542条の法定解除は，契約締結上の意思表示には問題がなく，契約自体に瑕疵はない（完全に有効）が，債務不履行がある場合に，債権者を契約の拘束から解放する意義を有する。債務者に対する制裁としての意義は有しない。

解除に類似する制度

　取消し　　行為能力の制限や，意思表示に問題がある場合（錯誤，詐欺，強迫等）に，法律行為を遡及的に消滅させるもの（121条参照）。

　クーリング・オフ　　消費者が頭を冷やし，一定期間再考することを可能とするための制度。一定の場合に，消費者は理由を問われることなく，申込みの撤回や契約の解除をすることができる。割賦販売法や特定商取引法に規定がある。

　合意解除（解除契約）　　合意による解除であり，契約の解除自体を合意すること。すでに存在している契約を，新たな合意により解消するものである。解除権の行使（単独行為）によって行われるものではない。

　解約告知（告知）　　解約告知は，遡及効を有する解除と区別するための講学上の概念である。賃貸借の解除をした場合には，その解除は，将来に向かってのみ効力を生ずる（620条）。同条は，同じく継続的な契約である雇用（630条），委任（652条），組合（684条）の規定に準用されている。620条は「解除」の文言を用いるが，この「解除」は，将来に向かってのみその効力を生じ，遡及効を有しないものと解されている。なぜ，遡及効を否定するのだろうか。たとえば，10年間賃貸借契約が継続した後に，賃料の履行遅滞により契約が解除された場合，解除に遡及効があるとすれば，これまで支払われてきた賃料の返還権と，賃料相当額の返還請求権が生じ，相殺等をして清算することになるが，このような複雑な法的処理は必ずしも妥当でない。そのようなことから，賃貸借契約等の継続的契約の解消は将来に向かってのみ効力を生ずるものとしているのである。

2　債務不履行による解除

　債務不履行による解除は，催告して初めて解除可能となる(1)催告による解除（541条）と，催告をしなくても解除が可能な場合の(2)無催告解除（542条）に分かれる。

(1)　催告による解除

　売主が売買の目的物を約定の期日までに買主に引き渡さなかった。買主はどのような要件の下に解除することができるだろうか。

（i）　**催告による解除とは**

事例では，催告による解除が問題となる。当事者の一方（債務者）がその債務を履行しない場合において，相手方（債権者）が相当の期間を定めてその履行の催告をし，その期間内に履行がないときは，相手方は，契約の解除をすることができる（541条本文）。ただし，その期間を経過した時における債務の不履行がその契約および取引上の社会通念に照らして軽微であるときは，この限りでない（541条ただし書）。

たとえば，売買契約において，売主が売買の目的物を約定の期日までに引き渡さなかった場合，買主は解除（541条）をするために，「5日以内に引き渡せ」というように相当の期間を定めて履行を促し（催告），その期間内に売主が履行しないとき，買主は解除権を取得する。解除権を行使することによって契約は解除される。

ただし，売主が完全な履行をしなかったとしても，債務の不履行が契約および取引上の社会通念に照らして軽微なものだと評価される場合は，解除できない（解除権が発生しない）（541条ただし書）。

（ii）　**催告による解除の要件**

①　債務者が債務を履行しないこと

　　a．履行期を徒過したこと

　　b．履行しないことが違法であること

②　相当の期間を定めた催告をすること

③　相当期間の経過

④　解除の意思表示をしたこと

①　債務者が債務を履行しないこと

541条本文の文言から，債務者が債務を履行しないことが必要である。履行不能の場合については，542条の無催告解除ができるので，催告による解除においては履行不能以外の不履行が問題となる。

a．履行期を徒過したこと

履行期は次のように判断される。①確定期限付き債務では，その期限の到来した時から履行遅滞となる（412条1項）。②不確定期限付き債務では，その

期限の到来した後に履行の請求を受けた時またはその期限の到来したことを知った時のいずれか早い時から履行遅滞となる（412 条 2 項）。③履行期限の定めがない債務では，債務者が履行の請求を受けた時から履行遅滞となる（412 条 3 項）。

ｂ．履行しないことが違法であること

履行をしないことが正当化される場合（債務者に同時履行の抗弁権や留置権がある場合など）には，履行遅滞とならない。

たとえば，売主が履行をしないといっても，買主も履行や履行の提供をしていない場合には，売主には同時履行の抗弁権があるから，売主が債務の履行をしないことは正当化され，買主は解除できない。解除するためには，買主は代金債務の履行または履行の提供をすることより，売主の同時履行の抗弁権を奪わなければならない。

② 相当の期間を定めた催告をすること

債務者の契約を維持する利益にも配慮するべく，債務者に再度の履行の機会を与えるため，相当の期間を定めた催告をすることが必要となる。

催告とは，債権者が債務者に履行を促すことである。催告の内容としては，どの債務の履行が促されているのか債務者が判断できれば足り，実際よりも過大または過少な内容の催告でも有効であると解される。

相当の期間とは，履行をするための準備期間ではなく，準備は終えていることを前提とした履行のために必要な期間である。

では，相当の期間を定めないで催告した場合はどうなるのだろうか。判例は，そのような場合でも，<u>催告の時から客観的に相当な期間が経過すれば，</u>解除権が発生するとしている（大判昭 2 年 2 月 2 日民集 6 巻 133 頁，最判昭 29 年 12 月 21 日民集 8 巻 12 号 2211 頁）。

履行期限の定めのない債務の場合は，債務者が履行の請求を受けた時から履行遅滞となる（412 条 3 項）が，この「請求」と 541 条本文の「催告」の両方が必要なのだろうか。1 つの請求（催告）で両者を兼ねることを認めるのが合理的であろう。541 条の文言でも履行遅滞となっていることは催告の要件とはなっていない。判例も，二重の催告は不要とする（大判大 6 年 6 月 27 日民録 23 輯 1153 頁）。

③　相当の期間の経過

債務者の履行または履行の提供が無いまま相当の期間が経過したことが必要である。

④　解除の意思表示をしたこと

以上の①〜③の要件を満たすことにより原則として解除権が発生する。ただし，相当の期間を経過した時における債務の不履行がその契約および取引上の社会通念に照らして軽微であるときは，解除権は発生しない（541条ただし書）。

(2)　無催告解除

542条は無催告解除について規定する。催告による解除の催告の趣旨は<u>債務者に再度の履行の機会を与える</u>ことにある。無催告解除が可能な場合とは，そのような機会を与える必要がない場合である。

無催告解除は，(i)全部解除（542条1項）と(ii)一部解除（542条2項）に分かれる。全部解除とは，契約全体の解除を，一部解除とは不履行があった部分のみの契約の解除のことを意味する。

(i)　全部解除（542条1項）

次の場合には，債権者は，催告をすることなく，直ちに契約の（全部の）解除をすることができる（542条1項）。

①債務の全部の履行が不能であるとき（1号）。

②債務者がその債務の全部の履行を拒絶する意思を明確に表示したとき（2号）。

③債務の一部の履行が不能である場合または債務者がその債務の一部の履行を拒絶する意思を明確に表示した場合において，残存する部分のみでは契約をした目的を達することができないとき（3号）。

④契約の性質または当事者の意思表示により，特定の日時または一定の期間内に履行をしなければ契約をした目的を達することができない場合において，債務者が履行をしないでその時期を経過し

たとき（4号）。

　⑤1号～4号の場合のほか，債務者がその債務の履行をせず，債権者
　　が541条の催告をしても契約をした目的を達するのに足りる履行
　　がされる見込みがないことが明らかであるとき（5号）。

　①は，たとえば，ある中古自動車の売買において，その自動車が全焼し，
履行不能となった場合である。履行不能となった場合には催告をしても無意
味なので，無催告解除が認められる。後発的不能も，原始的不能も共に「履
行不能」に含まれる。

　②は，たとえば，債務者が，債務の履行をしない旨を明確に伝えてきた場
合である。履行が期待できないので，無催告解除が認められる。

　③の場合は，一部の履行不能，一部の拒絶ではあるが，残存する部分のみ
では契約をした目的を達することができないため，契約全部の解除が認めら
れる（542条2項による一部解除も可能である）。

　④のような取引を定期行為という。定期行為には，契約の性質上の絶対的
定期行為（たとえば，年賀はがきの注文），当事者の意思表示による相対的定期行
為（たとえば，成人式のためという前提でなされた着物の売買契約）がある。単に履行
期を厳守するように言っただけでは相対的定期行為とは認められない。

　⑤は，たとえば，債務者が事実上倒産状態であり，催告をしても意味がな
いような場合，債務者の債務不履行の態様が信頼関係を破壊するものであり
催告しても意味がないような場合などである。

(ii)　**一部解除**

　次の場合には，債権者は，541条の催告をすることなく，直ちに契約の一部
の解除をすることができる（542条2項）。542条1項3号の全部解除できる場
合と対比しておこう。

　① 債務の一部の履行が不能であるとき（1号）
　② 債務者がその債務の一部の履行を拒絶する意思を明確に表示し
　　たとき（2号）

③　解除権の行使

解除権の行使は，相手方に対する意思表示によって行われ，その意思表示
は撤回できない（540条2項）。当事者の一方が数人ある場合には，契約の解除
は，その全員からまたはその全員に対してのみ，することができる（544条1
項）。これを解除権の不可分性という。解除権の不可分性の趣旨は，もし可分
とすると法律関係が複雑になることにある。

④　解除権の消滅

(1)　債務の履行による消滅

解除権が発生しても，解除権の行使の前に，債務者が本来の給付と遅延賠
償を履行した場合には，解除権は消滅すると解されている（大判大6年7月10
日民録23輯1128頁）。

(2)　時効による消滅

解除権は債権に準じるものであるとして，166条1項により消滅時効にか
かるものと解される。解除権を行使できることを知った時から5年，解除権
を行使できるときから10年で時効が完成する。

(3)　催告による消滅

解除されるかどうか不安定となる解除の相手方を保護するため，解除権の
行使について期間の定めがないときは，相手方は，解除権を有する者に対し，
相当の期間を定めて，その期間内に解除をするかどうかを確答すべき旨の催
告をすることができ，その期間内に解除の通知を受けないときは，解除権は
消滅する（547条）。

(4)　解除権者の故意・過失による目的物の損壊等による消滅

解除権を有する者が故意・過失によって契約の目的物を著しく損傷し，も
しくは返還することができなくなったとき，または加工もしくは改造によっ
てこれを他の種類の物に変えたときは，解除権は消滅する。ただし，解除権
を有する者がその解除権を有することを知らなかったときは，解除権は消滅

しない (548条)。

5 債権者の責めに帰すべき事由による場合

　債務の不履行が債権者の責めに帰すべき事由によるものであるときは，債権者は，541条・542条の規定による契約の解除をすることができない (543条)。このような場合には，債権者に契約の拘束力からの解放を認めるべき必要性はないからである。

　たとえば，自動車 (特定物) の売買契約の締結後，その自動車が全焼し，履行不能となったが，自動車が全焼した原因が債権者の放火であるときは，債権者は売買契約の解除をすることができない。

6 複合契約の解除

　Xは，Yからリゾートマンションの1室を購入した。また，XはYがリゾートマンションに併設予定のスポーツ施設のスポーツクラブ会員権契約を締結した。その後，スポーツ施設内の屋内プールが完成しないため，Xは屋内プールの建設を再三要求したが，いまだに着工もされていない。そこで，Xは，スポーツクラブの会員権契約の解除とリゾートマンションの売買契約の解除を主張した。これらの解除は認められるか。

　同様の事案で，最高裁は，2個以上の契約から成る場合であっても，それらの目的が相互に密接に関連付けられていて，社会通念上，いずれかの契約が履行されるだけでは契約を締結した目的が全体として達成されない場合には甲契約上の債務の不履行を理由に，その債権者が法定解除権の行使として甲契約と併せて乙契約をも解除できるとして，上告人らの解除を認めた (最判平8年11月12民集50巻10号2673頁)。

　　「本件マンションの区分所有権を買い受けるときは必ず本件クラブに入会しなければならず，これを他に譲渡したときは本件クラブの会員たる地位を失うのであって，本件マンションの区分所有権の得喪と本件クラブの会員たる地位の得喪とは密接に関連付けられている。すなわち，被上告人は，両者がその帰属を異にすることを許容しておらず，本件マンションの区分所有権を買い受け，本件クラブに入会する者は，こ

れを容認して被上告人との間に契約を締結しているのである。

　このように同一当事者間の債権債務関係がその形式は甲契約及び乙契約といった二個以上の契約から成る場合であっても，それらの目的とするところが相互に密接に関連付けられていて，社会通念上，甲契約又は乙契約のいずれかが履行されるだけでは契約を締結した目的が全体としては達成されないと認められる場合には，甲契約上の債務の不履行を理由に，その債権者が法定解除権の行使として甲契約と併せて乙契約をも解除することができるものと解するのが相当である」。

　「本件不動産は，屋内プールを含むスポーツ施設を利用することを主要な目的としたいわゆるリゾートマンションであり，前記の事実関係の下においては，上告人らは，本件不動産をそのような目的を持つ物件として購入したものであることがうかがわれ，被上告人による屋内プールの完成の遅延という本件会員権契約の要素たる債務の履行遅滞により，本件売買契約を締結した目的を達成することができなくなったものというべきであるから，本件売買契約においてその目的が表示されていたかどうかにかかわらず，右の履行遅滞を理由として民法 541 条により本件売買契約を解除することができるものと解するのが相当である」。

7　解除の効果（原状回復義務）

(1)　解除の効果

解除の効果に関する民法のルールとしては次のものがある。

　当事者の一方がその解除権を行使したときは，各当事者は，その相手方を原状に復させる義務（原状回復義務）を負う（545 条 1 項本文）。ただし，第三者の権利を害することはできない（545 条 1 項ただし書）。

　原状回復義務につき，金銭を返還するときは，その受領の時から利息を付さなければならない（545 条 2 項）。金銭以外の物を返還するときは，その受領の時以後に生じた果実をも返還しなければならない（545 条 3 項）。

　解除権の行使によって，損害賠償請求は妨げられない（545 条 4 項）。533 条の規定は，545 条の場合に準用される（546 条）。

(2)　解除の効果の法的構成

(i)　直接効果説

　解除の効果の意義については争いがある。判例・通説は，解除の効果は，契約関係の遡及的消滅であるとする直接効果説という立場を採る（大判大 7 年

12月23日民録24輯2396）。直接効果説は，契約関係の遡及的消滅という説明は解除の趣旨に最も合致するとし，取消し（121条）と同様に，解除制度を，契約関係が初めから無かったことにする制度と捉える。

　直接効果説によれば，解除により，契約は初めから無かったことになるため，解除の時にまだ履行されていない契約上の債務は消滅する。なお，物権変動も初めから無かったことになる。

　既に履行された債務については，解除によって遡って「法律上の原因」を失うので，不当利得の問題となる。ただし，703条・704条ではなく，特則である545条が適用される。直接効果説は545条を，①返還の範囲を<u>全部の返還義務にまで拡大</u>し（545条1項本文，2項），②解除の遡及効ゆえに害される<u>第三者を保護するために遡及効を制限</u>し（545条1項ただし書），③債務の遡及的消滅にも関わらず，<u>遡及効を制限し債務不履行による損害賠償請求は残存する</u>（履行利益の賠償も可能と解される）ものと扱う（545条4項）規定であると捉える。

(ii)　間接効果説

　以上に対し，間接効果説は，解除の効果は，契約関係の<u>遡及的消滅ではなく</u>，契約関係成立以前の状態への巻き戻しであると捉える。つまり，解除により，契約内容が巻き戻しの関係に変更されると捉える。解除の遡及効を認めない以上，この原状回復義務は不当利得返還義務とは同質のものではない。

　解除により，未だ履行されていない契約上の債務に関しては，未履行の当事者に履行拒絶の抗弁権（拒絶権）が与えられ，既に履行された債務については，給付を受けた当事者に新たに原状回復義務が生じる（この義務は変更された契約上の義務であり，不当利得返還義務ではない）と捉える。なお，物権変動については，解除により物権が復帰すると捉える。

　545条1項本文は，解除により，新たに原状回復義務が発生することを規定していると解する。第三者の保護（1項ただし書），損害賠償請求権が可能であること（4項）は，当然のことを注意的に規定したものと解する。

(iii)　折衷説

　折衷説といわれる立場は，解除の効果は，契約関係の遡及的消滅ではなく，将来に向かって契約の効果を消滅させるものであるとする。未だ履行されて

いない契約上の債務は，解除により将来に向かって消滅し，既に履行された
債務については，給付を受けた当事者に新たに原状回復義務が生じるとする。

8　解除と第三者

(1)　545 条 1 項ただし書

　　Ａ と Ｂ は，Ａ が所有する甲土地を Ｂ に売却するという内容の売買契約を締結
した。甲土地は Ｂ から Ｃ に転売され，Ｃ への移転登記もなされた。その後，Ａ
は Ｂ の債務不履行により AB 間の契約を解除した。この場合，Ａ は Ｃ からその
不動産を取り戻すことができるのだろうか。

　直接効果説によれば，売買契約の解除により，売買契約は初めから無かっ
たものと擬制され，Ａ から Ｂ への所有権の移転も初めから無かったことにな
る。そして，解除により，Ｂ は無権利者と擬制されるのであるから，Ｃ は無権
利者 Ｂ と取引をした者にすぎないことになる（無権利者からは権利は取得できな
い。これを無権利の法理という）。そうすると，Ａ は Ｃ から不動産を取り戻すこと
ができるようにも思われる。しかし，それでは取引の安全を害する。そこで
545 条 1 項ただし書は，「ただし，第三者の権利を害することはできない」と
規定し，第三者の保護のために解除の遡及効の制限を認めた（直接効果説から
の帰結）。

(2)　545 条 1 項ただし書の「第三者」とは

　解除により，第三者の権利を害することはできない（545 条 1 項ただし書）。こ
の規定は，直接効果説によると，解除の遡及効ゆえに害される第三者を保護
するために遡及効を制限する規定であると解釈される。「第三者」とは，解除
された契約から生じた法律効果を基礎として，解除までに，新たな権利を取
得したものをいう。たとえば，Ａ・Ｂ の売買契約が解除される前に当該売買
の目的物をさらに譲り受けた者，目的物に抵当権を取得した者，目的物を賃
借した者は「第三者」にあたる。

　これに対して，第三者のためにする契約の受益者は，「第三者」にあたらな
い。また，解除によって消滅する債権を債権譲渡によって譲り受けた者も「第

三者」にあたらない（大判明42年5月14日民録15輯490頁）。

(3)　第三者保護要件

　判例は，「第三者」として保護されるためには対抗要件の具備を必要とする（大判大10年5月17日民録27輯929頁，最判昭33年6月14日民集12巻9号1449頁参照）。

　しかし，解除をした者と第三者との関係は二重譲渡の事例のような対抗関係ではない。

　学説には，権利者の犠牲の下で保護される第三者には権利保護の資格を備えるべきだという意味で，権利保護要件としての登記（不動産），引渡し（動産）を要求する立場もある。

(4)　解除後の第三者との関係

　AとBは，Aの甲土地をBに売却する売買契約を締結した。しかし，買主Bの履行遅滞により，契約は解除された。甲土地はBからCに転売され，Cへの移転登記がなされた。AはCからその不動産を取り戻すことができるだろうか。

　直接効果説によれば，545条1項ただし書（「ただし，第三者の権利を害することはできない」）は，解除の遡及効によって利益を害される第三者を保護した規定ということになる。したがって，「第三者」は，解除の遡及効ゆえに不利益を被る者に限定される。

　事例のCは，解除された後にBから権利を取得した者であり，解除の遡及効の影響を受ける者ではないから，「第三者」には該当しない。解除により，Bは無権利者となるため，Cは無権利者と取引をした者にすぎないことになる。仮にCがB名義の登記を信用して取引をしても，わが国の民法においては，登記に公信力がなく，保護されないのが原則である。しかし，常にこのような結論を貫くとすれば取引の安全を害する。

　Cのような解除後の第三者の保護するための法律構成として，対抗問題（177条，178条）とする考え方（通説）と，94条2項類推適用による考え方がある。

　対抗問題として処理する見解では，先に対抗要件を備えた者が保護される。事例の場合でいうと，解除により，B から A に復帰的物権変動が生じたと考える。他方で，B から C への譲渡も行われているので，B が二重譲渡をしたのと同様に捉え，先に登記をした者が自己の所有権を他方に対抗できる。

　94 条 2 項類推適用説は，権利外観法理に基づき，①虚偽の外観の存在，②権利者の帰責性，③第三者の信頼（善意または善意無過失）の要件の下に無権利の法理の例外を認める立場である（これは登記に公信力を認めるものではない）。

(5)　原状回復義務の内容

　解除の当事者は，原状回復義務を負う（545 条 1 項本文）。直接効果説によれば，既に履行された債務については，解除によって遡って「法律上の原因」を失うので，原状回復義務は不当利得返還義務の性質を有する。ただし，適用されるのは 703 条・704 条ではなく，特則である 545 条が適用される。直接効果説は，①返還の範囲につき，全部の返還義務にまで拡大し（545 条 1 項本文。2 項），②解除の遡及効ゆえに害される第三者を保護するために遡及効を制限した（545 条 1 項ただし書）規定であると解する。

　原状回復義務を負う者は原則として原物返還義務を負う。ただし，原物返還が不可能な場合は価格返還義務を負う（なお，解除権者の故意・過失によって目的物が消滅した場合の解除権の消滅につき 548 条を参照）。当事者相互の返還義務は，同時履行の関係に立つ（546 条）。

　金銭を返還するときは，受領のときから利息を返還しなければならない（545 条 2 項）。金銭以外の物を返還するときは，その受領の時以後に生じた果実をも返還しなければならない（545 条 3 項）。解除後に生じた果実に関しては 190 条（悪意の占有者による果実の返還）が適用される。返還すべき物の使用をした者は使用利益を返還するべきものと解される。

　特定物の売主の保証人となった者は，売買契約が解除された場合における原状回復義務についても反対の意思表示がない限り責任を負う（最判昭 40 年 6 月 30 日民集 19 巻 4 号 1143 頁）。契約上の債務と原状回復義務は別の債務であるが，保証債務の効力は原状回復義務にも及ぶと考えるのが通常の当事者の意思であろう。

第14　定型約款

1　定型約款とは

　現代社会では，約款による取引が広く行われている。

　約款とは，大量の同種取引に用いるために，あらかじめ定型化された契約条項を定めたものであり，たとえば，電気・ガスの供給，旅行，宿泊，運送，銀行預金，保険，建築請負などの契約で活用されている。企業などの一方当事者が作成したものを他方（典型的には消費者）が受け入れることが多い。

　ところで，私たちは，このような約款の内容をほとんど読まずに契約する。そもそも約款の内容は詳細に渡り，量も膨大であり，読んでもなかなか理解できない場合も多い。

　当事者が個別の合意によって契約内容を定め，合意の内容に拘束されるのが本来の契約の姿であるのだが，約款による契約では，個別の合意がないのに，なぜ法的に拘束されるのだろうか。私的自治の原則に合致するのか，また一方当事者に不利な結果とならないかが問題となる。

　しかし，現代社会では，大量の定型的取引を合理的に行うことが必要とされ，そのような契約が取引の実態となっている。約款を用いた取引がどのような場合に拘束力を有するのか明らかにする必要がある。

　そこで，2017年改正民法は新しく定型約款の制度を設け，定型約款が拘束力を有する場合や，定型約款の変更が許される条件を明確にした。この民法の規律は，約款すべてにあてはまるものではなく，以下に説明する「定型約款」の定義にあてはまる約款のみを対象としたものである。定型約款以外の約款については，民法に規定はなくその扱いは解釈に委ねられている。

2　定型取引における定型約款

　民法は，定型取引における定型約款に関する規定を定めている。

　定型取引とは，①ある特定の者が不特定多数の者を相手方として行う取引であって，②その内容の全部又は一部が画一的であることがその双方にとって合理的なものをいう（548条の2第1項柱書かっこ書）。

事業者間の取引に用いられるものであっても定型取引に該当しうるが，「全部又は一部が画一的であることがその双方にとって合理的なもの」に限られるので，力関係に差がある事業者間取引は定型取引に該当しない場合がある。また労働契約は，個性に着目して行われるため，不特定多数の者を相手方として行う取引を対象とする定型取引には当たらない。

　定型約款とは，このような定型取引において，契約の内容とすることを目的としてその特定の者により準備された条項の総体をいう（548条の2第1項柱書かっこ書）。

　インターネットサイトの利用規約，旅行業約款，宿泊約款，運送約款，預金規定，生命保険約款，損害保険約款，コンピューター・ソフトウエアの利用約款，などほとんどの約款がこの定義に該当すると考えられる。

3　要件

　実際には個別の条項について合意がなされなくても，個別の条項について合意があったものとみなされるための要件は，次の通りである。

　(1)　定型取引を行うことの合意をしたこと（548条の2第1項柱書）。これを定型取引合意という。

　(2)　(1)に加え，次のいずれかの要件を満たすこと（548条の2第1項1号・2号）

　　①定型約款を契約の内容とする旨の合意をしたこと
　　　　　　または，
　　②定型約款を準備した者（定型約款準備者）があらかじめその定型約款を契約の内容とする旨を相手方に表示していたこと

　①の「定型約款を契約の内容とする旨の合意をした」は，定型約款を契約に組み入れることを合意したことを意味する。

　②は，定型約款準備者による「表示」を要件としているが，これは相手方の黙示的な合意の存在を前提とした要件であると解される。

4　効果

　個別の条項についても合意をしたものとみなされる（合意の擬制）（548条の2

第 1 項柱書）。

5　不当条項の排除

　相手方の権利を制限し，または相手方の義務を加重する条項であって，その定型取引の態様およびその実情並びに取引上の社会通念に照らして民法 1 条 2 項に規定する基本原則に反して相手方の利益を一方的に害すると認められるものについては，合意をしなかったものとみなされる（548 条の 2 第 2 項）。

6　定型約款の内容の表示

　定型取引を行い，または行おうとする定型約款準備者は，定型取引合意の前または定型取引合意の後相当の期間内に相手方から請求があった場合には，遅滞なく，相当な方法でその定型約款の内容を示さなければならない。ただし，定型約款準備者が既に相手方に対して定型約款を記載した書面を交付し，またはこれを記録した電磁的記録を提供していたときは，この限りでない（548 条の 3 第 1 項）。たとえば，企業のホームページに記載していた場合などである。

　定型約款準備者が定型取引合意の前において 548 条の 3 第 1 項の請求を拒んだときは，合意擬制の効果は生じない。ただし，一時的な通信障害が発生した場合その他正当な事由がある場合は，この限りでない（548 条の 3 第 2 項）。

7　定型約款の変更

　一方当事者が契約内容を一方的に変更することは認められないのが原則であるが，個別の合意は困難である場合が多く，全員から個別に合意を得られない場合は，契約内容がばらばらになってしまい取引の処理が煩雑になってしまう。

　そこで，以下の場合には，定型約款準備者が定型約款の変更をすることにより，変更後の定型約款の条項について合意があったものとみなし，個別に相手方と合意をすることなく契約の内容を変更することができるとした（548 条の 4 第 1 項）。

①定型約款の変更が，相手方の一般の利益に適合するとき（1号）。

②定型約款の変更が，契約をした目的に反せず，かつ，変更の必要性，変更後の内容の相当性，548条の4の規定により定型約款の変更をすることがある旨の定めの有無およびその内容その他の変更に係る事情に照らして合理的なものであるとき（2号）。

①については，誰も不利益を受けないような場合は，個別の合意は不要という趣旨である。

②の例としては，反社会的勢力でないことを契約条件に加える場合が挙げられる。

8　定型約款の変更の手続き要件

定型約款準備者は，548条の4第1項による定型約款の変更をするときは，その効力発生時期を定め，かつ，定型約款を変更する旨および変更後の定型約款の内容ならびにその効力発生時期をインターネットの利用その他の適切な方法により周知しなければならない（548条の4第2項）。個別の通知までは不要である。

上記②（548条の4第1項2号）の場合の定型約款の変更は，効力発生時期が到来するまでに周知をしなければ，その効力を生じない。

不当条項の排除の規定（548条の2第2項）は，548条の4第1項による定型約款の変更に際しては，適用されない。定型約款の変更は定型約款の合意擬制の要件よりも厳格なため適用が排除されている。

第 15　契約上の地位の移転

1　契約上の地位移転とは

AはBとの間で，Aが有する新型のノートパソコンをBに20万円で売るという売買契約を締結した。Aは売主としての地位（ノートパソコンをBに引渡す債務を負い，代金20万円の履行を受けることができる地位）をCに移転させることはできるか。

　民法は，契約上の地位の移転について次のように規定する。「契約の当事者の一方が第三者との間で契約上の地位を譲渡する旨の合意をした場合において，その契約の相手方がその譲渡を承諾したときは，契約上の地位は，その第三者に移転する」(539条の2)。

　契約上の地位の移転とは，契約当事者としての地位を，契約の当事者の一方である譲渡人（A）と第三者（譲受人）（C）との契約により移転させることをいう。これは，債権譲渡や免責的債務引受のように，債権や債務のみを移転させることではなく，債権や債務の他に，取消権や解除権といった契約上の地位から認められる権利も含め，契約当事者の全部の権利義務を包括的に移転させることを意味する。

2　契約上の地位の移転の要件

　三面契約は当然認められるとして，539条の2が規定する要件は次の通りである。

　第1の要件は，契約の当事者の一方である譲渡人（A）が第三者（譲受人）（C）との間で契約上の地位を譲渡する旨の合意をしたことである。契約の相手方（B）は契約の当事者ではなくてもよいとされている。

　第2の要件は，契約上の地位の譲渡を契約の相手方（B）が承諾したことである。これはなぜだろうか。契約上の地位の移転には免責的債務引受の側面がある。免責的債務引受とは，ある債務者の債務と同一の債務を新たに引受人が負担し，債務者が債務を免れる契約のことをいうところ（472条1項），債務者と引受人との契約で免責的債務引受が行われる場合においては，債務者が誰であるかに関心がある債権者の承諾が必要である（472条3項）。契約上の地位の移転の要件においても，免責的債務引受と同様の面があるため，契約の相手方の承諾を要件としている。先の事例においては，Aがノートパソコンの引渡義務を免れ，Cがその義務を引受けるという債務者の交代が生じるため，その利害に関わるBの承諾が必要となるというわけである。

　なお，不動産賃貸借契約における賃貸人たる地位の移転については，605条の2，605条の3に特別の規定が置かれている（Ⅲ第5　9を参照）。

3　債権譲渡との要件の違い

　債権譲渡の要件とはどこが違うだろうか。AのBに対する代金債権をC
に債権譲渡する場合は，AとCの合意のみによって譲渡が可能である。Aか
らBへの通知，またはBの承諾は，譲渡の要件ではなく，CがBに対して債
権を行使するための債務者対抗要件（権利行使要件）（467条1項）であるにすぎ
ない。

> **債務引受とは**
>
> 　BのAに対する債務をC（引受人）に引受けさせる場合を債務引受という。
> この場合に，Bがそのまま債務者であり続け，BとCの二者が債務者となる場
> 合を併存的債務引受という（470条1項）。これに対して，以後Bは債務者では
> なくなり，Cのみが債務者となる場合を免責的債務引受という（472条1項）。
> さらに，Cが債務を引受けるとはいっても，BとCとの間でBの債務をCが
> 履行すると契約しただけであって，Aから見て債務者はBのみであるような場
> 合を履行引受という。

第 16　担保責任（契約不適合責任）

1　担保責任の種類・内容

(1)　担保責任とは

　たとえば売主から安心して生活できると言われ1000万円で購入した中古
家屋が設計ミスのため風雨に弱い家屋であったなど，①引き渡された売買の
目的物が契約の内容に適合しない場合がある（以下，契約の内容に適合しないこと
を契約不適合ともいう）。

　また，たとえば，建物の売買で，その建物のために存在すると称された土
地の賃借権が存在しなかった場合のように，②移転した権利が契約の内容に
適合しない場合がある。

　売主は，契約の内容に適合した物を引渡し，権利を移転する義務を負う。
売主がこの義務に違反した場合，買主に対して責任を負う。このような売主
の責任を，ローマ法以来の呼び名で担保責任という。2017年改正民法によっ

て，担保責任は債務不履行の特則に位置づけられ，担保責任も債務不履行の一場合に過ぎないことが明確になった。そのため，担保責任という用語は改正前で言われたような特別な意味を有しなくなった（なお，「担保（の）責任」という言葉は，551条2項，572条，565条，566条の文言・条文の見出しに残されている）。

担保責任とは，売買目的物や移転した権利が契約の内容に適合しない場合における売主の債務不履行責任のことである。担保責任の規定は，559条により売買以外の有償契約に準用されている。

(2)　引き渡された売買の目的物の種類・品質・数量に関する契約不適合

(i)　種類・品質の不適合

種類の契約不適合とは，たとえば，米の売買で麦が給付された場合である。品質の契約不適合とは，たとえば，購入した中古自動車のエアコンが故障していたといった場合である。

物理的瑕疵（物理的な欠陥），環境的瑕疵，心理的瑕疵（例：自殺があった住居用建物）が契約不適合に該当しうる。

種類と品質の区別は微妙な場合もあるが，同じく規律されるので厳格に考える必要はない。

(ii)　数量の契約不適合

数量の契約不適合では，売主が，表示された数量を有する物として給付する債務を負っていたのかどうかが問題となる。何らかの数量不足があったとしても，直ちに「数量の契約不適合」があるとはいえない。

改正前の数量指示売買に関する議論が参考になる。数量指示売買とは，「当事者において目的物の実際に有する数量を確保するため，その一定の面積，容積，重量，員数または尺度あることを売主が契約において表示し，かつ，この数量を基礎として代金額が定められた売買」をいう（最判昭43年8月20日民集22巻8号1692頁）。このように数量を基礎として代金額を定めた場合は数量の契約不適合があるといえる。

判例は，土地の売買において目的物を特定表示するのに，登記簿に記載してある字地番地目および坪数をもってするのが通例であるが，登記簿記載の坪数は必ずしも実測の坪数と一致するものではないから，売買契約において

目的たる土地を登記簿記載の坪数をもって表示したとしても，それだけでは数量指示売買とはいえないとした（最判昭 43 年 8 月 20 日民集 22 巻 8 号 1692 頁参照）。

　もっとも，宅地の売買につき，買主が仲介業者に対して土地の実測図面を要求するなどし，土地の実測面積に関心を持ち，売買契約当時，当事者双方とも，土地の実測面積が登記簿記載の面積に等しいとの認識を有していた場合において，数量指示売買であると認めた事例がある（最判平 13 年 11 月 22 日判時 1772 号 49 頁）。

(iii)　買主の救済手段

　売買目的物や移転した権利が契約の内容に適合しない場合，買主は，債務の不完全な履行につき，債務不履の一般原則に従い，履行請求，損害賠償請求（415 条），解除（541 条，542 条）をすることができる（564 条）。これに加えて，民法は，追完請求権（562 条），特別の救済手段として代金減額請求権の規定を設けている（563 条）。

買主の救済手段（種類・品質・数量に関する契約不適合）

① 追完請求権（562 条）

② 代金減額請求権（563 条）

③ 損害賠償請求権（564 条，415 条）

④ 解除（564 条，541 条，542 条）

履行請求権と追完請求権

　債務の履行が一応なされたがその内容が不完全な場合を不完全履行という。不完全な履行があっても，債務は完全には消滅しない。債権者は残存している債務の履行を求めることができる（追完請求）。追完請求権は債務不履行により生じた独自の請求権ではなく，本来の債権の効力として認められる履行請求権と本質を同じくするものである。562 条の「追完請求権」はこの特則を定めたものと捉えることができる。

---

①　追完請求権

引き渡された目的物が種類，品質または数量に関して契約の内容に適合し

ないものであるときは，買主は，売主に対し，履行の追完請求をすることができる（562条1項本文）。追完請求とは，約束した物を履行せよという請求のことである。具体的には，目的物の修補，代替物の引渡しまたは不足分の引渡しの方法がある。売主の責めに帰すべき事由は追完請求のための要件とされていない。

562条が適用されるためには「引き渡された」目的物であることが必要である。したがって，未だ引渡されていない目的物に関する売主の責任は，債務不履行の一般規律による。なお，目的物の引渡しがあった時以後に目的物が当事者双方の責めに帰することができない事由によって滅失・損傷したときは，買主は，滅失・損傷を理由として，権利行使できない（567条1項前段）。

目的物は，特定物か不特定物かを問わない。代替物か不代替物であるかも問わない。契約不適合が生じた時期については，原始的か後発的か（契約の前か後か）を問わない。

契約不適合か否かは契約の解釈を通じて，当事者が目的物の種類・品質・数量にどのような意味を与えたかを吟味して判断される。

①修補，②代替物の引渡し，③不足分の引渡しの各履行の追完請求につき，買主には追完方法の選択権が与えられている。

ただし，売主は，買主に不相当な負担を課するものでないときは，買主が請求した方法と異なる方法による履行の追完をすることができる（562条1項ただし書）。たとえば，買主の修補請求に対して，売主は代替物を引渡すことにより追完をすることができる。

562条1項の不適合が買主の責めに帰すべき事由によるものであるときは，履行の追完請求をすることができない（562条2項）。その不利益は買主が負うべきだからである。なお，買主に責めに帰すべき事由がある場合は，代金減額請求や解除も同様にできない（代金減額請求につき563条3項，解除につき543条）。

② 代金減額請求権

引き渡された目的物が種類・品質・数量に関して契約の内容に適合しないものである場合において，買主が相当の期間を定めて履行の追完の催告をし，その期間内に履行の追完がないときは，買主は，その不適合の程度に応じて

代金減額請求をすることができる（563条1項）。相当の期間を定めた催告を要件としたのは，代金を減額される前に売主に履行を追完する機会を与えるためである。催告をして売主に追完の機会を与えても意味がないような場合には，無催告による代金減額請求が認められている（563条2項）。代金減額請求は契約の一部解除と同じことであるため（代金減額の効果が生じた場合，それは契約の一部が解除されたのと同じことを意味する），解除の要件とそろえている（541条，542条参照）。

　代金減額「請求」とあるが，これは形成権（一方的な意思表示で法律関係の変動を生じさせる権利）である。売主の責めに帰すべき事由は代金減額請求の要件ではない。引き渡された目的物の契約不適合が買主の責めに帰すべき事由によるものであるときは，買主は，代金減額請求をすることができない（563条3項）。その不利益は買主が負うべきだからである。売主の責めに帰すべき事由は代金減額請求の要件とはされていない。

　代金減額請求ができるのは追完の催告をし，その期間内に履行の追完がないことが原則であるが（563条1項），次の場合には，買主は，催告をすることなく，直ちに代金減額請求をすることができる（563条2項）。

①履行の追完が不能であるとき（1号）

②売主が履行の追完を拒絶する意思を明確に表示したとき（2号）

③契約の性質または当事者の意思表示により，特定の日時または一定の期間内に履行をしなければ契約をした目的を達することができない場合において，売主が履行の追完をしないでその時期を経過したとき（3号）

④1号〜3号の場合のほか，買主が前項の催告をしても履行の追完を受ける見込みがないことが明らかであるとき（4号）

　代金減額請求とは反対に，数量を指示した売買において，数量が超過していた場合，売主は買主に対して代金増額請求をすることができるであろうか。563条の類推適用により解釈上代金増額請求を認めるべきかが問題となる。改正前の判例（最判平13年11月27日民集55巻6号1380頁）は，改正前565条（改正後563条に対応）は「数量指示売買において数量が不足する場合又は物の一

部が滅失していた場合における売主の担保責任を定めた規定にすぎないから，数量指示売買において数量が超過する場合に，同条の類推適用を根拠として売主が代金の増額を請求することはできないと解するのが相当である」として，代金増額請求を否定した。

③ 買主の損害賠償請求および解除権の行使

562条（追完請求権）・563条（代金減額請求権）の規定は，損害賠償の請求（415条），541条，542条の解除権の行使を妨げない（564条）。

損害賠償請求権は，売主に責めに帰すべき事由がない場合は免責される（415条1項ただし書）。

解除に関しては，541条ただし書で軽微でないこと，542条1項3号で残存部分のみでは契約目的を達成できないことが要件とされている。この点で一部解除の性格を有する代金減額請求権とは要件を異にする。引き渡された目的物の契約不適合が買主の責めに帰すべき事由によるものであるときは，買主は解除をすることができない（543条）。

(3) 移転した権利が契約の内容に適合しない場合の売主の担保責任

(ⅰ) 移転した権利の契約不適合とは

売主が買主に移転した権利に契約不適合がある場合においても売主の担保責任が問題となる。すなわち，引き渡された売買の目的物の種類・品質・数量に関する契約不適合の規定（562条～564条）は，売主が買主に移転した権利が契約の内容に適合しないものである場合（権利の一部が他人に属する場合においてその権利の一部を移転しないときを含む）について準用される（565条）。

移転した権利の契約不適合にあたりうる例としては次のものが挙げられる。契約で存在すると称された権利が存在せず，あるいは契約に適合しない他人の権利が存在することによって，買主の使用収益が制限されるような場合である。

①土地の所有権の一部が他人に属しており，売主がそれを移転しない場合（565条かっこ書）

②売買の目的物の上に，地上権，留置権，永小作権，留置権，質権，

　　対抗要件を備えた賃借権があるため，それらの権利者の占有に
　　よって買主の使用収益が妨げられる場合
　③建物の売買で，その建物のために存するとされた敷地利用権（土
　　地賃借権，地上権）が存しなかった場合や，土地の売買で，存在する
　　とされていた地役権が存在していなかった場合
　④買い受けた不動産に抵当権の負担がないことが前提とされていた
　　が，抵当権の実行やその危険にさらされた場合

　①に関して，一部ではなく，全部他人物の売買で売主が権利移転義務を履
行しなかった場合は，履行が全くなされていないため，移転した権利の契約
不適合ではなく，一般の債務不履行責任として処理される（415条，541条，542
条）。

　なお，買い受けた不動産について契約の内容に適合しない先取特権，質権
または抵当権が存していた場合において，買主が費用を支出してその不動産
の所有権を保存したとき（第三者弁済，代価弁済，抵当権消滅請求をしたとき）は，
買主は売主に対し，その費用償還請求をすることができる（570条）。

(ii)　法律上の制限がある場合

　　AはBから山林の土地を購入したところ，その土地が森林法25条に基づく
　保安林として指定されていたため（Aは保安林であることを知らなかったし，
　Bからも知らされていなかった），同法34条による立木の伐採等の制限が加え
　られており，Aは売買の目的（宅地造成）を達成できなくなった。

　法律上の制限（上記事例のような場合や，都市計画法上の用途制限，建築基準法上の
建築制限がある場合など）がある場合は，「種類・品質の契約不適合」，または「移
転した権利の契約不適合」のいずれの問題として扱うべきだろうか。このよ
うな法律上の制限が「種類・品質の契約不適合」の問題であるとすると，後
で見るように，568条4項により，競売については売主の責任が否定される。
　2017年改正前の判例法（大判大4年12月21日民録21輯2144頁，最判昭41年4
月14日民集20巻4号649頁，最判昭56年9月8日判時1019号73頁，判タ453号70頁
等）に準じて考えると，法律上の制限がある場合は，種類・品質の契約不適合

と考えることになる（その場合，568条4項により競売における担保責任が否定される）。

これに対して，改正前の学説の多数は，権利の瑕疵に該当すると考えていた。現行法では「移転した権利の契約不適合」に相当する。

改正後の民法での扱いについては解釈に委ねられている。

(iii)　建物と敷地の賃借権の売買においての敷地の欠陥

Ｂは土地の所有者Ｃから土地を賃借し，そこに建物を建てて住んでいた。Ｂは引っ越すため，Ａに建物とその敷地の賃借権を売却することにした。ＡはＢから建物を取得し，Ｃの承諾を得て賃借権を承継した。その後，土地の構造に問題があり地盤沈下が生じたので，建物が倒壊するのを防ぐためにＡは建物を取り壊した。ＡはＢに対して，土地の品質に問題があるとして，契約不適合責任を問えるか。

同様の事案で，2017年改正前の判例（最判平3年4月2日民集45巻4号349頁）は，「賃貸人の修繕義務の履行により補完されるべき敷地の欠陥については，賃貸人に対してその修繕を請求すべきものであって，右敷地の欠陥をもって賃貸人に対する債権としての賃借権の欠陥ということはできない」とする。つまり，土地の賃借人であるＡは賃貸人であるＣに対して修繕を求めるべきであり，ＡがＢから購入した賃借権自体の欠陥ではないとした。

改正法の下では，売買契約の内容をどのようなものとして合意したかが問われ，このように，賃借権の目的である土地の欠陥により建物が存続できない場合は，売買の目的物（建物）の品質または賃借権という権利に関する契約不適合と考えることもできる。

最判平3年4月2日民集45巻4号349頁

「建物とその敷地の賃借権とが売買の目的とされた場合において，右敷地についてその賃貸人において修繕義務を負担すべき欠陥が右売買契約当時に存したことがその後に判明したとしても，右売買の目的物に隠れた瑕疵があるということはできない。けだし，右の場合において，建物と共に売買の目的とされたものは，建物の敷地そのものではなく，その賃借権であるところ，敷地の面積の不足，敷地に関する法的規制又は賃貸借契約における使用方法の制限等の客観的事由によって賃借権が制約を受けて売買の目的を達することができないときは，建物と共に売買の目的とされた賃借権

に瑕疵があると解する余地があるとしても，賃貸人の修繕義務の履行により補完されるべき敷地の欠陥については，賃貸人に対してその修繕を請求すべきものであって，右敷地の欠陥をもって賃貸人に対する債権としての賃借権の欠陥ということはできないから，買主が，売買によって取得した賃借人たる地位に基づいて，賃貸人に対して，右修繕義務の履行を請求し，あるいは賃貸借の目的物に隠れた瑕疵があるとして瑕疵担保責任を追求することは格別，売買の目的物に瑕疵があるということはできないのである。なお，右の理は，債権の売買において，債権の履行を最終的に担保する債務者の資力の欠如が債権の瑕疵に当たらず，売主が当然に債務の履行について担保責任を負担するものではないこと（民法 569 条参照）との対比からしても，明らかである。」

(4)　種類・品質に関する担保責任の期間の制限

　売主が種類・品質に関して契約の内容に適合しない目的物を買主に引き渡した場合において，買主がその不適合を知った時から 1 年以内にその旨を売主に通知をしないときは，買主は，その不適合を理由として，履行の追完請求，代金減額請求，損害賠償請求および契約解除をすることができない（566条本文）。この期間制限は権利行使自体ではなく，通知を 1 年以内に行わなければならないとするものである。1 年以内に通知をしないことにより，失権が生じる。数量に関する契約不適合については，売主が比較的容易に認識でき，特に売主の期待を保護する必要がないため除外されている。なお，移転した権利の契約不適合についても，566 条の適用はない。

　このような期間制限があるのは，①売買目的物の引渡しによって，通常，売主は履行が終了したと期待するので売主のそのような期待を保護するべきであり，また，②契約不適合の有無の判断が時間の経過により困難になることから，法律関係を早期に安定させるためである。

　「通知」は売主が速やかに対処する機会を与えるために行われるものであるため，契約不適合の種類と大体の範囲を通知すればよいと解される。

　売主が引渡しの時に契約不適合があることを知り（悪意），または重過失によって知らなかったときは，期間の制限は適用されない（566 条ただし書）。この場合は売主の期待を保護するといった期間制限の趣旨があてはまらないからである。

　種類・品質・数量に関する契約不適合の場合の買主の権利行使につき，消

滅時効の規定（166条1項）の適用は排除されない。客観的起算点（引渡し時）から10年（同条同項2号），主観的起算点（買主が契約不適合を知った時）から5年（同条同項1号）により，買主の契約不適合を理由とする権利は時効消滅する（売主の消滅時効の援用が必要）。

種類・品質の契約不適合を知った時から1年以内に通知をしても，時効により消滅したら権利の行使ができない。また，種類・品質の契約不適合を知ったときにすでに，10年を経過していたときは，その時通知をしても，すでに時効は完成していることになり，売主の消滅時効の援用により，買主は権利行使ができなくなる。

(5)　目的物の滅失等についての危険の移転

売主が買主に目的物（特定物・種類物［不特定物］売買で特定が生じた目的物）を引き渡した場合において，その引渡しがあった時以後にその目的物が当事者双方の責めに帰することができない事由によって滅失・損傷したときは，買主は，その滅失・損傷を理由として，履行の追完請求，代金減額請求，損害賠償請求，解除をすることができない（567条1項前段）。引渡し後に，売主の責めに帰すべき事由により目的物が滅失・損傷したときは，買主は権利主張できる。

不特定物売買の特定

不特定物（種類物）売買において，売主が引渡しを予定していた目的物が滅失・損傷した場合は，売主は買主に契約に適合した目的物を調達して引渡す義務を負う（調達義務）。

種類物は次の場合に特定が生じ，特定により債務者は調達義務を免れる。①債務者（売主）が現実の提供をしたとき（持参債務の場合）。②分離・準備・通知をしたとき（取立債務の場合），③債権者（買主）の同意を得て引き渡す物を指定したとき（401条2項）。

不特定物売買において，契約内容に適合しない目的物を引渡しても，401条2項による特定は生じないと解されている（適合物引渡義務が問題になる）。

(6) 競売における担保責任

568 条は競売における担保責任等に関する規定である。競売には，強制競売と担保権の実行としての競売とが含まれる。

ここでまず確認すべきは，競売における担保責任等の規定は，競売の目的物の種類・品質に関する不適合については適用されないことである（568 条 4 項）。したがって，568 条 1 項〜3 項は，数量に関する不適合，権利に関する不適合についての規定ということになる。競売においては，買受人はある程度の種類・品質に関する不適合は覚悟しているのが通常であるので，種類・品質については適用を除外されている。

数量に関する不適合，権利に関する不適合がある場合，競売の買受人は，債務者（売主の立場に立つ者）に対し，解除，または代金減額請求をすることができる（568 条 1 項）。

競売は強制的に行われるものであり，債務者による履行を観念できないため，追完請求は担保責任の内容に含まれていない。また，このように追完は観念できないため，代金減額請求に際しての追完の催告は不要である。

債務者が無資力であるときは，買受人は，代金の配当を受けた債権者に対し，その代金の全部または一部の返還を請求することができる（568 条 2 項）。公平の観点から，売主の立場に立たない代金の配当を受けた債権者に対する代金の返還請求が認められている。

①債務者が物もしくは権利の不存在を知りながら申し出なかったとき，または②債権者が物もしくは権利の不存在を知りながら競売を請求したときは，買受人は，これらの者に対して，損害賠償請求をすることができる（568 条 3 項）。

(7) 債権の売主の担保責任

債権が売買され，その債権の譲受人（買主）が債務者に請求したところ，債務者に十分な資力がなく，完全に弁済を受けられなかったとしよう。その場合，債権の売主は責任を負うか。

債権の売主の担保責任について，民法は，債権の売主は原則として担保責

任を負わないことを前提とする。その上で，債権の売主が債務者の資力を担保したときは，契約の時における資力を担保したものと推定されるとした（569条1項）。つまり，債権の売主があえて債務者の資力を担保すると約束したときは，債務者に資力がない場合，債権の売主は責任（損害賠償責任）負い，反証がない限り債権売買契約時における債務者の資力を担保したことになる。

　弁済期に至らない債権の売主が債務者の将来の資力を担保したときは，弁済期における資力を担保したものと推定される（569条2項）。

⑻ 担保責任を負わない旨の特約

　担保責任の規定は任意規定であり，売主の担保責任を免除する特約も有効である。

　しかし，①売主が知りながら告げなかった場合，②売主が自ら第三者のために権利を設定しまたは権利を第三者に譲り渡した場合は，売主はその責任を免れることができない（572条）。このような場合に，売主が何ら責任を負わないのは不当であるからである。

　①については，たとえば，ノークレーム・ノーリターンとの特約があっても，売主が知りながら告げなかった事実については責任を負う。

⑼ 錯誤との関係

　特定物売買において目的物の契約不適合を知らずに購入した場合は，担保責任の他に，錯誤取消しも問題となる。2017年改正前の議論では，錯誤の要件を満たす場合には，瑕疵担保責任の規定は排除されるとする見解もあった（最判昭33年6月14日民集12巻9号1492頁）。現在では，どちらを選択するのも自由だという選択可能説が有力である。

　選択可能説によると，買主がその不適合を知った時から1年以内にその旨を売主に通知（566条）しなかった場合でも，錯誤取消しを主張し，錯誤取消しの期間制限内（不適合を知った時から5年以内（126条前段）であれば，錯誤取消しが可能となってしまい，売主の期待を保護するために設けられた担保責任の期間制限の趣旨が没却されてしまう。そこで，このような場合，錯誤取消

しの主張は制限されると考えるべきであろう。

土壌汚染と瑕疵担保責任

　土壌汚染と瑕疵担保責任の事案（最判平 22 年 6 月 1 日判時 2083 号 77 頁）を
とりあげる。本件は，土地の売買契約の当時，土地の土壌にふっ素がすでに含
まれていたが，ふっ素は有害物質と認識されておらず，後に有害物質と指定さ
れたことから，一定の土壌汚染対策をし，その費用の支出を余儀なくされた買
主（被上告人）が売主（上告人）に対して改正前民法の瑕疵担保責任（570 条）
に基づく損害賠償を請求した事案である。

　本件売買契約締結当時の当時，土壌に含まれるふっ素については，法令に基
づく規制の対象となっておらず，取引観念上も，ふっ素が土壌に含まれること
に起因して人の健康に係る被害を生ずるおそれがあるとは認識されておらず，
買主の担当者もそのような認識を有していなかった。本件土地につき，売買契
約締結後に制定された条例に基づき買主が行った土壌の汚染状況の調査の結
果，その土壌に上記の溶出量基準値及び含有量基準値のいずれをも超えるふっ
素が含まれていることが判明した。

　争点としては，①売買の瑕疵担保責任における瑕疵の有無はいつの時点で捉
えるか，②売買契約の当時，ふっ素は有害物質として規制をされていなかった
が，売買契約締結から 10 年以上経過後に規制され，土地にふっ素が存在するこ
とが明らかになった場合において，売主は瑕疵担保責任を負うかなどが問題に
なった。

　原審である東京高判平 20 年 9 月 25 日金融・商事判例 1305 号 36 頁は，本件
買主が負担したふっ素の除去費用について瑕疵担保責任に基づく損害賠償請求
を認めた。原審は，改正前 570 条の瑕疵概念につき次のように判示し客観説（売
買の目的物が通常備えるべき品質・性能を有しているかにより瑕疵の有無を判
断する立場）に立つことを明らかにした。「居住その他の土地の通常の利用をす
ることを目的として締結される売買契約の目的物である土地の土壌に人の生
命，身体，健康を損なう危険のある有害物質が上記の危険がないと認められる
限度を超えて含まれていないことは，上記売買契約の目的に照らし，売買契約
の目的物である土地が通常備えるべき品質，性用に当たるというべきである。
したがって，上記売買契約の目的物である土地の土壌に実際には有害物質が含
まれていたが，売買契約締結当時は取引上相当な注意を払っても発見すること
ができず，その後売買契約の目的物である土地の土壌に売買契約締結当時から
当該有害物質が人の生命，身体，健康を損なう危険がないと認められる限度を

超えて含まれていたことが判明した場合（略）には，目的物である土地における上記有害物質の存在は民法 570 条にいう隠れた瑕疵に当たると解するのが相当である」。「売買契約の目的物である土地の土壌に人の生命，身体，健康を損なう危険のある有害物質が上記の危険がないと認められる限度を超えて含まれていたが，当時の取引観念上はその有害性が認識されていなかった場合において，その後，当該物質が土地の土壌に上記の限度を超えて含まれることは有害であることが社会的に認識されるに至ったときには，上記売買契約の目的物である土地の土壌に当該有害物質が上記の限度を超えて含まれていたことは，民法 570 条にいう隠れた瑕疵に当たると解するのが相当である」。

　これに対し，上告審最判平 22 年 6 月 1 日民集 64 巻 4 号 953 頁は次のように，改正前 570 条の瑕疵概念につき主観説（契約の解釈を問題とする。当事者が契約においてどのような品質・性能を予定していたかを吟味する立場）に立ち，契約の解釈の基準として取引観念を重視し，また，取引観念の基準時を売買契約締結時であるとして，瑕疵を否定した。

　「売買契約の当事者間において目的物がどのような品質・性能を有することが予定されていたかについては，売買契約締結当時の取引観念をしんしゃくして判断すべきところ，前記事実関係によれば，本件売買契約締結当時，取引観念上，ふっ素が土壌に含まれることに起因して人の健康に係る被害を生ずるおそれがあるとは認識されておらず，被上告人の担当者もそのような認識を有していなかったのであり，ふっ素が，それが土壌に含まれることに起因して人の健康に係る被害を生ずるおそれがあるなどの有害物質として，法令に基づく規制の対象となったのは，本件売買契約締結後であったというのである。そして，本件売買契約の当事者間において，本件土地が備えるべき属性として，その土壌に，ふっ素が含まれていないことや，本件売買契約締結当時に有害性が認識されていたか否かにかかわらず，人の健康に係る被害を生ずるおそれのある一切の物質が含まれていないことが，特に予定されていたとみるべき事情もうかがわれない。そうすると，本件売買契約締結当時の取引観念上，それが土壌に含まれることに起因して人の健康に係る被害を生ずるおそれがあるとは認識されていなかったふっ素について，本件売買契約の当事者間において，それが人の健康を損なう限度を超えて本件土地の土壌に含まれていないことが予定されていたものとみることはできず，本件土地の土壌に溶出量基準値及び含有量基準値のいずれをも超えるふっ素が含まれていたとしても，そのことは，民法 570 条にいう瑕疵には当たらない」。

　学界は概ね最高裁判決を支持するが，環境法の視点からみると原審高裁判決は評価すべきところがある。すなわち，原審判決は，売買の有償性を考慮し，売主に損害賠償責任を認めることによって当事者の公平を実現しようとする。また，環境法からのアプローチでは，汚染原因者である本件売主の責任を認めることは，汚染原因者に費用負担の最終責任を求める土壌汚染対策法の趣旨にも沿うものである。

　最高裁判決は，2017 年改正前の民法 570 条を扱っている。改正後は，従来の瑕疵担保責任は，契約不適合責任となり，債務不履行責任の一部に含まれることが明確になった。改正後民法の契約不適合責任からはこの最高裁判決と同様の帰結が導かれる。

Ⅲ　契約各論

第 1　売　買

民法第 3 編第 2 章「契約」の構成

第 1 節　総則　（521 条〜548 条の 4）・・・契約に共通のルール
第 2 節　贈与　（549 条〜554 条）
第 3 節　売買　（560 条〜559 条）
第 4 節　交換　（586 条）
第 5 節　消費貸借　（587 条〜592 条）
第 6 節　使用貸借　（593 条〜600 条）
第 7 節　賃貸借　（601 条〜622 条の 2）
第 8 節　雇用　（623 条〜631 条）
第 9 節　請負　（632 条〜642 条）
第10節　委任　（643 条〜656 条）　　　　　　 典型契約
第11節　寄託　（657 条〜666 条）
第12節　組合　（667 条〜688 条）
第13節　終身定期金　（689 条〜694 条）
第14節　和解　（695 条〜696 条）

1　売買とは

　売買は，当事者の一方がある財産権を相手方に移転することを約し，相手方がこれに対してその代金を支払うことを約することによって成立する契約である（555 条）。

　売買契約は諾成・不要式契約である。合意のみによって契約が成立し，売買契約書の作成は売買契約成立の要件ではない。また，売主が買主に移転する財産権と，買主が売主に支払う代金には対価関係があり，両者とも経済的負担を負うため売買契約は双務・有償契約である。

　売買契約は，双務契約の中でも典型的な地位を占める契約である。そのため，売買の規定は売買以外の有償契約について，性質が許さない場合を除いて準用されている（559条）。つまり，売買以外の有償契約についても，売買と同じルールが基本的に妥当する。具体的には，手付，契約の費用，担保責任の規定などが他の有償契約に準用される。

　売買の対象となる「財産権」（555条）には，物（有体物すなわち，固体，液体，気体。85条参照）の所有権のみならず，債権，無体財産権等の権利も含まれる（無体財産については特許法，著作権法等の特別法を参照。たとえば，特許法98条1項1号は，特許権の移転には特許原簿への登録が効力要件となっている）。なお，物の売買においても売買の対象は所有権という権利であり，物それ自体は所有権の客体に過ぎない。

　売買の節（555条以下）以外で売買契約に適用される主要なルールとしては，契約の成立に関する規律（521条以下），同時履行の抗弁（533条），危険負担（536条），解除（541条，542条），法律行為，意思表示，物権変動，債権の効力（412条以下）に関する規定などがある。

2　売買契約に関する費用

　売買契約に関する費用は，当事者双方が等しい割合で負担する（558条）。売買契約に関する費用とは，契約書の作成費用，印紙代などのことである。558条は他の有償契約に準用される（559条）。558条は任意規定であり，特約があればそれによる。

　なお，弁済のための費用負担については485条が適用され，原則，債務者負担となる。

　登記に関する費用（登記料，司法書士への報酬）については，売主の登記移転義務の履行のために必要な費用であるとして，485条により売主負担とする考え方が有力である。不動産取引実務では買主負担とされている。

3　売主の義務

(1)　財産権移転義務

　売買契約において，売主はある財産権を買主に移転する債務を負う（555

条)。すなわち，売主は，財産権移転義務を負う。

　財産権移転義務には，財産権を移転する義務に加え，買主が移転された財産を完全に享受できるようにする義務を含む。具体的な義務の内容としては，引渡し義務，権利証の交付義務が挙げられる。また，売主には買主に対して対抗要件を備えさせる義務を負う（560 条「売主は，買主に対し，登記，登録その他の売買の目的である権利の移転についての対抗要件を備えさせる義務を負う」）。

(2)　果実引渡し義務

> 　A は所有するレモン畑を B に売った。レモン畑の引渡しまでに実って収穫されたレモンは誰のものになるか。レモンの帰属について特約はなく，まだ代金は支払われていないものとする。

　89 条によると，果実（天然果実，法定果実）は，収取する権利を有する者に帰属するのが原則である。売買契約を例にとると，売買契約によって売買の目的物の所有権は買主に移転するから，契約後に生じた果実は買主に帰属し，契約後，売買の目的物の引渡し前に売主が収取した果実は，買主に引渡さなければならないはずである。他方で，売主は，買主に対して売買の目的物の管理費用を請求できる（196 条 1 項）。また，代金の弁済期から，売主は買主に対し，利息（代金の遅延損害金［通説］）を請求できる。

　以上の原則論に対する例外として 575 条による規律がある。それによると，①まだ引渡されていない売買の目的物から果実が生じたときは，その果実は，売主に帰属する（575 条 1 項）。②買主は，売買の目的物の引渡しの日から（412 条により履行遅滞とならなくても）代金の利息を支払う義務を負う（575 条 2 項本文）。同条の反対解釈によれば，買主は売買の目的物の引渡しまでは代金の利息を支払わなくてもよい。

　この 575 条はどのような趣旨に基づくのだろうか。89 条によると果実の引渡し，管理費用，利息に関する法律関係が複雑になる。そこで，575 条は，売買の目的物の引渡しまで，売主に果実を帰属させ（その場合，管理費用は売主の負担となる。196 条 1 項ただし書），その代わりに買主は，売買の目的物の引渡しまでは（弁済期後であっても）代金の利息を支払わなくてもよいものとした。

575 条は法律関係の簡潔化の趣旨から,「果実－管理費用＝代金の運用利益（利息）」を擬制したものである。

買主は,売買の目的物の引渡しの日から,代金の利息を支払う義務を負うのが原則だが（575 条 2 項本文），代金の支払いについて期限があるときは,その期限が到来するまでは,利息を支払うことを要しない（575 条 2 項ただし書）。これは,たとえ売買の目的物の引渡しがあったとしても,「代金の弁済期前は利息を支払わない」という当事者の意思を推測したものである。

なお,買主が売買の目的物の引渡し前に代金を支払ったときは,果実は買主に帰属し,買主は果実の引渡しを請求できる（大判昭 7 年 3 月 3 日民集 11 巻 274 頁）。売主が代金を得てそれを利用（運用）できるのに,果実も取得できるとすれば二重の利益を得ることになってしまうからである。

上記事例では,原則として,収穫したレモンの果実は売主 A に帰属する（575 条 1 項）。栽培のための管理費用は A が負担する。他方で買主 B は,レモン畑の引渡しまでは（代金の弁済期後であったとしても）代金の利息を支払わなくてもよい（575 条 2 項本文反対解釈）。B がレモン畑の引渡し前に代金を支払うと,レモンの果実は B に帰属し,B は果実の引渡しを A に請求できる。

(3) 他人の権利の売買における売主の義務

A は B 所有の土地を C に売る契約を締結した。

このように他人の財産権を売買の目的とした場合の法律関係について考えてみよう。

民法は,売買契約時に他人の権利（全部が他人の権利か,一部が他人の権利か問わない）を売買の目的とした場合,そのような売買契約（他人物売買）も有効とし,売主に,他人の権利の取得および買主に移転する義務を負わせた（561 条）。この売主の義務を権利取得・移転義務という。

売主が権利取得・移転義務を履行した場合は,引渡しなど他の義務を履行することによって,売主は完全に契約上の義務を履行したことになる。

売主が権利取得・移転義務を履行できない場合に関しては,①権利の全部が他人に属する場合と,②権利の一部が他人に属する場合に分けて考える必

要がある。

① 権利の全部が他人に属する場合

売主が権利取得・移転義務を履行できないときは，売主の債務不履行が問題となり，買主は一般の債務不履行の規定によって損害賠償請求（415条），解除（541条，542条）ができる。履行が全くなされていないので，何らかの履行があることを前提とする562条以下の種類・品質・数量に関する担保責任の規定の準用はない。

② 権利の一部が他人に属する場合

一般の債務不履行の規定によって解決ができる権利の全部が他人に属する場合と異なり，権利の一部が他人に属する場合は，他人に属する部分を追完すること（一部追完）や，他人に属する部分を除いた代金額として解決する代金減額請求など特別の取り扱いが必要になる。そのため，民法は一般の債務不履行の規定に対する特則（565条）を置いている。すなわち，種類・品質・数量に関する契約不適合に関する562条（追完請求），563条（代金減額請求），564条（損害賠償請求，解除）の各規定を565条により準用し，売主の担保責任の問題として処理している。

④ 売主の担保責任

①引き渡された目的物が種類，品質又は数量に関して契約の内容に適合しないものである場合，および②売主が買主に移転した権利が契約の内容に適合しないものである場合，買主は売主に対し，追完請求権，代金減額請求権，損害賠償請求権，解除をすることができる。売主の担保責任については，Ⅱ第8で述べたので参照されたい。

⑤ 買主の義務等

(1) 代金支払義務

買主は代金を支払う義務を負う（555条）。売買の目的物の引渡しについて期限があるときは，代金の支払についても同一の期限を付したものと推定される（573条）。原則として，目的物の引渡しと代金の支払いは同時履行の関係にあるため，このような推定規定が設けられた。売買の目的物の引渡しと同

時に代金を支払うべきときは，その引渡しの場所（484条1項参照）において支払わなければならない（574条）。目的物の引渡しと同時に代金を支払う場合は，同一の場所で支払うのが通常だからである。たとえば，山林を引渡す場合は，山林周辺に売主の管理事務所などがあればそこで代金を支払うことになる。

(2)　買主による代金の支払の拒絶

たとえば，他人物売買の場合においては，売主が権利取得・移転義務を果たさない可能性もあり，買主は権利を取得できない場合もある。このような場合のために民法は，「売買の目的について権利を主張する者があることその他の事由により，買主がその買い受けた権利の全部若しくは一部を取得することができず，又は失うおそれがあるときは，買主は，その危険の程度に応じて，代金の全部又は一部の支払を拒むことができる」（576条本文）とした。ただし，売主が相当の担保（担保物権，保証）を供したときは代金の支払いを拒むことはできない（576条ただし書）。

6　手　付
(1)　手付とは

　Aは3000万円の不動産を購入するにあたり，売主Bに200万円の手付金を支払った。

売買契約の締結に際して，当事者の一方から相手方に金銭等が交付される場合がある。これを，手付という。金銭等が手付以外の名目たとえば，内金，証拠金という名で交付される場合もあるが，手付を意味することもある。

手付は売買以外の有償契約でも交付されることがある。その場合でも売買と同様に考えることができる（559条）。

手付の授受は売買契約に付随した手付契約に基づいて行われる。手付契約は売買契約とは別個の契約であるとされ，手付の交付があって初めて成立する要物契約である。買主の債務の履行に際して，手付は通常，代金の一部に充当され，あるいは手付の返還債務は代金債務と相殺される。

　民法には「買主が売主に手付を交付したときは，買主はその手付を放棄し，売主はその倍額を現実に提供して，契約の解除をすることができる」との規定がある（557条1項）。

(2)　手付の目的

　手付には，次の目的がある。当事者がどのような趣旨で手付を交付したのかは当事者の契約の解釈による。

　①　証約手付

　売買契約が成立したことの証拠という趣旨で交付される手付。売買契約の合意がなされたか不確かな場合でも，手付の交付があれば，合意があったことの証拠となる。手付が交付された場合には，常にこの性質が備わっている。

　②　解約手付

　手付交付者（買主）が手付を放棄することにより，また手付受領者（売主）が手付を倍返しすることにより，手付の交付とともに留保された解除権（約定解除権）を行使できるという趣旨で交付される手付を解約手付という（557条1項）。わが国の慣習（手付損倍戻し，あるいは手付損倍返し）を取り入れたものである（なお，手付受領者が倍返しをするといっても，手付受領者はすでに手付の交付を受けており，これと合わせて倍返しなので，実質的に失うのは手付と同額である）。

　解除は，約定解除権の行使であるため，当事者に債務不履行がなくても解除ができる。

　557条1項は推定規定である。交付された手付の趣旨が不明確な場合は解約手付の趣旨で交付されたものと推定される。判例（最判昭29年1月21日民集8・1・64）は，特別の意思表示がない限り，557条の解約手付の効力を有すると認めるべきであり，これと異なる効力を有する手付であると主張する者は，特別の意思表示があることを主張・立証すべきであるとする。

　相手方が契約の履行に着手した後は解約手付に基づく解除権を行使できない（557条2項ただし書）。相手方が履行に着手した後において解除権の行使を否定したのは，履行に着手した相手方に不測の不利益が生じないようにするためである。これに対して，相手方が履行に着手していない限り，履行に着手した者が自ら解除することは問題ない。「履行に着手」とは，客観的に外部

から認識できるような形で履行行為の一部をなし，または履行の提供をする
ために欠くことのできない前提行為をした場合をいう（最大昭 40 年 11 月 24 日
民集 19 巻 8 号 2019）。

　判例は，土地の売買契約において，履行期到来後，買主が残代金を用意し
て売主に履行を催促した場合に履行の着手を認めている（最判昭 57 年 6 月 5 日
判時 1058 号 57 頁）。履行期前の行為であっても，履行の着手は肯定されうるが
（最判 41 年 1 月 21 日民集 20 巻 1 号 65 頁），不動産の買主が，履行期前に，代金額
を確定するために測量をして，履行の催告をした事案につき，履行の着手を
否定した判例もある（最判平 5 年 3 月 16 日民集 47 巻 4 号 3005 頁）。

　当事者が履行期よりも前に準備を進めることはあるから，不測の不利益が
生じないよう，履行期前の行為についても「履行に着手」したと認めるべき
場合もあるが，履行期前にいち早く準備を進めてしまい，相手方に解除をで
きなくさせてしまうのも妥当でない。結局は，契約維持の期待と解除権留保
の期待の調和の見地から「履行に着手」の有無を判断するべきである。

　売主が解約手付により契約の解除をするためには，手付の倍額を現実に提
供することが必要である（557 条 1 項）。

　③　違約手付

　当事者の債務不履行が生じた際に，没収または倍返しの趣旨で（違約手付と
しての合意の下に）交付される手付を違約手付という。違約手付には，損害賠償
の予定としての手付と，違約罰としての手付がある。

　損害賠償の予定としての手付とは，債務不履行の損害賠償として，手付交
付者は手付を没収され，手付受領者は手付の倍返しの義務を負うとするもの
で，お互いにこれ以上は損害賠償として請求できないという趣旨で交付され
る手付をいう。単に「違約金」として手付が交付された場合は，損害賠償額
の予定と推定される（420 条 3 項）。

　違約罰としての手付とは，当事者の債務不履行の際に損害賠償とは別にペ
ナルティの趣旨で（違約罰としての合意の下に）交付される手付のことをいう。
債務不履行をした者は，損害賠償に加えて，違約金を支払わなければならな
いというものである。

(3)　違約手付に解約手付の推定が働くか

違約手付（損害賠償の予定）の合意がなされている場合に，同時に 557 条 1 項の解約手付の推定が働くのだろうか。債務不履行のペナルティという趣旨で手付の交付が行われた場合に，それが手付放棄または倍返しにより約定解除できる解約手付でもあると推定されるのかという問題である。

違約手付は債務不履行をすることに対して心理的圧迫を与え履行を促す（契約の拘束力を強める）ものである一方で，解約手付は，手付額の損失を負担することにより，契約を自由に解除できるとする（契約の拘束力を弱める）ものなので，同時に認めることは矛盾しているのではないかが問題となる。判例（最判昭 24 年 10 月 4 日民集 3 巻 10 号 437 頁）は，当事者に違約手付による損害賠償の予定の合意があっても，557 条 1 項による解除権の留保を妨げるものではないとし，解約手付の推定は，違約手付（損害賠償の予定）の合意があるという証明によって覆されないとしている。契約の拘束力を強めるか弱めるかは，手付金の額や損害賠償の予定額によっても異なるし，解約手付は，手付額の損失を負担しなければ契約関係を解消できないから，必ずしも契約の拘束力を弱めているとはいえない。違約手付に解約手付の推定が働くことも認められてもよいであろう。

7　買戻し

A は事業資金として 2000 万円が必要となった。そこで，A 所有の甲土地を B に売却して，事業資金を得たいと思った。A は，甲土地の売却はあくまで融資のカタとして考えており，B に返済することで甲土地を近いうちに取り戻したいと思っている。

(1)　買戻しの意義

買戻しという制度がある。買戻しとは，不動産の売主が，売買契約と同時にした買戻しの特約により，買主が支払った代金および契約の費用を返還して，売買の解除をすることができるというものである（579 条）。売主が売却した不動産を一定の期間内に取り戻すことを買戻権ということがあるが，これは当初の売買を解除すること（約定解除権の行使）を意味する。

　買戻しの制度は，売買代金の支払いという形で不動産所有者が融資を得るための手段として導入されたが，要件が厳格であり，貸付取引の実態との乖離があるため，あまり用いられていない。

(2)　買戻しの要件

　目的物は不動産に限られ，買戻しの特約は，売買契約と同時になされる必要がある（579 条前段）。

　売主は，期間内に代金および契約の費用を提供しなければ，買戻しをすることができない（583 条 1 項）。

　買戻しの際に支払う代金は，代金および契約の費用に限られるのが原則である（579 条前段）。

　買戻しの期間は，10 年を超えることができない。特約でこれより長い期間を定めたとしても，その期間は 10 年となる（580 条 1 項）。買戻しについて期間を定めなかったときは，5 年以内に買戻しをしなければならない（580 条 3 項）。

　買戻しは，売買契約と同時に買戻しの特約を登記しなければ，第三者に対抗することができない（581 条 1 項）。

8　再売買の予約

　再売買の予約とは，A が B に売買の目的物を売却し，後に B から A がその物を買い受けるという予約である。買戻しと同様に，売買代金の支払いという形で融資を得るための手段として利用される。買戻しのような厳格な要件は必要とされていない。目的物は動産でも可能である。再売買の予約は，通常，前の売買契約とは別の新たな売買契約の予約を内容とする予約完結権の行使（形成権）によってその目的を達成する（556 条 1 項参照）。

9　消費者法

(1)　消費者基本法（2004 年）

　消費者基本法は，消費者を保護の対象とした消費者保護基本法（1968 年制定）における考え方を改め，消費者の権利の尊重およびその自立の支援その他の

基本理念を定め，消費者の利益の擁護および増進に関する総合的な施策の推進を図ることを目的とする（消費者基本法 1 条参照）。

消費者基本法 2 条 1 項は，消費者の権利として，①安全が確保される権利，②選択の機会が確保される権利，③必要な情報が提供される権利，④教育の機会が提供される権利，⑤意見が消費者政策に反映される権利，⑥被害が適切・迅速に救済される権利を挙げている（⑦国民の消費生活における基本的な需要が満たされる権利，⑧健全な生活環境が確保される権利を加えることもできる）。

消費者基本法は，消費者の保護から，自立・支援へと消費者法の考え方の方向を示している（近時は消費者の参画ということもいわれる）。呼称の問題であるが，自立の考え方のもとでは保護よりも，支援（あるいは自立支援）がより適切であろう。根底に弱者保護・弱者支援の考え方が存在しなければならない。

(2) 3 階建ての構造

消費者法（消費者法制度）は 3 階建ての構造になっている（司法研修所編『現代型民事紛争に関する実証的研究—現代型契約紛争(1)消費者紛争』（法曹会，2011 年）46 頁参照）。1 階部分は民法，2 階部分は消費者契約法であり，3 階部分には割賦販売法，特定商取引に関する法律（特定商取引法），金融商品の販売等に関する法律（金融商品販売法），宅地建物取引業，東京都消費生活条例等の法令が制定されている。消費者法の制度は，私法レベルでは民法と民法特別法の二元構成になっている。2 階，3 階にはさらに行政法による規律が加わっている。消費者被害の歴史をみると，当初は単純な詐欺など素朴な加害態様のものであったが，悪質事業者は法規制の空白部分をかいくぐり新たな態様のものが登場してきた。消費者保護法制はこうした新たな悪徳商法について規制の強化を行ってきた。

そして，たとえば，3 階部分の特定商取引法をみると，特定商取引として訪問販売，通信販売および電話勧誘販売に係る取引，連鎖販売取引，特定継続的役務提供に係る取引，業務提供誘引販売取引ならびに訪問購入に係る取引を対象にする（特定商取引法 1 条）。

(i) 消費者契約法（2000 年。2001 年施行）

消費者契約法は，消費者と事業者との間には情報の質・量及び交渉力に格

差があることを考慮し，消費者の利益を援護することを目的とする（1条参照）。消費者が事業者と締結した契約のすべてを対象とする。

　民法上，錯誤，詐欺，強迫による意思表示は，これを取り消すことができる（民法95条，96条）。さらには，その法律行為が公序良俗あるいは信義則に反する場合も無効となり，あるいは契約の修正が図られる（民法90条，1条2項）。しかし，表意者がそれら民法上の取消しや無効等を主張するためには，それぞれの要件を立証しなければならず，それは必ずしも容易でない。また，たとえば，詐欺や錯誤にはあたらないが，被害者救済の必要がある場合，公序良俗違反や信義則違反にあたるかどうかが明確には判断できない場合なども考えられる。そこで，消費者契約法は次の3類型すなわち，消費者が事業者から勧誘されて，①誤認した場合（誤認類型），②困惑した場合（困惑類型），③契約の目的となる分量等が過量である場合（過量類型）において，消費者に契約の申込み，またはその承諾の意思表示の取消権を認め消費者の保護を図っている（消費者契約法4条～7条）。また，消費者契約法は，事業者の損害賠償の責任を免除する条項その他の消費者の利益を不当に害することとなる条項の全部または一部を無効としている（消費者契約法8条～10条）。

　2006年改正により消費者団体訴訟制度が新たに導入され，不当な勧誘行為等について内閣総理大臣の認定を受けた適格消費者団体が差止請求をすることができるようになった（消費者契約法12条以下）。

(ii)　割賦販売法（1961年）

　割賦販売法は，割賦販売等に係る取引の公正の確保，購入者等（消費者）が受けることのある損害の防止およびクレジットカード番号等の適切な管理等に必要な措置を講ずることにより，割賦販売等に係る取引の健全な発達を図るとともに，購入者等の利益を保護し，あわせて商品等の流通及び役務の提供を円滑にし，もつて国民経済の発展に寄与することを目的とする（割賦販売法1条参照）。

　規制の対象となる取引には，割賦販売，ローン提携販売，信用購入あっせん等がある。消費者の保護の規定は，取引ごとに規定されている。取引条件の表示，書面の交付，クーリング・オフ，契約の解除等の制限，契約の解除等に伴う損害賠償等の額の制限などを内容とする。

① 割賦販売

割賦販売業者が信用供与を行う。割賦販売とは，割賦販売業者が消費者から商品・権利の代金，または役務の対価を 2 カ月以上の期間にわたり，かつ，3 回以上に分割して受領する場合をいう（割賦販売法 2 条 1 項 1 号）。

割賦販売業者が消費者から割賦販売代金または対価を割賦で受領するものと，クレジットカードが利用され代金または対価の合計額を割賦で受領するものとがある（割賦販売法 2 条 1 項）。

指定商品の所有権は，代金が完済される時までは，割賦販売業者に留保されたものと推定される（割賦販売法 7 条）。

② ローン提携販売

金融機関が信用供与を行う。ローン提携販売とは，消費者が購入商品・権利の代金または役務の対価に充てるための金銭を 2 カ月以上の期間にわたり，かつ，3 回以上に分割して返還するものとして金融機関から借入れて，販売業者等（または信販会社等）が消費者の債務の保証をして，指定商品，指定権利を販売し，または指定役務の提供をすることをいう（割賦販売法 2 条 2 項 1 号）。

個々の商品等の販売または役務の提供を行うものと，カード等が利用され，複数の商品等の販売または役務の提供を行うものとがある（割賦販売法 2 条 2 項 2 号）。

③ 信用購入あっせん

信販会社が信用供与を行う。消費者は，販売業者等との間で，売買契約（役務提供契約）を締結するとともに，信販会社との間で立替払契約（クレジット契約）を締結する。信販会社が販売業者等に立替払いをし，消費者が信販会社に割賦で返済する（2 カ月を超える後払い。ボーナス一括払いも対象となる）。カード等が利用される包括信用購入あっせん（2 条 3 項）と，カード等が利用されない個別信用購入あっせんがある（割賦販売法 2 条 4 項）。

クレジット契約を利用して商品等を購入した消費者は，その売買契約等について販売業者等に対して有する契約の無効・取消し・解除等の抗弁事由をもって，信販会社からの支払請求に対抗することができる。これを抗弁の接続（抗弁の対抗）という（割賦販売法 30 条の 4 ［包括信用購入あっせん］，35 条の 3 の 19

［個別信用購入あっせん］）（なお，抗弁の接続の規定は29条の4第2項により，ローン提携販売の場合に準用されている）。

(iii) 特定商取引法（2002年）

特定商取引法は，訪問販売等に関する法律（1976年）が改正されたものである。所管は経済産業省である。特定商取引法は，特定商取引として，①訪問販売，②通信販売，③電話勧誘販売，④連鎖販売取引（いわゆるマルチ商法），⑤特定継続的役務提供（エステ・美容医療・語学教室・家庭教師派遣・学習塾・パソコン教室・結婚相手紹介），⑥業務提供誘引販売取引（いわゆる内職・モニター商法），⑦訪問購入を掲げ，これらの取引を公正にし，かつ，購入者等が受けることがある損害の防止を図ることなどについて規定する（特定商取引法1条参照）。また，ネガティブ・オプション（送りつけ商法）にかかる規定を設けている。すなわち，送りつけ商法を行った販売業者は，商品の送付日から起算して14日を経過する日までに，消費者が承諾をせず，かつ，販売業者が商品の引取りをしないときは，商品の返還を請求することができなくなる（特定商取引法59条1項）。

一定の場合に消費者は，契約の申込みまたは契約の締結をしても，一定の期間，無条件で解約することができる。これをクーリング・オフという（頭をクールにして再考すること）。この期間は，訪問販売・電話勧誘販売・特定継続的役務提供については8日間，連鎖販売・業務提供誘引販売については20日間となっている（初日を算入する）。なお，通信販売にはクーリング・オフ制度はない。

(iv) 金融商品の販売等に関する法律（金融商品販売法）（2000年。2001年施行）

金融商品販売法は，金融商品販売業者等が金融商品の販売等に際し顧客に説明すべき事項，金融商品販売業者等が顧客に対して当該事項について説明しなかったことにより当該顧客に損害が生じた場合における損害賠償責任，金融商品販売業者等が行う金融商品の販売等に係る勧誘の適正の確保のための措置について定める。これにより顧客の保護を図ることを目的としている（金融商品販売法1条参照）。金融商品販売法には，「金融商品の販売」，「金融商品販売業者等」の定義（2条），金融商品販売業者等の説明義務（3条），金融商品販売業者等の断定的判断の提供等の禁止（4条），金融商品販売業者等の損害

賠償責任（5条），損害の額の推定（6条）などの規定がある。

第2 贈 与

1 贈与とは

　贈与とは簡単に言えば，ただで財産をあげる（もらう）契約である（なお，後述するように，一定の負担の代わりに贈与を受ける場合を負担付贈与という）。

　贈与も契約であるから，当事者の合意が必要である。贈与の当事者には恵与，好意，情義，感謝，恩義などの特別な事情が存在しているのが通常であろう。

　贈与は，当事者の一方（贈与者）がある財産を無償で相手方に与える意思を表示し，相手方（受贈者）が受諾をすることによって成立する（549条）。

　贈与契約は，諾成・無償・片務契約である。

　贈与の対象は，所有権などの権利の譲渡の他，地上権，地役権など用益物権の設定も含まれる。

　贈与の対象は，単に「ある財産」と規定されていることから，自己の財産に限られない。したがって，売買と同様に，他人の財産を目的とする贈与（他人物贈与）は有効に成立し，贈与者は，他人物を取得して，これを受贈者に移転する義務を負うものと解される。贈与者がその義務を履行できない場合，受贈者は，一般の債務不履行の規定によって損害賠償請求（415条），解除（541条以下）をすることができる。

　贈与契約は諾成契約とされているから，口頭の合意でも成立する。贈与は贈与者のみが出捐をするため，無償契約である（負担付贈与においては，受贈者は負担を負うが，贈与者の債務との対価関係がないため，負担付贈与も無償契約である）。また，贈与契約は，贈与者だけが財産を無償で与える債務を負うため，片務契約に該当する。

　ドイツ・フランスでは，贈与を原則として要式契約とし，要式については公正証書を要するという制度が採用されている。これに対し日本では原則として諾成契約とした上で，履行が終わるまでは当事者の任意の解除を認め，例外的に，書面によってなされた贈与に確定的な拘束力を認めている（550条）。

2 書面によらない贈与

書面によらない贈与では，各当事者が解除をすることができる（550条本文）。「各当事者」とはいっても実際には贈与者が解除をすることが多いであろう。

契約には拘束力がある。しかし，書面によらない贈与では，当事者は一方的な意思表示でもって契約を解除できるとされている。これはどうしてだろうか。

書面によらない場合は，よく考えずに贈与がなされることも多い。民法は，軽率に贈与契約をしてしまった贈与者に翻意の機会を与えた。これに対し，書面による場合は，贈与者の意思が明確にされたといえる。そこで，民法は，書面による贈与については確定的な拘束力を認めた。また，贈与の意思の有無をめぐっては，後日に紛争になりやすいが，書面の有無により画一的に解決可能とすることによって，紛争を未然に防止することができる。550条の趣旨はこのようなものである。

ただし，履行の終わった部分については解除できない（550条ただし書）。解除できないのは，履行によって贈与者の贈与の意思が明確になったといえるし，また，履行によって生じた受贈者の期待を保護するべきであるからである（取引の安全）。履行を終えたということは，軽率に行動したのでないという説明もできるだろう。

それでは，どのような場合に履行が終わったといえるのだろうか。

動産については，引渡しがあれば履行が終わったといえる（通説）。引渡しは，現実の引渡し（182条1項）の他，簡易の引渡し（182条2項），占有改定（183条），指図による占有移転（184条）も含まれる。現実の引渡しでなくても贈与の意思が明確になったといえるからである。

不動産の贈与の「履行」には，不動産の引渡しと，所有権移転登記が考えられる。引渡しと所有権移転登記の双方が必要であろうか。判例は，引渡しのみが済んだ場合（最判昭31年1月27日民集10巻1号1頁）（占有改定の事例），所有権移転登記のみが済んだ場合（最判昭40年3月26日民集19巻2号526頁）のいずれでも履行が終わったものと認めている。

部分的に履行が行われた場合は，その部分の解除ができなくなる。

どのようなものが「書面」にあたるのであろうか。典型的には贈与契約書

がこれに該当する。判例は，贈与契約書以外のものも書面と認め，幅広く書面として肯定し，拘束力を緩やかに認める傾向にある。たとえば，内容証明郵便により A から土地を譲り受けた B が，その土地を C に譲渡した場合において，B が A に「土地を C に譲渡したので A から C に直接所有権移転登記をして欲しい」と求めた場合についても 550 条の「書面」に該当するとしたものがある（最判昭 60 年 11 月 29 日民集 39 巻 7 号 1719 頁）。

3　贈与者の引渡し義務

　贈与物に何か問題があった場合，贈与者は責任を負うのだろうか。無償契約である贈与契約では有償契約とは異なる扱いをする必要がある。民法は次のように規定し，贈与の無償性に鑑みて贈与者の責任を実質的に軽減した。「贈与者は，贈与の目的である物又は権利を，贈与の目的として特定した時の状態で引き渡し，又は移転することを約したものと推定する」（551 条 1 項）。

　「贈与の目的として特定した時の状態」とは，特定物贈与においては贈与契約の時の状態のことをいい，不特定物贈与においては目的が特定した時の状態のことをいう。たとえば，A が中古自動車を B に贈与したところ（特定物贈与），その自動車には贈与契約の時から，ワイパーに故障があったとする。この場合，A は B にその自動車をそのまま引き渡せば義務を果たしたことになる。不特定物の贈与においては，引き渡そうとしていた目的物が特定する前に破損した場合，それをそのまま引き渡しても通常は履行とは認められず，契約の趣旨に適合した別の物を引き渡さなければならない。

　551 条 1 項は意思推定の規定である（解釈規定ともいわれる）。意思推定の規定とは，一定の法律行為に関して当事者の合理的意思を推測し，所定の法的効果を与えるものである。法的効果を覆すためには別の意思表示があったことを主張立証する必要がある。たとえば，自動車（特定物）の贈与契約の時にすでに故障があった場合，受贈者が債務不履行の一般原則に従い，追完請求，損害賠償請求（415 条），解除（541 条，542 条）をするためには，故障のない自動車を贈与する合意があったことを主張立証しなければならない。

　551 条の規定は，無利息消費貸借（590 条 1 項），使用貸借（596 条）において準用されている。

4 定期贈与

「毎月10万円を仕送りする」というように，一定の時期ごとに無償で財産を与える贈与を定期贈与という。

定期贈与は，贈与者または受贈者の死亡によって効力を失う（555条）。受贈者・贈与者の相続人が債権・債務を相続することはない。

5 負担付贈与

負担付贈与とは，たとえば，高齢者Aが，Bに自分の面倒を見てもらう代わりに，Bに土地を贈与するといったような場合や，AがBに時価1億円相当の建物を贈与することに対して，BがAに100万円を寄付する場合のように，受贈者も一定の給付義務を負う贈与のことをいう。

「負担」は受贈者の債務であるところ，贈与者の債務とは対価関係に立たない債務である必要がある。対価関係に立つのであれば，売買契約や交換契約である。受贈者の負担は贈与者の債務（財産を与えること）と対価関係に立たないので片務契約である。

負担付贈与については，その性質に反しない限り，双務契約に関する規定が準用される（553条）。贈与者の債務と受贈者の負担とが存在しており，双務契約に準じて考えることができるためである。具体的には，同時履行の抗弁（533条），危険負担（536条），解除の規定（541条，542条）が準用される。

負担付贈与については，贈与者は，その負担の限度において，売主と同じく担保責任を負う（551条2項）。

6 死因贈与

贈与者の死亡によって効力を生ずる贈与を死因贈与という（贈与者の債務は停止条件付き債務）。死因贈与と似て非なるものとして遺贈がある。遺贈とは，簡単に言えば遺言によって財産を譲り渡すことである。

死因贈与は契約であるのに対して，遺贈は単独行為である。互いの合意で行う死因贈与と，単独行為の遺贈とは法的な性質は異なる。もっとも，生きている間に死んだ後の財産を処分する点で，両者は類似している。そのため，死因贈与につき，一定の範囲で（「その性質に反しない限り」）遺贈に関する規定

が準用されている（554 条）。たとえば，判例は，遺言の撤回の規定（1022 条）について，最終意思を尊重すべきとして，遺言の方式に関する部分を除いて，死因贈与にも準用されるとする（最判昭 47 年 5 月 25 日民集 26 巻 4 号 805 頁）。これに対して，単独行為特有の規定，遺贈の承認・放棄に関する規定（986 条以下）等は，契約である死因贈与には準用されない。

　要式性に関してはどうか（遺贈の場合は遺言の方式が定まっている）。判例は，死因贈与は遺言の方式の規定に従うべきものではないと解している（最判昭 32 年 5 月 21 日民集 11 巻 5 号 732 頁）。これに対しては，死者の真意の確保を重視して，遺言の方式を死因贈与にも準用するべきという見解もある。

第 3　交　　換

　交換とは，当事者が互いに金銭の所有権以外の財産権を移転することを約することによって成立する契約である（586 条 1 項）。双務・有償・諾成契約である。双務契約であるため，同時履行の抗弁（533 条），危険負担（536 条）の規定が適用され，有償契約であるため，559 条により売買の規定が準用される。

第 4　消費貸借

1　消費貸借とは

　消費貸借とは，借主が貸主から金銭その他の物を借り，種類・品質・数量につき同等の物を返還することを約束する契約をいう。簡単にいえば，物の貸し借りで，借りた物は消費してもよく，種類・品質・数量が同じ物を返せばよいという契約である。

　消費貸借は，借主が貸主から金銭その他の物を受け取ることによって成立する（587 条）。すなわち，消費貸借は要物契約である。借主が返還義務を負うだけであるので片務契約である。無償契約が原則とされ，特約により，利息付消費貸借とすることができる。利息付消費貸借は有償契約である。

　日本民法で消費貸借が要物契約とされたのは，好意・情義などの特別な人

間関係を背景とする無利息の消費貸借について，物の授受により初めて契約の効力を生じさせようとしたローマ法に沿革を有する。

利息付消費貸借では要物契約とする合理性はないが民法は無利息・利息付きを問わず要物契約とした。もっとも，改正前民法においても要物性を緩和して，実務上の要求に応えていた（たとえば，大判大 11 年 10 月 25 日民集 1 巻 621 頁は，当座預金通帳と印章を交付すればよいとし，あるいは大判昭 11 年 6 月 16 日民集 15 巻 1125 頁は，金銭の交付前の消費貸借の合意を表示した公正証書を有効とする）。

改正後は書面を要求することにより，諾成的消費貸借を認めるに至った（587 条の 2 第 1 項）。

2 諾成的消費貸借

書面でする消費貸借は，貸主が金銭等を引き渡すことを約し，借主がその受け取った物と種類・品質・数量の同じ物をもって返還をすることを約することによって成立する（587 条の 2 第 1 項）（諾成的消費貸借）。諾成的消費貸借は片務・諾成・要式契約である。

消費貸借がその内容を記録した電磁的記録によってされたときは，その消費貸借は，書面によってされたものとみなされる（587 条の 2 第 4 項）。

3 利息付消費貸借

実際に社会で広く行われているのは利息付消費貸借であるが，民法は特約がある場合の例外として規定している。

貸主は，特約がなければ，借主に対して利息を請求することができない（589 条 1 項）。この特約があるときは，貸主は，借主が金銭その他の物を受け取った日以後の利息を請求することができる（589 条 2 項）。

利息の約定があっても利率の約定がない場合は法定利率（404 条）が適用される。なお，商人間において金銭の消費貸借をしたときは，貸主は，利息の約定がなくても，法定利息を請求できる（商法 513 条）。

利息と特別法による規制

(1)　利息制限法

　金銭消費貸借における利息の契約は，元本が 10 万円未満の場合は年 20%，10 万円以上 100 万円未満の場合は年 18%，100 万円以上の場合は年 15%を超えるときは，その超過部分は無効である（利息制限法 1 条）。旧規定では，超過部分を任意に支払ったときは，その返還を請求することができない（旧利息制限法 1 条 2 項）とされていた。しかし，判例は，利息制限法を超過する利息を支払った場合については，利息と指定して支払っても無意味であるとして，元本への充当を認め（最大判昭 39 年 11 月 18 日民集 18 巻 9 号 1869 頁），さらに超過部分についての不当利得返還請求を認めた（最大判昭 43 年 11 月 13 日民集 22 巻 12 号 2526 頁）。ただし，次にみるように，貸金業規制法（改正後は貸金業法）による修正を受けることになった。2006 年改正により，旧利息制限法 1 条 2 項は削除された。

(2)　貸金業の規制等に関する法律（貸金業規制法）

　2007 年に貸金業法に名称を変更する前の「貸金業の規制等に関する法律」（貸金業規制法）は，高金利を定めた金銭消費貸借契約を無効とした。すなわち，貸金業規制法 42 条の 2 は貸金業を営む者が業として行う金銭消費貸借契約（手形の割引，売渡担保，その他これらに類する方法によって金銭を交付する契約を含む）において，年 109.5%を超える利息の契約をしたときは，その消費貸借契約は無効と規定した。

　他方で，貸金業者が業として行う金銭消費貸借上の利息の契約に基づき，債務者が利息として任意に支払った金銭の額が，利息制限法の利息の制限額を超える場合において，その支払いが一定の要件（貸金業規制法 43 条 1 項各号。いわゆる 17 条書面，18 条書面の交付）を満たすときは，当該超過部分の支払は，有効な利息の債務の弁済とみなされた（みなし弁済という）。この規定は，消費者金融，中小企業融資（商工ローン等）などにおいて果たしている事業の機能の重要性を考慮するものであったが，消費者の利益を追求してきた利息制限法に関する判例法を実質的に修正するものであった。

　しかし，判例（最判平 18 年 1 月 13 日民集 60 巻 1 号 1 頁等）はみなし弁済規定の適用について厳格な解釈を行った。このことは，みなし弁済制度の廃止へとつながった。

(3)　貸金業法等の改正

　2006 年に成立（段階的に施行。2010 年に完全施行）した貸金業法等の改正法

は，多重債務問題の解決を図るために，金利体系の適正化を図った。すなわち，みなし弁済制度を撤廃し，貸金業者の上限金利を年利 29.2％から 20％に引き下げるとともに，これを超える場合には刑事罰を課し（出資法の改正による），利息制限法の上限金利を超える金利での貸付けについて行政処分の対象とした（利息制限法の民事上の上限金利を超える部分と，出資法により刑罰の対象となる金利との間の部分はグレーゾーン金利と呼ばれてきた）。さらに，貸金業への参入条件の厳格化，貸金業者の行為規制の強化，規制違反に対する業務改善命令の導入，指定信用情報機関制度の創設，総量規制の導入などを行い，消費者の保護・支援に向けて制度が大きく前進した。「貸金業の規制等に関する法律」の名称は「貸金業法」に変更された。

(4) **「出資の受入れ，預り金及び金利等の取締りに関する法律」（出資法）**

　出資法には，高金利の取り締まり等が規定されている。金銭の貸付けを行う者が年 109・5％を超える割合による利息の契約をしたときは，5 年以下の懲役もしくは 1000 万円以下の罰金に処せられ，またはこれを併科される（出資法 5 条 1 項）。

　金銭の貸付けを行う者が業として金銭の貸付けを行う場合において，年 20％を超える割合による利息の契約をしたときは，5 年以下の懲役もしくは 1000 万円以下の罰金に処せられ，またはこれを併科される（出資法 5 条 2 項）。

4 借主による解除

　諾成的消費貸借の借主は，貸主から金銭等を受領するまで，契約の解除をすることができる（587 条の 2 第 2 項前段）。これは，借主が受領義務を負わないことを示している。この契約の解除によって貸主が損害を受けたときは，借主に対し損害の賠償を請求することができる（587 条の 2 第 2 項後段）。貸主が損害を主張立証する必要がある（利息相当額をそのまま損害として請求できるわけではない）。

5 当事者の権利義務

(1) 貸主の引渡義務・担保責任

　貸主の契約不適合責任については，金銭以外の物について問題となる。

　贈与者の引渡義務の規定（551 条）は，無利息消費貸借に準用される（590 条

1 項)。すなわち，消費貸借の無償性に鑑みて，貸主は，消費貸借の目的物を消費貸借の目的として特定した時の状態で引き渡すことを約したものと推定される。

これに対し，負担付消費貸借においては，貸主は負担の限度において売主と同様の担保責任を負う（590 条 1 項，551 条 2 項）。

利息付消費貸借は有償契約あるから，目的物に契約不適合があった場合には，売買の担保責任の規定が準用される（559 条）。具体的には，履行の追完請求（562 条），損害賠償，解除（564 条）の規定が準用される。

(2)　借主の義務

借主は，貸主から受け取った金銭その他の物を種類・品質・数量の同じ物をもって返還をする義務を負う（587 条，587 条の 2 第 1 項）。

利息付・無利息を問わず，貸主から引き渡された物が種類・品質に関して契約の内容に適合しないものであるときは，借主は，その物の価額を返還することができる（590 条 2 項）。契約に適合しないものと同等の物を調達して返還することは通常は困難であるから，価額を返還することができることとされている。金銭ではこの問題は生じない。

6　返還の時期

(1)　返還の期限の定めのない場合

当事者が返還の時期を定めなかったときは，貸主は，相当期間を定めて返還の催告をすることができる（591 条 1 項）。借主が常に返還の準備を強いられたのでは，契約目的を達成できないため，相当期間を経過するまで，借主は遅滞とならない（履行期限の定めがない債務においては債務者が履行の請求を受けた時から履行遅滞となるとする 412 条 3 項の例外）。

(2)　返還の期限の定めのある場合

貸主は，期限の到来まで返還請求ができない。借主には期限の利益があるからである（136 条 1 項）。

借主は，返還の時期の定めの有無にかかわらず，いつでも返還をすること

ができる（591条2項）。借主が返還時期の前に返還をしたことによって貸主が損害を受けたときは，貸主は借主に対して損害賠償請求ができる（591条3項）。損害については，貸主が主張・立証する必要がある（利息相当額をそのまま損害として請求できるわけではない）。

(3)　価額の償還

借主が貸主から受け取った物と種類，品質および数量の同じ物をもって返還をすることができなくなったときは，その時における物の価額の償還義務を負う。ただし，特定の種類の通貨が弁済期に強制通用の効力を失っているときは，債務者は，他の通貨で弁済をしなければならない（592条）。

7　金銭等を受領前の当事者の一方の破産

書面でする消費貸借は，借主が貸主から金銭等を受領する前に当事者の一方が破産手続開始の決定を受けたときは効力を失う（587条の2第3項）。貸主が破産手続開始決定を受けた場合は，借主が配当を受けることにより金銭等を受領し，借主に対する返還請求権が破産財団を構成するというのでは煩雑だからである。また，借主が破産手続開始決定を受けた場合は，弁済の資力がない借主に対して貸主が貸す義務を負い続けるというのは酷だからである。

8　準消費貸借

　AはBに売掛金をいくつか有していた。Aは債権回収・管理の都合から，まとめて1つの消費貸借上の債務ということにし，弁済期や利息をまとめてしまいたいと考えた。

(1)　準消費貸借とは

金銭その他の物を給付する債務がある場合に，その債務を債権者・債務者が合意で消費貸借上の債務とすることを合意した場合，消費貸借が成立したものとみなされる（588条）。これを準消費貸借という。これは既存の債務を切

り替えることによって成立する消費貸借である。

　準消費貸借の締結により，借主は事実上，債務の弁済期を延ばすことができ，貸主には，未払いとなっている利息を既存の消費貸借上の債務に組み入れ，新たな利息の特約をすることにより利息を多く取ることができるようになるといったメリットがある。

　準消費貸借の要件として，既存債務（旧債務）がすでに存在していたことが必要である。既存の債務は，「金銭その他の物を給付する債務」であればよいので，売買代金債務，消費貸借上の債務，不当利得返還債務，不法行為による損害賠償債務でもよい。

　既存債務が不存在である場合は，準消費貸借（新債務）も存在しないことになる。準消費貸借の効力を争う者が既存債務の不存在を主張立証する必要がある（最判昭 43 年 2 月 16 日民集 22 巻 2 号 217 頁）。

　既存債務がすでに存在していることから，準消費貸借が成立するためには，新たに金銭を交付する必要はない。その意味で，準消費貸借契約は諾成契約である。

(2)　準消費貸借契約の効果

　準消費貸借契約の成立により，旧債務は消滅し，準消費貸借上の新債務が成立する。

　売買代金債務を準消費貸借にした場合，債務者（買主）が有していた同時履行の抗弁権（売買の目的物の引渡しがない場合）を，新債務のためにも行使できるか。判例は，当事者の意思によるとしつつ，原則として旧債務に付着した同時履行の抗弁権は新債務にも及ぶとする（大判昭 8 年 2 月 24 日民集 12 巻 265 頁）。学説は，準消費貸借契約の趣旨によって決するべきであるとする。

　旧債務上の担保は新債務のため存続するか。約定担保物権や保証債務については，当事者の意思を推測すれば存続を認めるべきあるが，担保権設定者や保証人の負担が大きくなる場合は，その同意が必要であろう。

第5 賃貸借

1 賃貸借契約とは

　賃貸借は，賃貸人がある物の使用収益を賃借人にさせることを約し，賃借人がこれに対してその賃料を支払うことおよび引渡しを受けた物を契約が終了したときに返還することを約することによって成立する契約である（601条）。賃貸借は，双務・有償・諾成・不要式契約である。

　賃貸借の目的物は「物」であり，動産・不動産を問わない。他人物賃貸借も有効に成立する（559条による561条の準用）。

2 賃貸借の存続期間

(1) 民法上の存続期間

　民法では，賃貸借期間の短期の制限はない。1時間の賃貸も可能である。長期の制限は50年である。契約でこれより長い期間を定めたときであっても，存続期間は50年となる（604条1項）。長期のニーズもあることから長期の制限を改正前20年から50年としたが，所有権に対する過度の負担を避けるために（所有者が余りに長期に渡り使用収益ができなくなることを避けるため）50年という上限を設けた。

　賃貸借の存続期間は，更新することができる。ただし，その期間は，更新の時から50年を超えることができない（604条2項）。

(2) 借地借家法上の借地権・借家権の存続期間

　民法の特別法である借地借家法は，借地人，借家人の保護を図り，借地権，建物の賃借権の利用を強化している。

　借地借家法でいう借地権とは，建物の所有を目的とする地上権または土地の賃借権をいう（借地借家法2条1号）。青空駐車場や資材置き場として利用する目的で土地を賃借しても当該賃借権は借地権にはあたらない。

　普通借地権（定期借地権以外の借地権）の最初の最短存続期間は30年である。契約でこれより長い期間を定めたときは，その期間となる（借地借家法3条）。

　借家権とは，借地借家法上のすべての建物の賃貸借をいい，事業用と居住用の区別などもない。

　借家権については，最短，最長とも存続期間は制限されていないが，1年未満の期間を定めた場合は期間の定めがない契約とみなされる（借地借家法29条1項）。

	最　　短	最　　長
民　　法	制限なし	50年（604条1項）。超過部分は無効。
普通借地権	30年（借地借家法3条）。	契約で30年より長い期間を定めたときはその期間（借地借家法3条）。
普通借家権	制限なし（1年未満の期間を定めた場合は期間の定めがない契約とみなされる。借地借家法29条1項。建物の賃貸人が賃貸借の解約の申入れをする場合，建物の賃貸借は，解約の申入れの日から6月を経過することによって終了する。借地借家法27条1項）。	制限なし（借地借家法29条2項）（最長期間を50年とする民法604条の規定は，建物の賃貸借については適用されない）。

③　短期賃貸借

　長期の賃貸借は処分行為ではないが処分行為に準ずるため，管理権限はあるが処分権限を有しない者（例：権限の定めなき代理人［103条］等）が賃貸借をする場合には，次の①〜④の賃貸借はそれぞれ定められた期間を超えることができないとされている（602条）。契約でこれより長い期間を定めたときであっても，その期間は，当該各号に定める期間となる（超過部分の一部無効）。

　①　樹木の栽植または伐採を目的とする山林の賃貸借　10年（1号）
　②　1号の賃貸借以外の土地の賃貸借　5年（2号）
　③　建物の賃貸借　3年（3号）
　④　動産の賃貸借　6か月（4号）

4 賃貸借の効力

⑴ 賃貸人の義務

⒤ 使用収益をさせる義務

賃貸人は，賃借人に賃貸目的物の使用収益をさせる義務を負う（601条）。賃料は，動産，建物および宅地については毎月末に，その他の土地については毎年末に，支払わなければならない（614条本文，任意規定）。

⒤ 賃貸人による修繕義務

賃貸人は，賃貸物の使用収益に必要な修繕をする義務を負う（修繕義務）。ただし，賃借人の責めに帰すべき事由によって修繕が必要となったときは，賃貸人は修繕義務を負わない（606条1項）。606条は任意規定であると解され，賃貸人の修繕義務を免除する特約は有効である。

賃貸人が賃貸物の保存に必要な行為をしようとするときは，賃借人は，これを拒むことができない（606条2項）。

賃貸人が賃借人の意思に反して保存行為をしようとする場合において，そのために賃借人が賃借をした目的を達することができなくなるときは，賃借人は，契約の解除をすることができる（607条）。

賃借物の修繕が必要である場合において，①賃借人が賃貸人に修繕が必要である旨を通知し，または賃貸人がその旨を知ったにもかかわらず，賃貸人が相当の期間内に必要な修繕をしないとき，②急迫の事情があるときは，賃借人は修繕をすることができる（607条の2）。なお，この要件を満たさない場合であっても，賃借人が賃借物の修繕をしたときは，必要費の償還請求ができると解するべきである。

賃借物が修繕を要するときは，賃借人は，遅滞なくその旨を賃貸人に通知しなければならない（615条本文）。ただし，賃貸人が既にこれを知っているときは通知は不要である（615条ただし書）。

⒤ 賃借人による費用の償還請求

賃借人が賃借物について賃貸人の負担に属する必要費を支出したときは，賃貸人に対し，直ちにその償還を請求することができる（608条1項）。必要費の例としては，割れた窓ガラスの修繕費用，排水管の修繕費用が挙げられる。

賃借人が賃借物について有益費を支出したときは，賃貸人は，賃貸借の終

了の時に，価格の増加が現存する場合に限り，賃貸人の選択に従い，賃借人が支出した金額または増価額を償還しなければならない。ただし，裁判所は，賃貸人の請求により，有益費の償還について相当の期限を許与することができる（608条2項）。裁判所が相当の期限の許与をした場合は，賃借人は有益費償還請求権を被担保債権として留置権の主張をすることができない（295条1項ただし書）。有益費とは，目的物の改良により価値を増大させた費用のことをいう。有益費の例としては，床の張替え費用等が挙げられる。

　賃借人が支出した費用の償還は，賃貸人が返還を受けた時から1年以内に請求しなければならない（622条，600条）。

(iv)　賃貸人の担保責任

　559条により賃貸借にも売買の規定が準用され，担保責任の規定が準用される。もっとも，修繕義務や賃料減額請求については賃借権に固有の規定がありこれが適用される。

(2)　賃借人の義務

(i)　賃料支払義務

①　賃料支払義務と信頼関係破壊の法理

　賃借人は賃料支払義務を負い，契約が終了したときは引渡しを受けた物を返還する義務（目的物返還義務）を負う（601条）。

　賃借人に賃料の不払いがある場合，債務不履行による解除（541条，542条）が問題となる。賃貸借契約は継続的契約であり，信頼関係を基礎としているため，信頼関係が破壊されたと認められないときには，解除ができないものと解される（最判昭39年7月28日民集18巻6号1220頁。同判決は，信頼関係を破壊するに至る程度の不誠意があると断定することはできないとして，賃貸人の解除権の行使は信義則に反し許されないとした原審の判断を是認した）。このような法理を信頼関係破壊の法理という。

　2017年改正後民法においては，催告による解除については，541条ただし書の「債務の不履行がその契約及び取引上の社会通念に照らして軽微であるとき」は解除できないとの文言の解釈・適用が問題となるだろう。

②　減収による賃料減額請求・解除

　耕作または牧畜を目的とする土地の賃借人は，不可抗力によって賃料より少ない収益を得たときは，その収益の額に至るまで，賃料の減額を請求することができる（賃料減額請求）(609条)。609条の場合において，賃借人は，不可抗力によって引き続き2年以上賃料より少ない収益を得たときは，契約の解除をすることができる（610条)。

③　賃借物の一部滅失等による賃料の減額・解除

　賃借物の一部が滅失その他の事由により使用収益をすることができなくなった場合において，それが賃借人の責めに帰することができない事由によるものであるときは，賃料は，その使用収益をすることができなくなった部分の割合に応じて賃借人の請求を待たずして当然に減額される（611条1項）。

　賃借物の一部が滅失その他の事由により使用収益をすることができなくなった場合において，残存する部分のみでは賃借人が賃借をした目的を達することができないときは，賃借人は，契約の解除をすることができる（611条2項）。賃借人に責めに帰すべき事由がある場合であっても解除が認められるものと解される（同条1項の要件と対比）。賃借人の責めに帰すべき事由に関しては，損害賠償により対処される。

④　賃料増減請求権

　賃料増減請求権は借地借家法上の制度である。地代，土地の借賃，または建物の借賃（賃料）が，土地・建物に対する租税その他の公課の増減により，土地・建物の価格の上昇もしくは低下その他の経済事情の変動により，または近傍類似の土地・建物の賃料に比較して不相当となったときは，契約の条件にかかわらず，当事者は，将来に向かって賃料の額の増減を請求することができる（借地借家法11条1項本文，32条1項本文）。ただし，一定の期間賃料を増額しない旨の特約がある場合には，その定めに従う（借地借家法11条1項ただし書，32条1項本文ただし書）。賃料の増減額について協議が整わない場合については，借地借家法11条2項・3項，32条2項・3項に規定がある。

(ii)　**賃借人の通知義務**

　賃借物が修繕を要し，または賃借物について権利を主張する者があるときは，賃借人は，遅滞なくその旨を賃貸人に通知しなければならない。ただし，

賃貸人が既にこれを知っているときはこの通知は不要である（615条）。

(iii) 賃借人の善管注意義務・用法遵守義務

賃借人は善管注意義務を負う（400条）。また，賃借人は用法遵守義務を負う（616条，594条1項）。たとえば，住居としての利用限定で賃貸をしたのに，賃借人が人の出入りの多い事務所として使用する場合は用法遵守義務違反となり，債務不履行による損害賠償や解除が問題となる。

契約の本旨に反する使用・収益によって生じた損害賠償については，賃貸人が返還を受けた時から1年以内に請求しなければならない。この損害賠償請求権は賃貸人が返還を受けた時から1年を経過するまでの間，時効は完成しない（622条，600条1項・2項）。

解除については，判例には，賃貸借契約は当事者相互の信頼関係を基礎とする継続的契約であるから，信頼関係を裏切り賃貸借関係の継続を著しく困難にした場合には，無催告で解除できるとしたものがある（最判昭27年4月25日民集6巻4号451頁）。このような場合の無催告解除につき，2017年改正後民法においては，542条1項5号の「債務者がその債務の履行をせず，債権者が前条の催告をしても契約をした目的を達するのに足りる履行がされる見込みがないことが明らかであるとき」の文言の解釈・適用が問題となるだろう。

(iv) 賃借人による収去

賃借人は，賃貸借の目的物を受け取った後にこれに附属させた物がある場合において，賃貸借が終了したときは，その附属させた物を収去する義務を負う（収去義務）。ただし，賃貸借の目的物から分離することができない物または分離するのに過分の費用を要する物（たとえば，床の貼り替えの場合）については収去義務を負わない（622条，599条1項）。

なお，賃借人は，賃貸借の目的物を受け取った後にこれに附属させた物を収去することができる（収去権）（622条，599条2項）。

(v) 賃借人の原状回復義務

賃借人は，賃借物を受け取った後にこれに生じた損傷（通常の使用・収益によって生じた賃借物の損耗［通常損耗］および賃借物の経年変化を除く）がある場合において，賃貸借が終了したときは，その損傷を原状に復する義務（原状回復義務）を負う（621条本文）。ただし，その損傷が賃借人の責めに帰することがで

きない事由によるものであるときは，賃借人は原状回復義務を負わない（621
条ただし書）。

5　敷　金

　賃貸借契約の際に，金銭が賃借人から賃貸人に支払われる場合がある。その中でも，敷金とは，いかなる名目によるかを問わず，賃料債務その他の賃貸借に基づいて生ずる賃借人の賃貸人に対する金銭の給付を目的とする債務を担保する目的で，賃借人が賃貸人に交付する金銭のことをいう（622条の2第1項かっこ書）。権利金とは，賃料の一部前払い，賃借権の譲渡を認めることへの対価，場所的利益・営業的利益の対価など場合によって様々な趣旨・内容を有する。これらの意味での権利金は「敷金」（622条の2第1項かっこ書）ではない。

　賃貸人に敷金返還義務が生じるのはどのような場合だろうか。賃貸人は，敷金を受け取っている場合において，<u>賃貸借が終了し，かつ，賃貸物の返還を受けたとき</u>（622条の2第1項1号）は，賃借人に対し，その受け取った敷金の額から賃貸借に基づいて生じた賃借人の賃貸人に対する金銭の給付を目的とする債務の額を控除した残額を返還する義務を負う（622条の2第1項）。賃貸目的物の返還が履行されてはじめて賃貸人に敷金返還義務が生ずる（賃貸目的物の返還が先履行。同時履行の関係にはない）。<u>賃借人が適法に賃借権を譲り渡したとき</u>にも，賃貸人に敷金返還義務が生ずる（622条の2第1項2号）。

　賃借人が賃貸借に基づいて生じた金銭の給付を目的とする債務を履行しないときは，賃貸人は敷金をその債務の弁済に充てることができる。これに対して，賃借人は，賃貸人に対し，敷金をその債務の弁済に充てることを請求することができない（622条の2第2項）。賃借人は，賃料債務を履行しないでおいて，敷金から充当せよと賃貸人に請求することはできないということである。

　賃貸人の地位が移転した場合は，敷金返還義務は，新賃貸人（またはその承継人）が承継する（605条の2第4項，605条の3後段）。

6　不動産賃貸借の対抗力

　Zは自己所有の甲土地をYに賃貸している。Yは甲土地に乙建物を建てて，乙建物に居住していたところ，Zが甲土地をXに売却した。XのYに対する甲土地の明渡しの請求は認められるか。

(1)　売買は賃貸借を破る

　賃借権は，債権者（賃借人）の債務者（賃貸人）に対する相対的な効力を有する債権にすぎない（債権は相対的権利）。つまり，賃借人は，賃借権を賃貸人にしか主張することができず，賃貸人以外の者に賃借権を主張できない。

　賃借人は，賃貸人から賃貸目的物の譲渡を受けた新所有者に対して賃借権を主張できず，それゆえ，不法占有していることになり，賃借人は，新所有者による明渡し請求に応じなければならない。これを「売買は賃貸借を破る」という。賃借人の土地利用を奪うこのような賃貸土地の売買は地震売買と呼ばれる。

(2)　不動産賃借権の対抗要件

　以上の「売買は賃貸借を破る」という債権・物権関係からの帰結に対しては，不動産賃借人の保護が要請される。

(i)　「売買は賃貸借を破る」の民法上の例外

　不動産の賃貸借は，これを登記したときは，その不動産について物権を取得した者その他の第三者に対抗することができる（605条）。つまり，不動産賃借権の登記をしておけば，賃貸借を新所有者に対抗できる。ただし，賃貸人に登記申請に協力する義務はないとされている（大判大10年7月11日民録27輯1378頁）。このことから，605条が機能することはなく，日露戦争後の地価の高騰期には地震売買という社会問題が生じた。

(ii)　「売買は賃貸借を破る」の借地借家法上の例外

　「売買は賃貸借を破る」の他の例外として，借地借家法において借地人と建

物賃借人を保護する規定が置かれている。

① 借地借家法 10 条 1 項

借地権（建物の所有を目的とする地上権または土地の賃借権）は，その登記がなくても，土地の上に借地権者が登記されている建物を所有するときは，これをもって第三者に対抗することができる（借地借家法 10 条 1 項）。自己が所有する建物に登記があれば第三者（新所有者など）に借地権を対抗できる。

新所有者としては，土地の登記簿を見ても，土地の上に借地権者が登記されている建物を所有しているかは分からないのに対抗されてしまう。しかし，土地を購入しようという場合は，実際に現地に行き，建物が建っていないかなどを確認するのが通常であることからすれば（現地検分主義），土地の登記簿だけを見ていたので気が付かずに対抗されてもやむを得ない。

借地借家法 10 条 1 項の登記名義は借地人の子や妻などの他人名義でもよいか。旧建物保護法の適用下の判例であるが，借地上に登記した建物を所有することによって対抗要件が備わるのは，土地の取引に入った者が，建物の登記名義によってその名義者が借地権を有することを推知しうるからであり，他人名義の建物の登記によっては，自己の建物の所有権さえ第三者に対抗できないのであって，他人名義の登記は，実質上の権利と符合しない無効の登記であって対抗力を有しないとしたものがある（最判昭 41 年 4 月 27 日民集 20 巻 4 号 870 頁）。学説には，現地検分により借地権の存在を推知しうるとして判例に反対するものが多い。

② 借地借家法 31 条

また，建物の賃貸借は，その登記がなくても，建物の引渡しがあったときは，その後その建物について物権を取得した者に対し，その効力を生ずる（借地借家法 31 条）。建物の賃借人はそこに居住していれば引渡されているがそれだけで新所有者に対抗できる。

不動産の不法占有者に対する賃借人の請求権

不動産の賃借人は，605 条，借地借家法 10 条，借地借家法 31 条その他の法令の規定により，賃貸借の対抗要件が備わった場合において，①その不動産の占有を第三者が妨害しているときは，その第三者に対する妨害の停止の請求ができ，②その不動産を第三者が占有しているときは，その第三者に対する返還の

請求ができる（605 条の 4）。

　賃借権も債権であり，債権は相対的権利を有するにとどまるが，不動産賃借権は生活の基盤を確保する重要な権利であることから，賃借人の保護のため，物権のように効力が強化されるに至っている（不動産賃借権の物権化）。不動産賃借権の物権化は，対抗要件が備わった不動産賃借権に物権のような排他性が備わること（605 条，605 条の 4，借地借家法 10 条・31 条），長期の存続期間，更新，解約の申入れ，譲渡性（借地借家法 19 条・20 条），民法 612 条における信頼関係破壊の法理などに表れている。

［7］　賃借権の譲渡および転貸

①A は自己所有の甲建物を B に賃貸していたところ，B は甲建物の賃借権を A の承諾を得ずに C に譲渡した。
②A は自己所有の甲建物を B に賃貸していたところ，B は甲建物を A の承諾を得ずに C に転貸した。

(1)　賃借権の譲渡・転貸

　賃借人は，賃貸人の承諾を得なければ，その賃借権を譲り渡し（無断譲渡），または賃借物を転貸（無断転貸）することができない（612 条 1 項）。賃借人は賃貸人に対して賃料債務，用法遵守義務，善管注意義務などの義務を負う。債務者の変更が生じると賃貸人に重大な影響が生じるため，賃借権の譲渡・転貸には賃貸人の承諾を必要とした。賃貸人の承諾を得ない賃借権の譲渡を賃借権の無断譲渡，賃貸人の承諾を得ない賃借物の転貸を賃借権の無断転貸という。

(2)　賃借権の無断譲渡

　上記①の事例は，賃借権の無断譲渡に該当する。賃借権の無断譲渡とは，賃貸人の承諾なく，賃借人が賃借権を譲渡することである。ここでは，賃借権とは，賃貸借契約に基づく賃借人たる地位のことだと考えればよい。賃借権の譲渡とは，これまでの賃借人が賃貸借関係から離脱し，賃貸人と新賃借人との賃貸借関係になることをいう。

　BがAから賃借している土地上に建っているB所有の建物をAに無断で第三者Cに売却（譲渡）した場合，建物とともにその従たる権利として賃借権もCに譲渡されたことになり（87条類推適用），土地賃借権の無断譲渡となる。

(3)　賃借権の無断転貸

　賃借物の転貸とは，賃貸人と賃借人との関係はそのままで，賃借人（転貸人）が転借人に使用収益させることをいう。賃貸人の承諾を得ない転貸を賃借権の無断転貸という（上記②の事例）。

　土地の賃借人が，借地上の自己所有の建物を第三者に賃貸した場合でも，賃借人が土地を無断転貸したことにはならない。

(4)　賃借権の無断譲渡・転貸の効果

　賃借人は賃借権を無断譲渡・転貸することはできず，賃借人がこれに違反して第三者に賃借物の使用収益をさせたときは，賃貸人は，契約の解除をすることができる（612条2項）。契約しただけではなく，実際に使用収益させたことが解除の要件となっている。

> **土地の賃借権の譲渡・転貸の許可**
>
> 　借地権者が賃借権の目的である土地の上の建物を第三者に譲渡しようとする場合において，その第三者が賃借権を取得し，または転借をしても借地権設定者に不利となるおそれがないにもかかわらず，借地権設定者が土地の賃借権の譲渡または転貸を承諾しないときは，裁判所は，借地権者の申立てにより，借地権設定者の承諾に代わる許可を与えることができる（借地借家法19条）。これは土地賃借権の譲渡性の自由度を広げる制度であるが（不動産賃借権の物権化），地上権のような自由な譲渡性が認められるまでには至っていない。

(5)　612条2項の趣旨

　賃貸人にとって賃借人が誰であるかは重要な関心事である。612条2項が賃貸人に解除を認めているのは，賃貸借契約が信頼関係を基礎とする継続的な法律関係だからである。

　賃借権の無断譲渡・転貸は原則として信頼関係を破壊する行為であるとい

える。しかし，無断譲渡・転貸がなされても，信頼関係を破壊しない場合で
あれば，賃貸人に解除権を認める必要はないともいえる (信頼関係破壊の法理)。

> 判例 (最判昭 28 年 9 月 25 日民集 7 巻 9 号 979 頁) は，「賃貸借が当事者の個人的信
> 頼を基礎とする継続的法律関係であることにかんがみ，賃借人は賃貸人の承諾がなけ
> れば第三者に賃借権を譲渡し又は転貸することを得ないものとすると同時に，賃借人
> がもし賃貸人の承諾なくして第三者をして賃借物の使用収益を為さしめたときは，賃
> 貸借関係を継続するに堪えない背信的所為があつたものとして，賃貸人において一方
> 的に賃貸借関係を終止せしめ得ることを規定したものと解すべきである。したがって，
> 賃借人が賃貸人の承諾なく第三者をして賃借物の使用収益を為さしめた場合において
> も，賃借人の当該行為が賃貸人に対する背信的行為と認めるに足らない特段の事情が
> ある場合においては，同条の解除権は発生しない」とした。

　背信的行為と認めるに足りない特段の事情の有無は賃借人の側で主張立証
する必要がある (最判昭 41 年 1 月 27 日民集 20 巻 1 号 136 頁)。

　何が背信的行為かについては，諸事情を総合して判断するというのが多数
説である (総合判断説)。無断譲渡・転貸があったにもかかわらず，信頼関係の
破壊がないとされた例としては，個人企業が株式会社となった場合，親族間
での移転の場合が挙げられる。

(6)　転貸の効果

　賃借人が適法に (賃貸人の承諾の下で) 賃借物を転貸したときは，転借人は賃
貸人と賃借人との間の賃貸借に基づく賃借人の債務の範囲を限度として，賃
貸人に対して転貸借に基づく債務を直接履行する義務を負う (613 条 1 項前
段)。つまり，賃貸人は転借人に，賃貸借の賃料と転貸借の賃料のいずれか低
い方の限度で賃料を請求できる。この場合において，転借人は賃借人に転貸
借契約の弁済期前に転借料を支払うことによって賃貸人からの請求を拒むこ
とはできない (613 条 1 項後段)。

　賃貸人の承諾ある転貸 (適法な転貸) がなされた場合，賃貸人が賃借人に対
してその権利を行使することは妨げられない (613 条 2 項)。つまり，転貸借が
行われても，従前の賃貸人・賃借人間の関係は継続し，賃貸人は賃借人に賃

料を請求することができる。

　無断譲渡・転貸の場合でも，背信的行為にあたらない場合は（このときは賃貸借契約を解除できない），賃貸人の承諾のある転貸と同様に扱われる。

(7)　賃貸借契約の解除と転貸借関係

(i)　債務不履行解除の場合

　賃貸人が賃借人の債務不履行を理由に賃貸借契約を債務不履行解除した場合，賃貸借関係を基礎とする転貸借はその存在する基礎を失う。

　転貸借契約はいつ終了するのだろうか。判例（最判平9年2月25日民集51巻2号398頁）は，賃貸人が転借人に対して目的物の返還を請求した時に，転貸人の転借人に対する債務の履行不能により終了すると解する。なお，賃貸人の転借人に対する目的物の返還請求前であれば，転借人が知らずに賃借人に賃料を支払ったときは，当該弁済は有効であり，賃貸人は転借人に対して不当利得返還請求をすることはできないと解される。

> **最判平9年2月25日民集51巻2号398頁**
> 　「転貸人が，自らの債務不履行により賃貸借契約を解除され，転借人が転借権を賃貸人に対抗し得ない事態を招くことは，転借人に対して目的物を使用収益させる債務の履行を怠るものにほかならない。そして，賃貸借契約が転貸人の債務不履行を理由とする解除により終了した場合において，賃貸人が転借人に対して直接目的物の返還を請求したときは，転借人は賃貸人に対し，目的物の返還義務を負うとともに，遅くとも右返還請求を受けた時点から返還義務を履行するまでの間の目的物の使用収益について，不法行為による損害賠償義務又は不当利得返還義務を免れないこととなる。他方，賃貸人が転借人に直接目的物の返還を請求するに至った以上，転貸人が賃貸人との間で再び賃貸借契約を締結するなどして，転借人が賃貸人に転借権を対抗し得る状態を回復することは，もはや期待し得ないものというほかはなく，転貸人の転借人に対する債務は，社会通念及び取引観念に照らして履行不能というべきである。したがって，賃貸借契約が転貸人の債務不履行を理由とする解除により終了した場合，賃貸人の承諾のある転貸借は，原則として，賃貸人が転借人に対して目的物の返還を請求した時に，転貸人の転借人に対する債務の履行不能により終了すると解するのが相当である。」

　判例は，賃貸人が賃借人の債務不履行により解除する際に，転借人に対し

て通知して賃料の代払いの機会を与えることを原則不要としている（最判平 6年 7 月 18 日判時 1540 号 38 頁）。賃貸人が転借人に対してそのような通知しておくのが丁寧な対応であろうが，賃貸人の解除権を制限するべきでないことから通知は法的義務とまではいえないであろう。

(ii)　合意解除の場合

以上に対し，賃貸人と賃借人の合意解除の場合はどうか。適法な転貸がなされた場合には，賃貸人は，賃借人との間の賃貸借を合意解除したことをもって転借人に対抗することができない（613 条 3 項本文）。合意解除により，賃貸借関係を基礎とする転貸借はその存在する基礎を失うが，賃貸人と賃借人の合意によって転借人の利益が害されることがあってはならない。そこで，民法は賃貸人と賃借人との間で賃貸借を合意解除しても，そのことを転借人に対抗することができないとした。もし賃貸人・賃借人間で合意解除しても，賃貸人は転借人に明渡し請求はできない。

(iii)　賃貸人が賃借人の債務不履行による解除権を有していたとき

賃貸人と賃借人との間で賃貸借を合意解除した当時，賃貸人が賃借人の債務不履行による解除権を有していたときは，合意解除でもって賃貸人は転借人に対抗することができる（613 条 3 項ただし書）。この場合，合意解除であっても，実質的には債務不履行解除と異ならないからである。

8　賃貸借の終了

(1)　期間の定めのない賃貸借の解約の申入れ

当事者が賃貸借の期間を定めなかったときは，各当事者は，いつでも解約の申入れをすることができる。この場合においては，賃貸借契約（土地の賃貸借，建物の賃貸借，動産の賃貸借）は，解約の申入れの日からそれぞれ 617 条 1 項 1 号～3 号に定める期間を経過することによって終了する（617 条 1 項柱書）。これは賃借人に一定の猶予期間を与えるものである。なお，借地借家法では，借地については，30 年の法定存続期間が定められており（借地借家法 3 条），また，建物の賃貸借は，賃貸人の解約の申入れの日から 6 か月を経過することによって終了するが（借地借家法 27 条 1 項），解約の申入れをするためには，「正当の事由」が必要とされている（借地借家法 28 条）。

617条1号～3号の期間

① 土地の賃貸借　1年

② 建物の賃貸借　3か月

③ 動産および貸席の賃貸借　1日

⑵　期間の定めのある場合

　期間の満了により賃貸借契約は終了する（622条, 597条1項）。賃貸借の期間が満了した後, 賃借人が賃借物の使用収益を継続する場合において, 賃貸人がこれを知りながら異議を述べないときは, 従前の賃貸借と同一の条件で更に賃貸借をしたものと推定される（619条1項前段）。この場合において, 各当事者は, 617条の規定（期間の定めのない賃借権の解約の申し入れ）により, 解約の申入れをすることができる（619条1項後段）。従前の賃貸借について当事者が担保を供していたときは, その担保は, 期間の満了によって消滅する（619条2項本文）。ただし, 敷金についてはこの限りでない（619条2項ただし書）。

　なお, 借地借家法では法定更新の制度がある（借地については借地借家法5条・6条, 借家については, 借地借家法26条～28条）。

⑶　賃借物の全部滅失等による賃貸借の終了

　賃借物の全部が滅失その他の事由により使用・収益をすることができなくなった場合には, 賃貸借は, これによって終了する（616条の2）。この場合は解除を待たずして当然に契約が終了する。

⑷　賃貸借契約の解除

　賃料の不払い, 賃借人の用法義務違反, 賃借権の無断譲渡・転貸による賃貸借契約の解除については前述した。賃貸借契約が解除された場合, その解除は, 将来に向かってのみその効力を生ずる。この場合においては, 損害賠償請求は妨げられない（620条）。ここでの解除は, 遡及効がないので講学上, 解約告知（告知）といわれる。

9　不動産の賃貸人たる地位の移転

　Aは甲建物を所有し，これをCに賃貸している。AはBに甲建物を売却しようと考えた。Aとしては，甲建物の所有権とともに，賃貸人たる地位もBに承継させたい。どのような要件の下に，賃貸人たる地位をAからBに移転させることができるだろうか。

⑴　賃貸借の対抗要件が備わっている場合

　民法は，605条，借地借家法10条，借地借家法31条その他の法令の規定により，賃貸借の対抗要件が備わった場合において，その不動産が譲渡されたときは，その不動産の賃貸人たる地位は，譲受人に移転するものとした（605条の2第1項）。すなわち，ある不動産の賃貸借に対抗要件が備わっている場合，譲渡人・譲受人の間でその不動産の賃貸人たる地位を移転させる合意がなくても，賃貸人たる地位が当然に移転するものとした（賃借人の承諾は要しない）。

　譲受人は不動産賃貸借の対抗要件を具備した賃借人に対して明渡しを求めることはできないが，賃貸人たる地位が譲受人に移転すれば，譲受人は新賃貸人として賃借人から賃料を得ることができる。そこで民法は，不動産賃貸借の対抗要件が備わっている場合，当事者の合理的な意思に合致することから，賃貸人としての地位の当然の移転を認めた。

　譲受人は，賃貸物である不動産について所有権の移転の登記をしなければ，605条の2第1項により賃貸人たる地位が譲受人に移転したことを賃借人に対抗することができない（605条の2第3項）。これは賃借人が賃料を二重に支払う危険を回避するためである。

⑵　賃貸人たる地位の留保

　賃貸借の対抗要件が備わっている場合でも，譲渡人と譲受人との合意で賃貸人たる地位を譲受人に移転させずに，譲渡人に留保することができる。

　①不動産の譲渡人と譲受人が，賃貸人たる地位を譲渡人に留保する旨，および②その不動産を譲受人が譲渡人に賃貸する旨の合意をしたときは，賃貸人たる地位は，譲受人に移転しない（605条の2第2項前段）。これにより，譲受人と譲渡人との間の賃貸借，譲渡人と賃借人との間の転貸借が成立する。

　この場合において，譲渡人と譲受人（またはその承継人）との間の賃貸借が終了したときは，譲渡人に留保されていた賃貸人たる地位は，譲受人（またはその承継人）に移転する（605条の2第2項後段）。すなわち，譲渡人と賃借人との賃貸借契約が終了した場合には，譲受人（またはその承継人）と賃借人との賃貸借関係へと移行する。

　譲受人は，賃貸物である不動産について所有権の移転の登記をしなければ，605条の2第2項後段により賃貸人たる地位が譲受人（またはその承継人）に移転したことを賃借人に対抗することができない（605条の2第3項）。賃借人による賃料の二重払いの危険を回避するためである。

> **605条の2第2項**
> 　実務では，投資会社（譲受人となる者）が建物を購入する際，建物の所有者（譲渡人となる者に）に引き続き賃貸人として建物の賃貸管理を行ってもらうため，建物の取得後も，賃貸人たる地位を元所有者に留めておくということが行われている（そのようにするために，譲受人が譲渡人に建物を賃貸し，入居者を転借人とするという方法をとる）。605条の2第2項はこのような場面の法律関係を簡明なものとし，実務の要請に応える規定である。

(3)　合意による不動産の賃貸人たる地位の移転

　民法は，「不動産の譲渡人が賃貸人であるときは，その賃貸人たる地位は，賃借人の承諾を要しないで，譲渡人と譲受人との合意により，譲受人に移転させることができる」とした（605条の3前段）。すなわち，譲渡人の譲受人の合意により，賃借人の承諾を要しないで賃貸人たる地位を譲渡人から譲受人に移転させることができる。賃借人の承諾が不要なのは，賃貸人の賃借人に使用・収益させるという債務の履行は誰が行っても大きな差は生じない没個性的な債務であるためである。

　契約上の地位の移転は免責的債務引受の側面があるため，譲渡人と譲受人（引受人）との契約でなされる場合には契約の相手方（ここでは賃借人）の承諾が本来必要であるが（539条の2［Ⅱ第7参照］），賃貸人の債務の特殊性から，ここでは賃借人の承諾は不要とされている。

　譲受人は，賃貸物である不動産について所有権の移転の登記をしなければ，

605 条の 3 前段により賃貸人たる地位が譲受人に移転したことを賃借人に対抗することができない (605 条の 3 後段, 605 条の 2 第 3 項)。賃借人が賃料を二重に支払う危険を回避するためである。

10　費用償還義務と敷金返還義務の承継

賃貸人たる地位が移転した場合 (605 条の 2 第 1 項, 605 条の 2 第 2 項後段, 605 条の 3 前段), 賃借人は敷金の返還(622 条の 2 第 1 項), 必要費・有益費の償還(608 条) を旧賃貸人 (譲渡人), 新賃貸人 (譲受人) のどちらに請求するべきだろうか。

民法は, ①費用償還義務, ②敷金返還義務は, 新賃貸人である譲受人 (またはその承継人) が承継するとした (605 条の 2 第 4 項, 605 条の 3 後段)。実務では, 敷金等につき全額の返還義務を新賃貸人に移転させることが多いため, このように規定された。

11　借地権・借家権の存続期間・更新・解約

民法の特別法である借地借家法は, 借地権・借家権の存続期間・更新・解約などにつき, 借地人・借家人の保護を図り, 借地権, 建物の賃借権の利用を強化している。

(1)　借地権

(i)　借地権の存続期間

借地借家法でいう借地権とは, 建物の所有を目的とする地上権または土地の賃借権をいう (借地借家法 2 条 1 号)。

借地権の存続期間等を定めた借地借家法 1〜8 条の規定に反した借地権者に不利な特約は無効とされる (借地借家法第 9 条)。

建物所有のための借地権の利用を保護するため, 民法上の賃借権の存続期間について短期の制限はないが, 借地借家法は普通借地権 (定期借地権以外の借地権) の最初の最短存続期間を 30 年としている。契約でこれより長い期間を定めたときは, その期間となる (借地借家法 3 条)。

借地権の存続期間

	最　短	最　長
民　法	制限なし	50年(604条1項)。超過部分は無効。
普通借地権	30年（借地借家法3条）。	契約で30年より長い期間を定めたときはその期間（借地借家法3条）。

(ii)　借地権の更新

　借地権の更新は，①合意，②更新請求，③継続使用による更新の各場合がある。

　当事者が借地契約を更新する場合においては，その期間は，更新の日から10年（借地権の設定後の最初の更新にあっては20年）となる。ただし，当事者がこれより長い期間を定めたときは，その期間となる（借地借家法4条）。

更新による存続期間

	最　短	最　長
賃借権契約 （民法）	制限なし	50年（604条2項ただし書）
借地契約 （借地借家法）	最初　20年 その後　10年（借地借家法4条）	制限なし

　借地権の存続期間が満了する場合において，借地権者が契約の更新請求をしたときは，建物がある場合に限り，従前の契約と同一の条件で契約を更新したものとみなされる。ただし，借地権設定者が遅滞なく異議を述べたときは，更新されない（借地借家法5条1項）。なお，借地権設定者が異議を述べるためには，借地借家法6条の「正当の事由」が必要である。

　借地権の存続期間が満了した後，借地権者が土地の使用を継続するときは，建物がある場合に限り，従前の契約と同一の条件で契約を更新したものとみなされる（継続使用による更新）。ただし，借地権設定者が遅滞なく異議を述べたときは更新されない（借地借家法5条2項）。借地権設定者が異議を述べるためには，借地借家法6条の「正当の事由」が必要である。

借地借家法5条の「異議」は，次の①〜④を考慮して，正当の事由があると認められる場合でなければ，述べることができない（借地借家法6条）。

①借地権設定者および借地権者が土地の使用を必要とする事情
②借地に関する従前の経過
③土地の利用状況
④借地権設定者が土地の明渡しの条件としてまたは土地の明渡しと
　引換えに借地権者に対して財産上の給付（立退料）をする旨の申出
　をした場合におけるその申出

(iii)　定期借地権

借地の有効活用のため定期借地権が導入されている。定期借地権とは，更新がなく，定められた契約期間で確定的に借地関係が終了するものであり，以下の3つの態様がある。

①　一般定期借地権（借地借家法22条）

存続期間を50年以上として借地権を設定する場合においては，契約の更新・建物の築造による存続期間の延長がなく，借地借家法13条の規定による建物買取請求権が生じない旨を定めることができる。この場合においては，その特約は，公正証書による等書面によってしなければならない。

②　事業用定期借地権等（借地借家法23条）

a．専ら事業の用に供する建物（居住の用に供するものを除く）の所有を目的とし，かつ，存続期間を30年以上50年未満として借地権を設定する場合においては，特約で，契約の更新・建物の築造による存続期間の延長がなく，建物買取請求権が生じない旨を定めることができる（1項）。

b．専ら事業の用に供する建物の所有を目的とし，かつ，存続期間を10年以上30年未満として借地権を設定する場合には，3条から8条（存続期間・更新に関する規定），13条（建物買取請求）および18条（借地契約の更新後の建物の再築の許可）の規定は適用されない（2項）。

a．b．の借地権の設定を目的とする契約は，公正証書によってしなければならない（3項）。

③　建物譲渡特約付借地権（借地借家法24条）

　借地権を設定する場合（23条2項に規定する借地権を設定する場合を除く）においては，借地権を消滅させるため，その設定後30年以上を経過した日に借地権の目的である土地の上の建物を借地権設定者に相当の対価で譲渡する旨を定めることができる（借地借家法24条1項）。この契約は書面で行う必要はない。この特約により借地権が消滅した場合において，その借地権者または建物の賃借人で借地権の消滅後建物の使用を継続しているものが請求をしたときは，請求の時にその建物につきその借地権者または建物の賃借人と借地権設定者との間で期間の定めのない賃貸借（借地権者が請求をした場合において，借地権の残存期間があるときは，その残存期間を存続期間とする賃貸借）がされたものとみなされる（借地借家法24条2項）。

(iv)　**一時使用目的の借地権（25条）**

　たとえば，ある土地をモデル住宅や展示場などのために1年間だけ借りる場合は，一時使用目的の借地権の設定を受けることができる。一時使用かどうかは客観的に判断される。一時使用目的の借地権では借地権の存続期間，法定更新，建物買取請求権，定期借地権等の規定が適用されない（借地借家法25条）。

建物買取請求権

　借地権の存続期間が満了した場合において，契約の更新がないときは，借地権者は，借地権設定者に対し，建物を時価で買い取るべきことを請求することができる（借地借家法13条）（強行規定，借地借家法16条）。これを建物買取請求権という。これは形成権（一方的な意思表示により法律効果の変動を生じさせることができる権利）であり，この行使によって売買契約が成立する。民法によれば，建物を収去して土地を明け渡さなければならない場合であるが，社会経済上の損失を避け，借地人の投下資本回収を可能とする趣旨で建物買取請求権が認められている。同様の趣旨で，第三者が賃借権の目的である土地の上の建物を取得した場合において，借地権設定者が賃借権の譲渡または転貸を承諾しないときは，第三者は借地権設定者に対する建物買取請求権を取得するものとされている（借地借家法14条）。借地権者が権原により土地に附属させた物も買取りの対象となる。

(2)　借家権

(i)　借家権の存続期間

借家権とは，借地借家法上の建物賃借権のこという。一時使用のための建物賃貸借であることが明らかな場合には借地借家法第 3 章「借家」の規定は適用されない（たとえば貸別荘として建物を 20 日間借りる場合）（借地借家法 40 条）。

建物賃貸借契約の更新等など，借地借家法 26 条～29 条の規定に反する特約で建物の賃借人に不利なものは無効とされる（借地借家法 30 条）。

普通借家権（期限付借家権以外の借家権）については，最短，最長とも特に制限する規定はない。1 年未満の期間を定めた場合は期間の定めがない契約とみなされる（借地借家法 29 条 1 項）。

借家権の存続期間

	最　　短	最　　長
民　　法	制限なし	50 年（604 条 1 項）。超過部分は無効。
普通借家権	制限なし（1 年未満の期間を定めた場合は期間の定めがない契約とみなされる。借地借家法 29 条 1 項。建物の賃貸人が賃貸借の解約の申入れをする場合，建物の賃貸借は，解約の申入れの日から 6 月を経過することによって終了する。同 27 条 1 項）。	制限なし（借地借家法 29 条 2 項）（最長期間を 50 年とする民法 604 条の規定は，建物の賃貸借については適用されない）。

(ii)　建物賃貸借の法定更新・解約の申入れ

①　期限の定めがある場合

建物の賃貸借について期間の定めがある場合において，当事者が期間の満了の 1 年前から 6 か月前までの間に相手方に対して更新をしない旨の通知または条件を変更しなければ更新をしない旨の通知をしなかったときは，従前の契約と同一の条件で契約を更新したものとみなされる（借地借家法 26 条 1 項本文）。ただし，その建物の賃貸借は期間の定めがないものとなる（借地借家法 26 条 1 項ただし書）。

この更新をしない旨の通知（借地借家法 26 条 1 項本文）をした場合であって

も，建物の賃貸借の期間が満了した後，建物の賃借人が使用を継続する場合において，建物の賃貸人が遅滞なく異議を述べなかったときも，従前の契約と同一の条件で契約を更新したものとみなされ，その建物の賃貸借は期間の定めがないものとされる（借地借家法26条2項）。建物の賃貸人による更新をしない旨の通知（借地借家法26条1項本文）は，次の①〜④を考慮して，正当の事由があると認められる場合でなければ，することができない（借地借家法28条）。

①建物の賃貸人及び賃借人が建物の使用を必要とする事情のほか
②建物の賃貸借に関する従前の経過
③建物の利用状況及び建物の現況
④建物の賃貸人が建物の明渡しの条件としてまたは建物の明渡しと引換えに建物の賃借人に対して財産上の給付（立退料）をする旨の申出をした場合におけるその申出

② 期限の定めがない場合——解約による建物賃貸借の終了

民法では，賃貸借の期限の定めがない場合，当事者はいつでも賃貸借の解約の申入れをすることができ，所定の期間（建物は3か月）の経過後に賃貸借契約は終了するとされている（民617条1項）。しかし，借地借家法では，建物の賃貸人が賃貸借の解約の申入れをした場合においては，建物の賃貸借は，解約の申入れの日から6か月を経過することによって終了するとされ（借地借家法27条1項），建物賃貸借の解約の申し入れには，「正当の事由」が必要とされている（借地借家法28条）。

解約の申入れによって建物の賃貸借が終了した場合であっても，建物の賃借人が使用を継続する場合において，建物の賃貸人が遅滞なく異議を述べなかったときは，従前の契約と同一の条件で契約を更新したものとみなされ，その建物の賃貸借は期間の定めがないものとされる（借地借家法27条2項，26条2項）。

(iii) 定期借家権（定期建物賃貸借）（借地借家法38条）

定期借家権とは，契約の更新がなく期間満了により終了する建物賃貸借である。その特徴は次の通りである。①期間の定めがある建物の賃貸借をする

場合においては，公正証書による等書面によって契約をするときに限り，契約の更新がないこととする旨を定めることができる。②定期建物賃貸借をしようとするときは，建物の賃貸人は，あらかじめ，建物の賃借人に対し，建物の賃貸借は契約の更新がなく，期間の満了により当該建物の賃貸借は終了することについて，その旨を記載した書面を交付して説明しなければならない。この書面は，賃貸借契約とは別の書面である必要がある（最判平24年9月13日民集66巻9号3263頁）。③この説明をしなかったときは，契約の更新がないこととする旨の定めは無効となる。④期間が1年以上である場合には，建物の賃貸人は，期間の満了の1年前から6月前までの間に建物の賃借人に対し期間の満了により建物の賃貸借が終了する旨の通知をしなければ，その終了を建物の賃借人に対抗することができない。⑤床面積が200平方メートル未満の居住の用に供する建物の賃貸借において，転勤，療養，親族の介護その他のやむを得ない事情により，建物の賃借人が建物を自己の生活の本拠として使用することが困難となったときは，建物の賃借人は，建物の賃貸借の解約の申入れをすることができ，解約の申入れの日から1か月を経過することによって賃貸借契約が終了する。⑥④・⑤に反する特約で建物の賃借人に不利なものは無効となる。

(iv)　取壊し予定の建物の賃貸借

　取壊し予定の建物の賃貸借とは，法令または契約により一定の期間を経過した後に建物を取り壊すべきことが明らかな場合において，建物を取り壊すこととなる時に終了する賃貸借である（借地借家法39条）。

造作買取請求権

　建物の賃貸人の同意を得て建物に付加した畳，建具その他の造作がある場合には，建物の賃借人は，建物の賃貸借が期間の満了または解約の申入れによって終了するときに，建物の賃貸人に対し，その造作を時価で買い取るべきことを請求することができる（造作買取請求権）。建物の賃貸人から買い受けた造作についても，同様とする（借地借家法33条1項）。これは任意規定である（借地借家法37条）。造作買取請求権は形成権である。

第6 使用貸借

1 使用貸借とは

　使用貸借は，貸主がある物を引き渡すことを約し，借主が受け取った物について無償で使用・収益をして契約が終了したときに返還をすることを約することによって成立する契約である（593条）。片務・無償・諾成の契約である。改正前は要物契約とされていたが，経済的取引の一環として使用貸借が行われることも多いため，合意により契約の拘束力を与えるべきことから諾成契約とされた。

2 当事者の権利・義務

　使用貸借契約の成立により，貸主は，目的物を引き渡す債務を負う（593条）。貸主は，使用貸借の目的物を使用貸借の目的として特定した時の状態で引き渡すことを約したものと推定される（596条，551条1項）。使用貸借の無償性に鑑みて贈与の規定が準用されている。負担付使用貸借においては，貸主は負担の限度において売主と同様の担保責任を負う（596条，551条2項）。

　貸主は，借主が借用物を受け取るまで，契約の解除をすることができる（593条の2本文）。これは使用貸借が無償契約であることに鑑み契約の拘束力を緩和したものである。ただし，書面による使用貸借の場合，貸主は解除できない（593条の2ただし書）。

　借主は，契約が終了したときに使用貸借の目的物を返還する義務を負う（借用物返還義務）（593条）。使用貸借の目的物までの間借主は善管注意義務を負う（400条）。

　借主は，使用貸借の目的物を使用・収益することができる。借主は，契約またはその目的物の性質によって定まった用法に従って使用・収益をしなければならない（用法遵守義務。594条1項）。借主は，貸主の承諾を得なければ，第三者に借用物の使用・収益をさせることができない（594条2項）。これらの義務に違反して使用・収益をしたときは，貸主は，契約の解除をすることができる（594条3項）。

3　借用物の費用の負担

借主は，借用物の通常の必要費を負担する（595 条 1 項）。たとえば，固定資産税，マンションの管理費がこれにあたる。

特別な必要費，有益費については 196 条の規定に従い借主は貸主に償還請求ができる（595 条 2 項・583 条 2 項）。特別な必要費の例としては，地震による修繕費，第三者の不法行為による損傷の修繕費が挙げられる。また，有益費の例としては，建物の床の張替え，壁紙の貼り替えが挙げられる。なお，貸主は修繕義務を負わない。

4　借主による収去等

借主は，借用物を受け取った後にこれに附属させた物がある場合において，使用貸借が終了したときは，その附属させた物につき収去義務を負う（599 条 1 項本文）。ただし，借用物から分離することができない物または分離するのに過分の費用を要する物については，借主は収去義務を負わない（同条同項ただし書）。過分の費用を要する物の例としては，建物の床を張替えた場合の床が挙げられる。

借主は，借用物を受け取った後にこれに附属させた物を収去することができる（599 条 2 項）。借用物に附属させた物の収去は借主の権利でもある（収去権）。

借主は，借用物を受け取った後にこれに生じた損傷がある場合において，使用貸借が終了したときは，その損傷につき原状回復義務を負う。ただし，その損傷が借主の責めに帰することができない事由によるものであるときは，原状回復義務を負わない（599 条 3 項）。

5　損害賠償および費用償還請求権についての期間の制限

契約の本旨に反する使用・収益によって生じた損害賠償および借主が支出した費用償還は，貸主が返還を受けた時から 1 年以内に請求しなければならない（600 条 1 項）。法律関係の早期安定のための期間制限である。この損害賠償請求権については，貸主が返還を受けた時から 1 年を経過するまでの間は，時効は完成しない（600 条 2 項）。通常であれば時効が完成するような場合でも，

600条2項により，返還から1年を経過するまでは，時効の完成が猶予される。

6　期間満了等による使用貸借の終了

　使用貸借の期間を定めた場合，使用貸借は，その期間が満了することによって終了する（597条1項）。

　使用貸借の期間を定めなかった場合で，使用・収益の目的を定めたときは，使用貸借は，借主が使用・収益の目的に従い使用・収益を終えることによって終了する（597条2項）。たとえば，欠席分の授業のレジュメをコピーするために友人のレジュメを借りた場合，借りる期間を定めてなかった場合でも，コピーを行い終わることによって，使用貸借は終了する。

　使用貸借は，借主の死亡によって終了する（597条3項）。借主の地位は相続されない。

　使用貸借の期間を定め，かつ，使用・収益の目的を定めた場合に，目的に従い借主が使用・収益をするのに足りる期間を経過したときは，貸主は，契約の解除をすることができる（598条1項）。たとえば，上述のレジュメの貸し借りの例で，客観的にコピーをするのに足りる期間を経過すれば，貸主は契約の解除をして返してもらうことができる。

　当事者が使用貸借の期間および使用・収益の目的を定めなかったときは，貸主は，いつでも契約の解除をすることができる（598条2項）。

　借主の側からは，いつでも契約の解除をすることができる（598条3項）。

第7　雇用契約

1　雇用契約とは

　雇用契約は，当事者の一方が相手方に対して労働に従事することを約し，相手方がこれに対してその報酬を与えることを約することによって，成立する（623条）。双務・有償・諾成の契約である。

　労働力を利用する関係は，歴史的には身分的支配の関係から，平等な当事者による契約関係へと変容した（身分から契約へ）。雇用契約における労働条件

は，公序良俗（90条）に反しない限り，自由に設定することができるものとされた。しかし，経済的に優位な立場に立つ使用者が立場の弱い労働者に一方的に不利な条件を押し付けるなどの行為が横行したことから労働者の保護が講ぜられた（労働基準法，労働組合法，労働関係調整法の労働三法の制定，2008年の労働契約法の制定）。当事者の実質的平等を図るために，民法の雇用契約に対してはその内容や性質に契約自由の原則に基本的な修正が加えられており，いわゆる社会法として民法とは質の異なる労働法の世界が構築されている。

　労働契約（労働関係法法規上はこう呼ばれる）の内容は，労働契約法のほか，労働基準法等の労働立法に反してはならない。たとえば，労働基準法13条は，「この法律で定める基準に達しない労働条件を定める労働契約は，その部分については無効とする。この場合において，無効となった部分は，この法律で定める基準による」とする。また，使用者が定める就業規則の定めに違反してはならない。また，使用者と労働組合が締結した労働協約の定めに違反してはならない。

　現在，労働者（職業の種類を問わず，事業または事務所に使用される者で，賃金を支払われる者をいう［労働基準法9条］）の労働関係については，民法の雇用の規定はそのほとんどが適用されず，労働法によって規律されている。

②　報酬の支払時期

　労働者は，その約した労働を終わった後でなければ，報酬を請求することができない（624条1項）。期間によって定めた報酬は，その期間を経過した後に，請求することができる（624条2項）。

　履行の割合に応じた報酬の請求が2017年改正により認められた。労働者は，①使用者の責めに帰することができない事由によって労働に従事することができなくなった場合，または②雇用が履行の中途で終了した場合には，既にした履行の割合に応じて報酬を請求することができる（624条の2）。

　賃金については，労働基準法による規制がある（労働基準法24条〜28条）。

③　使用者の権利の譲渡の制限等

　使用者は，労働者の承諾を得なければ，その権利を第三者に譲り渡すこと

ができない（625条1項）。人的信頼関係が重視される債権だからである。

　労働者は，使用者の承諾を得なければ，自己に代わって第三者を労働に従事させることができない（625条2項）。労働者が前項の規定に違反して第三者を労働に従事させたときは，使用者は，契約の解除をすることができる（625条3項）。

４　雇用の終了

(1)　期間の定めのある雇用の解除

　雇用の期間が5年を超え，またはその終期が不確定であるときは，当事者の一方は，5年を経過した後，いつでも契約の解除をすることができる（626条1項）。これにより契約の解除をしようとする場合，使用者は3か月前，労働者は2週間前に，その予告をしなければならない（626条2項）。以上については，労働基準法14条1項による修正がある。

(2)　期間の定めのない雇用の解約の申入れ

　当事者が雇用の期間を定めなかったときは，各当事者は，いつでも解約の申入れをすることができる。この場合において，雇用は，解約の申入れの日から2週間を経過することによって終了する（627条1条）。期間によって報酬を定めた場合には，使用者からの解約の申入れは，次期以後についてすることができる。ただし，その解約の申入れは，当期の前半にしなければならない（627条2条）。6か月以上の期間によって報酬を定めた場合には，この解約の申入れは，3か月前にしなければならない（627条3条）。

　以上については，労働基準法20条による修正がある。また，労働契約法16条は「解雇は，客観的に合理的な理由を欠き，社会通念上相当であると認められない場合は，その権利を濫用したものとして，無効とする」と規定する。労働契約法16条は判例法の解雇権濫用の法理を明文化したものである。

(3)　やむを得ない事由による雇用の解除

　当事者が雇用の期間を定めた場合であっても，やむを得ない事由があるときは，各当事者は，直ちに契約の解除をすることができる。この場合におい

て，その事由が当事者の一方の過失によって生じたものであるときは，相手方に対して損害賠償の責任を負う（628条）。以上については，労働基準法20条による修正がある。

(4) 雇用の更新の推定等

雇用の期間が満了した後労働者が引き続きその労働に従事する場合において，使用者がこれを知りながら異議を述べないときは，従前の雇用と同一の条件で更に雇用をしたものと推定する。この場合において，各当事者は，627条の規定により解約の申入れをすることができる（629条1項）。従前の雇用について当事者が担保を供していたときは，その担保は，期間の満了によって消滅する。ただし，身元保証金については，この限りでない（629条2項）。

以上について，労働契約法18条は，同一の使用者との間で締結された2以上の有期労働契約（契約期間の始期の到来前のものを除く）の契約期間を通算した期間が5年を超える労働者が，当該使用者に対し，現に締結している有期労働契約の契約期間が満了する日までの間に，当該満了する日の翌日から労務が提供される期間の定めのない労働契約の締結の申込みをしたときは，使用者は当該申込みを承諾したものとみなすとしている。

(5) 雇用の解除の効力

雇用契約の解除は，将来に向かってのみその効力を生ずる（630条，620条）。雇用契約は継続的契約であるから，その解除は遡及効のない解約告知とされている。

(6) 使用者についての破産手続の開始による解約の申入れ

使用者が破産手続開始の決定を受けた場合には，雇用に期間の定めがあるときであっても，労働者または破産管財人は，627条の規定により解約の申入れをすることができる。この場合において，各当事者は，相手方に対し，解約によって生じた損害の賠償を請求することができない（631条）。

5　安全配慮義務

　雇用契約により，使用者が負う義務は，報酬請求義務に尽きるものでなない。特別な社会的接触の関係に入った当事者間においては本来的な債務の付随義務として安全配慮義務が生じ，それに違反した場合には，債務不履行による損害賠償が問題となる。

　判例（最判昭 50 年 2 月 25 日民集 29 巻 2 号 143 頁）は次のように述べ，信義則上の義務として安全配慮義務を負うものとしている。

　国は，公務員に対し，国が公務遂行のために設置すべき場所，施設もしくは器具等の設置管理又は公務員が国もしくは上司の指示のもとに遂行する公務の管理にあたって，公務員の生命及び健康等を危険から保護するよう配慮すべき義務（安全配慮義務）を負っているものと解すべきである。「国が，不法行為規範のもとにおいて私人に対しその生命，健康等を保護すべき義務を負っているほかは，いかなる場合においても公務員に対し安全配慮義務を負うものではないと解することはできない。けだし，右のような安全配慮義務は，ある法律関係に基づいて特別な社会的接触の関係に入った当事者間において，当該法律関係の付随義務として当事者の一方又は双方が相手方に対して信義則上負う義務として一般的に認められるべきものであ」る。

　判例法を踏まえ，労働契約法 5 条は「使用者は，労働契約に伴い，労働者がその生命，身体等の安全を確保しつつ労働することができるよう，必要な配慮をするものとする」と規定した。

第 8　請　負

1　請負とは

⑴　請負の意義

　請負とは，当事者の一方がある仕事を完成することを約し，相手方がその仕事の結果に対してその報酬を支払うことを約することによって成立する契約をいう（632 条）。

　たとえば，注文者が請負人に，建物の建築，彫像の作成，機械の修理，自動車の改造，コンピュータ・プログラムの作成，運搬，音楽の演奏などの仕

事の完成を依頼する場合である。有形な結果を残す場合のみならず，無形の仕事も含む。請負は，諾成・双務・有償の契約である。

(2) 仕事の完成

雇用契約は労務そのものに服することを目的とする。委任契約は，労務の供給に意味がある。これに対し，請負契約は労務の提供それ自体ではなく，仕事の完成を目的としている。請負契約は，仕事の完成を本質とする。

(3) 製作物供給契約との違い

製作物供給契約とは，注文者の注文に応じて製作物供給者が自己の材料で目的物を制作し，その物を注文者に供給する契約をいう（注文者の材料であれば請負契約となる）。

通説は，製作物供給契約は，売買と請負の混合契約であると解して，両者の適切な規定を適用すべきであるとする。2017 年改正前では売買と請負の担保責任の規定は大きく異なっていたが，改正により適用規定の違いは小さくなった（違いは，担保責任の一部の規定や，632 条，641 条などに見られる）。

(4) 下請負

請負人は，注文者から請負った仕事の完成を他の者と請負契約を結ぶことによって他の者に請け負わせることができる（下請負，下請け）。民法では，自らの労務によって仕事を完成しなければならないとはされておらず，原則として下請負は自由である。下請負人は，注文者に対しては仕事完成義務を負っておらず，請負人（元請負人）に対して仕事完成義務を負う。下請負人は，注文者との関係では，元請負人の履行補助者的立場に立つ。

2 請負人の義務

請負人は仕事完成義務を負う（632 条）。委任や雇用とは異なり，請負人の負う仕事完成義務は契約で引き受けた仕事の結果の実現を含む。したがって，請負人の仕事完成義務は結果債務に位置づけられる。請負人が仕事を完成させなかった場合，あるいは仕事を完成させたが，その内容が請負契約の内容

に適合していない場合など，請負人の仕事完成義務に不履行があった場合は，注文者は請負契約の解除（541 条，542 条），損害賠償（415 条）ができる。このうち，仕事の目的物が種類・品質に関して契約不適合である場合には担保責任の問題となる。

　建物の建築請負のように，請負人が注文者に完成した物の引渡しをすることが契約上必要とされる場合には，請負人は完成した物を引き渡す義務を負う（目的物引渡義務）（633 条参照）。

　完成した物の引渡しを要する場合，引渡しも仕事の完成に含まれるか。通説は含まれると解する。これによれば引渡しが未了であれば仕事の完成も認められない。これに対しては，仕事完成義務は報酬の支払いに対して先履行の関係に立っていること，目的物の引渡し義務は，報酬の支払いと同時履行の関係に立っていること（633 条）から，民法は，仕事の完成義務と引渡し義務を区別しているとして，これを否定する立場もある。

3 注文者の義務

(1) 報酬支払義務

　注文者は，報酬支払義務（請負代金支払義務）を負う（632 条）。物の引渡しを要するときは，注文者は仕事の目的物の引渡しと同時に報酬を支払う義務を負う（633 条本文）。

　これに対し，物の引渡しを要しないときは，注文者は仕事の完成後に報酬を支払う義務を負う（633 条ただし書，624 条 1 項。仕事完成義務の先履行）。

(2) 注文者が受ける利益の割合に応じた報酬

　次の①，②の場合において，請負人が既にした仕事の結果のうち可分な部分の給付によって注文者が利益を受けるときは，その部分が「仕事の完成」とみなされる。この場合において，請負人は，注文者が受ける利益の割合に応じて報酬を請求することができる（634 条柱書。割合的報酬請求権）。

　本来であれば，仕事を完成させなければ報酬請求権は生じないが，一定の場合に，仕事の途中であっても完成とみなして，割合的報酬請求権の成立を認めた。

①注文者の責めに帰することができない事由によって仕事を完成することができなくなったとき（1号）。

②請負が仕事の完成前に解除されたとき（2号）。

①については，双方に責めに帰すべき事由がない場合，請負人に責めに帰すべき事由がある場合が該当する。これに対して，注文者の責めに帰すべき事由によるときは，536条2項前段により，請負人は報酬を全額請求できる。

②の例としては，たとえば，注文者が約定の代金を支払わないので，請負人が解除した場合や，請負人が工事を途中で止めたために，注文者が解除した場合が挙げられる。

4 担保責任

請負契約を締結して大工さんに家を建ててもらったところ，出来上がったのは欠陥住宅だった。

仕事の目的物が種類・品質に関して契約不適合である場合，当事者の法律関係はどうなるのだろうか。売買の担保責任の規定は，有償契約である請負契約に準用されており（559条），売買の担保責任の規定（562条以下）が請負にも準用され，追完請求（559条，562条），報酬減額請求（559条，563条），損害賠償請求（559条，564条，415条），解除（559条，564条，541条，542条）が問題となる。これらの他に，請負の担保責任に特有の規定として2つの規定が用意されている（636条，637条）。

(1) 追完請求権

請負人の仕事の目的物が契約不適合である場合，注文者は，修補請求，工事のやり直しなどの追完請求をすることができる（559条，562条）。追完請求権と報酬請求権とは同時履行の関係にある（533条）。

(2) 報酬減額請求権

注文者が追完の催告をしても追完がなされなかった場合，注文者は報酬減

額請求をすることができる（559 条，563 条）。559 条が準用する 563 条 1 項により，修補の催告と相当期間の経過が要件となる。相当期間の経過までの間は請負人の修補権が認められると解される。

(3)　解除権（559 条，564 条，541 条，542 条）

注文者は，541 条，542 条により，追完を催告してまたは催告なしに契約を解除することができる。541 条による解除の場合は，不履行が「軽微」と評価される場合は解除できない（541 条ただし書）。

(4)　損害賠償請求（559 条，564 条，415 条）

仕事の目的物が契約不適合であることにより注文者に損害が生じた場合，注文者は 415 条に基づき，416 条の賠償範囲において損害賠償請求をすることができる。損害賠償の内容としては，建物に欠陥がある場合などには修補（追完）に代わる損害賠償請求，または修補とともにする損害賠償請求がある。

修補に代わる損害賠償請求は，実質的には報酬減額請求権（559 条，563 条）と変わらない。

報酬減額請求権については，559 条が準用する 563 条 1 項は修補の催告と相当期間の経過が要件とされている。これは請負人の修補権を認めたものと解される。注文者が修補に代わる損害賠償を選択することによって請負人の修補権を認めた 563 条 1 項の趣旨が没却されないよう，明文はないが，修補に代わる損害賠償請求権についても，報酬減額請求権と同様に，修補の催告と相当期間の経過という要件を満たす必要があると考えるべきである。

2017 年改正前では，仕事の目的物の引渡しと同時に修補に代わる損害賠償請求権が生ずると考えるのが通説であった。注文者には修補請求と損害賠償請求の選択が認められていた。改正により，請負人の修補権が認められたが，改正法においては，修補に代わる損害賠償請求権の発生時期をいつと考えるべきであろうか。

報酬減額請求権は，563 条 1 項により，修補の催告と相当期間の経過によって初めて成立する。そうすると，それと実質的に同様である修補に代わる損害賠償請求権も，修補の催告と相当期間の経過によって初めて成立するべき

であるとも考えられる。しかし、修補に代わる損害賠償請求権がそのように仕事の目的物の引渡しから「遅れて」成立するのだとすると、注文者は報酬債務に対し、同時履行の抗弁権を主張できず、報酬債務が履行遅滞となってしまい妥当でない。そこで、修補に代わる損害賠償請求権は、仕事の目的物の引渡しと同時に発生すると考えるべきである。ただし、それを行使する際には、修補の催告、相当期間の経過の要件を備えている必要があるだろう。

(5) 請負固有の担保責任の規定
(i) 請負人の担保責任の制限

　請負人が種類・品質に関して契約の内容に適合しない仕事の目的物を注文者に引き渡した場合（その引渡しを要しない場合にあっては、仕事が終了した時に仕事の目的物が種類・品質に関して契約の内容に適合しない場合）、注文者は、注文者の供した材料の性質または注文者の与えた指図によって生じた不適合を理由として、履行の追完の請求、報酬減額請求、損害賠償の請求および契約の解除をすることができない（636条本文）。指図によって生じた不適合とは、積極的に注文者が誤った指図をした場合が典型であるが、注文者がなすべき指図をしなかった場合も含まれる。

　ただし、請負人がその材料または指図が不適当であることを知りながら告げなかったときは、この限りでない（636条ただし書）。

(ii) 目的物の種類・品質に関する担保責任の期間の制限

　636条本文に規定する場合において、注文者がその不適合を知った時から1年以内にその旨を請負人に通知しないときは、注文者は、その不適合を理由として、履行の追完の請求、報酬減額請求、損害賠償の請求および契約の解除をすることができない（637条1項）。この期間制限は、履行が終了したという請負人の期待を保護し、長期間の経過により不適合の判定が困難になることを回避する趣旨である。

　この期間制限は、仕事の目的物を注文者に引き渡した時（その引渡しを要しない場合にあっては、仕事が終了した時）において、請負人が不適合を知り、または重大な過失によって知らなかったときは適用されない（637条2項）。

5　完成した建物の所有権の帰属

　建物の建築請負契約において，完成して引き渡される前の建物の所有権は誰に帰属するのだろうか。判例は材料の提供によって判断を分けている。

　①注文者が材料の全部または主たる部分を提供した場合は，完成物の所有権は注文者に原始的に帰属する（大判昭7年5月9日民集11巻824頁）。

　②請負人が材料の全部または主たる部分を提供した場合は，当事者に特段の意思表示がない限り，完成物の所有権は請負人に帰属し，引渡しによって注文者に移転する（大判明37年6月22日民録10巻861頁，大判大3年12月26日民録20巻1208頁）。

　判例がこのように解するのは，請負人の報酬債権を確保するためであると考えられる。しかし，請負人には，その手段として，同時履行の抗弁権（533条），留置権（295条），不動産工事の先取特権（327条・338条）があり，請負人が報酬債権を確保するために完成物の所有権を認める必要性に乏しいといわれている。また，請負人に建物の所有権を認めても請負人には敷地利用権がないため，敷地の無権限占有を理由に注文者から建物の収去を求められてしまい，請負人に所有権を認めても意味がないと批判されている。

　注文者に帰属するという見解も有力である。請負人は注文者のために建てたのだから請負人が材料を提供した場合でも完成物の所有権は注文者に帰属するのが当事者の意思にも合致するとする。

　なお，注文者に所有権を帰属させる明示または黙示の合意（代金の全額または大半の支払いがある場合）を認定して，建物の完成と同時に注文者の所有権を認める判例がある。また，判例には，注文者が請負代金を建物完成前に全額を支払った場合には，完成と同時に注文者に帰属する旨の特約が推認されるとしたものがある（大判昭18年7月20日民集22巻660頁）。

　それでは，下請負人（下請人）が材料を提供して建物を完成させた場合において，注文者と請負人との間では，完成した建物の所有権を注文者に帰属させるとの特約があるとき，完成した建物の帰属はどうなるのだろうか。

　　判例（最判平5年10月19日民集47巻8号5061頁）は「建物建築工事請負契約において，注文者と元請負人との間に，契約が中途で解除された際の出来形部分の所有

権は注文者に帰属する旨の約定がある場合に，当該契約が中途で解除されたときは，元請負人から一括して当該工事を請け負った下請負人が自ら材料を提供して出来形部分を築造したとしても，<u>注文者と下請負人との間に格別の合意があるなど特段の事情のない限り，当該出来形部分の所有権は注文者に帰属する</u>と解するのが相当である。けだし，建物建築工事を元請負人から一括下請負の形で請け負う下請契約は，その性質上元請契約の存在及び内容を前提とし，元請負人の債務を履行することを目的とするものであるから，<u>下請負人は，注文者との関係では，元請負人のいわば履行補助者的立場に立つものにすぎず，注文者のためにする建物建築工事に関して，元請負人と異なる権利関係を主張し得る立場にはないからである</u>」とした。

6 請負の特別規定による解除

(1) 注文者による契約の任意解除権

請負人が仕事を完成しない間は，注文者は，いつでも損害を賠償して契約の解除をすることができる（641条）。注文者において仕事が必要でなくなったときは，完成させても意味がないからである。解除されても損害賠償請求ができるのであれば請負人としても不都合はない。なお，この損害賠償は，解除をするための要件ではないと解され，手付倍返しのように，損害賠償金を現実に提供して解除する必要はない。

(2) 注文者についての破産手続の開始による解除

注文者が破産手続開始の決定を受けたときは，請負人または破産管財人は，契約の解除をすることができる（642条1項本文）。注文者が破産した場合は報酬の回収は期待できない。にもかかわらず，もし仕事完成義務は先履行義務あるので請負人は仕事を完成させなければならないとすれば請負人に大変酷である。そこで，民法は請負人の解除権が認めた。この場合，請負人は解除により損害賠償をする必要はない。

これにより解除された場合，請負人は，既にした仕事の報酬およびその中に含まれていない費用について，破産財団の配当に加入することができる（642条2項）。

破産管財人が契約の解除をした場合，請負人は，契約の解除によって生じた損害の賠償請求することができ，その損害賠償について破産財団の配当に

加入する（642条3項）。

　請負人が仕事を完成した後は，注文者が破産しても請負人は解除できない（642条1項ただし書）。仕事完成後は請負人が仕事を続行するわけではないため解除不可とした。請負人は請負債権を破産債権として届け出ることになる。

第9　委　任

1　委任とは

　委任は，当事者の一方（委任者）が法律行為をすることを相手方に委託し，相手方（受任者）がこれを承諾することによって成立する（643条）。委任はたとえば，弁護士に紛争の処理を依頼する場合や，代理人に建物の売却を依頼する場合に行われる。

　委任は，受任者が独立して事務処理を行う点で雇用とは異なる。また，仕事の完成が報酬支払の前提とされていない点で請負と異なる。たとえば，訴訟を受任した弁護士が敗訴したり，医師が治療に成功しなくても報酬請求権が認められる。

　委任の規定は，法律行為でない事務の委託について準用される（656条）。これを準委任という。たとえば，医師の診療は事実行為が委託されるものであるから準委任である。

　委任の本質は一定の事務処理を行う点にあるので，委託の目的が法律行為か法律行為以外かによって区別する（すなわち委任か準委任かを区別する）実益はない。

　委任は諾成契約であり，原則として，片務・無償の契約である。委任が無償を原則とするのは，ローマ法以来の伝統によるものである（他人の特殊な経験・知識・才能などを利用する高級労働は対価に親しまないとして無償とされた）。報酬の特約（648条1項参照）をした場合は双務・有償契約である。

2　受任者の権利・義務

（1）　受任者の注意義務

　受任者は，委任の本旨に従い，善良な管理者の注意（善管注意義務）をもっ

て，委任事務を処理する義務を負う（644条）。委任は人的な信頼関係に基づく契約であり，無償であっても受任者には高度な注意義務が課されている。

(2) 自己執行義務と復受任者の選任等

委任は，当事者の信頼関係を基礎としているため，原則として自ら委任事務を処理しなければならない（自己執行義務）。受任者は，委任者の①許諾を得たとき，または②やむを得ない事由があるときでなければ，復受任者を選任することができない（644条の2第1項）。なお，委任者が委託された事務を別の者に行わせることを復委任という。

代理権を付与する委任において，受任者が代理権を有する復受任者を選任したとき（復委任）は，復受任者は，委任者に対して，その権限の範囲内において，受任者と同一の権利を有し，義務を負う（644条の2第2項）。

(3) 受任者の報告義務

受任者は，委任者の請求があるときは，いつでも委任事務の処理の状況を報告し，委任が終了した後は，遅滞なくその経過および結果を報告しなければならない（645条）。

(4) 受任者による受取物の引渡し等

受任者は，委任事務を処理するに当たって受け取った金銭その他の物を委任者に引き渡さなければならない。受任者が収取した果実についても委任者に引き渡さなければならない（646条1項，受任者の引渡義務）。

受任者は，委任者のために自己の名で取得した権利を委任者に移転しなければならない（646条2項，受任者の権利移転義務）。

(5) 受任者の金銭の消費についての責任

受任者は，委任者に引き渡すべき金額またはその利益のために用いるべき金額を自己のために消費したときは，その消費した日以後の利息を支払わなければならない（647条前段）。この場合において，委任者になお損害があるときは，受任者はその賠償の責任を負う（647条後段）。

⑹　**受任者の報酬**

⒤　**特約による報酬請求権**

委任は原則として無償契約である。受任者は，特約がなければ，委任者に対して報酬を請求することができない（648条1項）。受任者は，報酬を受けるべき場合には，委任事務を履行した後でなければ，これを請求することができない（後払いの原則）（648条2項本文）。これは任意規定であり，特約でこの規定を排除することは可能である。

⒤⒤　**割合的報酬請求権**

受任者は，次の①，②場合には，既にした履行の割合に応じて報酬を請求することができる（648条3項）。契約が中途で終了した場合でも，すでに事務処理に従事した分については報酬を請求できるとした。

①委任者の責めに帰することができない事由によって委任事務の履行ができなくなったとき（1号）。

②委任が履行の中途で終了したとき（2号）。

①に関して，割合的に報酬を請求する場合には，委任者に責めに帰すべき事由がないことを受任者が主張立証する必要はないと解されている。なお，委任者の責めに帰すべき事由による場合は，536条2項前段により，受任者は全額の報酬請求ができる（受任者が委任者の責めに帰すべき事由を主張立証する必要がある）。

②の例は，委任契約が解除された場合である。

⒤⒤⒤　**成果等に対する報酬**（成果完成型，成果報酬型）

たとえば，弁護士の成功報酬のように，「委任事務の履行により得られる成果に対して報酬を支払うこと」を約した場合において，その成果が引渡しを要するときは，報酬は，その成果の引渡しと同時に支払わなければならない（648条の2第1項）。成果に対して報酬が支払われる方式の委任もあることからこのような成果報酬型の規定が新設された。請負に類似しているため，割合的報酬請求権の特則が置かれている。

「委任事務の履行により得られる成果に対して報酬を支払うこと」を約した場合（成果報酬型の場合），請負における注文者の割合報酬請求権の規定（634

条）が準用される（648条の2第2項）。すなわち，次の①，②の場合において，受任者が既にした委任事務の履行により得られる成果のうち可分な部分の給付によって委任者が利益を受けるときは，その部分が得られた成果とみなされ，受任者は，委任者が受ける利益の割合に応じて報酬を請求することができる（648条の2第2項，634条柱書）。

① 委任者の責めに帰することができない事由によって委任事務の履行により成果が得ることができなくなったとき。
② 委任が，委任事務の履行により成果が得られる前に解除されたとき。

なお，①に関して，委任者の責めに帰すべき事由によるときは，536条2項前段が適用され，受任者は報酬を全額請求することができる。

(7) 受任者による費用前払請求

委任事務を処理するについて費用を要するときは，委任者は，受任者の請求により，その前払をしなければならない（649条，委任者の費用前払義務）。委任者は受任者に経済的負担を負わせるべきではないからである（受任者が請求したときに前払義務が生じる）。

(8) 受任者による費用等の償還請求等

受任者は，委任事務を処理するのに必要と認められる費用を支出したときは，委任者に対し，その費用（および支出の日以後におけるその利息）の償還を請求することができる（650条1項，受任者の費用償還請求権）。

受任者は，委任事務を処理するのに必要と認められる債務を負担したときは，委任者に対し，自己に代わってその弁済をすることを請求することができる（委任者の代弁済義務）。この場合において，その債務が弁済期にないときは，受任者は委任者に対し，相当の担保を供させることができる（委任者の担保供与義務）（650条2項）。

⑼ 受任者の損害賠償請求

受任者は，委任事務を処理するため自己に過失なく損害を受けたときは，委任者に対し，その賠償を請求することができる（650条3項）。委任者に責めに帰すべき事由がなくても受任者は委任者に損害賠償請求ができる（無過失責任）。公平の観点から無償委任では説明がつくが，有償委任でもこのことが正当化できるかは難しい問題である。

3 委任契約の終了

⑴ 任意解除

委任は，各当事者がいつでもその解除をすることができる（651条1項，任意解除，無理由解除）。委任の当事者間に信頼関係がなくなった場合にまで委任の継続を強いるべきでないからであるといわれる。これに対し有力説は，有償委任ではこの説明は妥当しないと批判し，請負と同様に，委任者にとって不要な契約を強制する必要はないことに根拠を求めるべきとする。

委任の解除をした者は，次の①，②の場合には，相手方に損害賠償をしなければならない。やむを得ない事由があったときは，損害賠償義務を免れる（651条2項）。

> ①相手方に不利な時期に委任を解除したとき（1号）。
> ②委任者が受任者の利益（専ら報酬を得ることによるものを除く）をも目的とする委任を解除したとき（2号）。

委任契約が解除された場合，遡及効は生じない（652条，620条，解約告知）。

⑵ 委任の終了事由

委任は，次に掲げる事由によって終了する（653条）。

> ① 委任者または受任者の死亡（1号）
> ② 委任者または受任者が破産手続開始の決定を受けたこと（2号）
> ③ 受任者が後見開始の審判を受けたこと（3号）

4　委任の終了後の処分

委任が終了した場合において，急迫の事情があるときは，受任者またはその相続人もしくは法定代理人は，委任者またはその相続人もしくは法定代理人が委任事務を処理することができるに至るまで，必要な処分をしなければならない（654条）。

第10　寄　託

1　寄託とは

たとえば，ホテルのクロークに荷物を預ける，ペットを預けるなどが寄託契約の例である。

寄託は，当事者の一方（寄託者）がある物を保管することを相手方に委託し，相手方（受寄者）がこれを承諾することによって成立する（657条）。

寄託は原則として，無償・片務の契約であり，報酬の特約があれば，有償，双務となる。2017年改正前は要物契約とされていたが，その合理性が見いだせないことから諾成契約に変更された。

2　受寄者の義務

(1)　受寄者の注意義務

有償寄託の場合において，受寄者は善管注意義務を負う（400条）。

これに対して，無償寄託では，注意義務が軽減されており，無償寄託の受寄者は，自己の財産に対するのと同一の注意をもって，寄託物を保管する義務を負う（659条）。なお，商法には，商人が受寄者の場合は無償でも善管注意義務を負う場合の規定がある（商法595条）。

(2)　寄託物の使用および第三者による保管

受寄者は，寄託者の承諾を得なければ，寄託物を使用することができない（658条1項）。

受寄者は，①寄託者の承諾を得たとき，または②やむを得ない事由があるときでなければ，寄託物を第三者に保管させることができない（658条2項）。

再受寄者は，寄託者に対して，その権限の範囲内において，受寄者と同一の権利を有し，義務を負う（658条3項）。

(3)　受寄者の通知義務等

寄託物について権利を主張する第三者が受寄者に対して訴えを提起し，または差押え，仮差押えもしくは仮処分をしたときは，受寄者は，遅滞なくその事実を寄託者に通知しなければならない（660条1項本文）。ただし，寄託者が既にこれを知っているときは，通知は不要である（同条同項ただし書）。

第三者が寄託物について権利を主張する場合であっても，受寄者は，寄託者の指図がない限り，寄託者に対しその寄託物を返還しなければならない。ただし，受寄者が660条1項の通知をした場合，またはその通知を要しない場合において，その寄託物をその第三者に引き渡すべき旨を命ずる確定判決（確定判決と同一の効力を有するものを含む）があったときであって，その第三者にその寄託物を引き渡したときは，この限りでない（660条2項）。

受寄者は，660条2項の規定により寄託者に対して寄託物を返還しなければならない場合には，寄託者にその寄託物を引き渡したことによって第三者に損害が生じたときであっても，その賠償の責任を負わない（660条3項）。

(4)　寄託者の義務

665条による委任の規定準用により寄託者は次のような義務を負う。

有償寄託の場合，寄託者は報酬支払義務を負う（665条，648条）。また，寄託者は費用前払義務（665条，649条），費用償還義務，代弁済義務，担保供与義務を負う（665条，650条1項，同条2項）。

(5)　寄託者の損害賠償義務

寄託者は，寄託物の性質または瑕疵によって生じた損害を受寄者に賠償する義務を負う。ただし，寄託者が過失なくその性質もしくは瑕疵を知らなかったとき，または受寄者がこれを知っていたときは，寄託者は賠償する義務を負わない（661条）。

3 　寄託の解除

(1) 　寄託者の解除権

寄託者は，受寄者が寄託物を受け取るまで，契約の解除をすることができる。寄託の必要が無くなった場合にまで寄託を強制する必要はないからである。この場合において，受寄者は，その契約の解除によって損害を受けたときは，寄託者に対し，その賠償を請求することができる（657条の2第1項）。

(2) 　受寄者の解除権

無報酬の受寄者は，寄託物を受け取るまで，契約の解除をすることができる。ただし，書面による寄託については，この限りでない（657条の2第2項）。贈与の解除と同様の趣旨である。

受寄者（無報酬で寄託を受けた場合にあっては，書面による寄託の受寄者に限る）は，寄託物を受け取るべき時期を経過したにもかかわらず，寄託者が寄託物を引き渡さない場合において，相当の期間を定めてその引渡しの催告をし，その期間内に引渡しがないときは，契約の解除をすることができる（657条の2第3項）。

4 　寄託物の返還

(1) 　寄託者による返還請求等

当事者が寄託物の返還の時期を定めたときであっても，寄託者は，いつでもその返還を請求することができる（662条1項）。寄託の必要がなくなった場合にまで寄託の義務を負わせるべきではないからである。この場合において，受寄者は寄託者がその時期の前に返還を請求したことによって損害を受けたときは，寄託者に対し，その賠償を請求することができる（662条2項）。

(2) 　受寄者による返還

寄託物の返還の時期を定めなかったときは，受寄者は，いつでもその返還をすることができる（663条1項）。

寄託物の返還の時期の定めがあるときは，受寄者は，やむを得ない事由がなければ，その期限前に返還をすることができない（663条2項）。

寄託物の返還は，その保管をすべき場所でしなければならない。ただし，受寄者が正当な事由によってその物を保管する場所を変更したときは，その現在の場所で返還をすることができる（664条）。

5 損害賠償および費用償還請求権についての期間の制限

寄託物の一部滅失または損傷によって生じた損害の賠償及び受寄者が支出した費用の償還は，寄託者が返還を受けた時から1年以内に請求しなければならない（664条の2第1項）。この損害賠償の請求権については，寄託者が返還を受けた時から1年を経過するまでの間は，時効は完成しない（664条の2第2項）。

6 混合寄託

複数の者が寄託した物の種類および品質が同一である場合には，受寄者は，各寄託者の承諾を得たときに限り，これらを混合して保管することができる（665条の2第1項）。これを混合寄託という。

受寄者が各寄託者の承諾を得て受寄者が複数の寄託者からの寄託物を混合して保管したときは，寄託者は，その寄託した物と同じ数量の物の返還を請求することができる（665条の2第2項）。

この場合において，寄託物の一部が滅失したときは，寄託者は，混合して保管されている総寄託物に対するその寄託した物の割合に応じた数量の物の返還を請求することができる。この場合において寄託者は受寄者に対する損害賠償請求をすることもできる（665条の2第3項）。

7 消費寄託とは

消費寄託契約とは，受寄者が契約により寄託物を消費することができる場合のことである。主に預貯金の際に用いられる。

消費寄託において受寄者は，寄託された物と種類・品質・数量の同じ物を返還する（666条1項）。

消費寄託も，寄託の一場合であるから，寄託の規定が適用される。もっとも，消費貸借との共通点もあることから消費貸借の規定である590条（貸主の

引渡義務等），592 条（価額の償還）が準用されている（666 条 2 項）。

　預金または貯金に係る契約（預貯金契約）により金銭を寄託した場合については，消費貸借の規定である 591 条 2 項・3 項の規定が準用されている。すなわち，預貯金契約の受寄者（金融機関）はいつでも寄託物を返還することができる（666 条 3 項，591 条 2 項）。通常の寄託契約では，寄託物の返還の時期の定めがあるときは，やむを得ない事由がなければ，受寄者は期限前に返還をすることができない（663 条 2 項）のと対照的である。返還時期前の返還によって寄託者に損害が生じたときは，受寄者は損害賠償義務を負う（666 条 3 項・591 条 3 項）。

第 11　組　合

　A・B・C は共同の事業を営むために組合契約を締結した。組合はどのように作られ，運営され，取引を行うのだろうか。

1　組合とは

　組合は，各当事者が出資（労務をその目的とすることができる）をして共同の事業を営むことを約することによって成立する契約である（667 条 1 項）。組合契約は，有償・双務・諾成契約である。組合は，組合員が契約によって結合しているものであり，組合自体は権利義務の帰属主体とは認められない（法人格を有しない）。なお，特別法によって設立される組合には法人格を有するものがあり（農業協同組合，生活協同組合など），民法上の組合とは法律的性格が異なる。

2　出資義務と契約総論規定の適用，無効・取消しの効力

　A・B・C で組合契約を締結したが，C が出資を履行しない場合どうなるのだろうか。

　組合契約については，533 条（同時履行の抗弁権）・536 条（債務者の危険負担等）の規定は適用されない（667 条の 2 第 1 項）。そのため，A・B は同時履行の抗弁

権を主張したり，Ｃの出資が不能になったからといって，自己の出資を拒絶することはできない。

　また，組合員は，他の組合員が組合契約に基づく債務の履行をしないことを理由として，組合契約を解除することができない（667条の2第2項）。

　組合員の一人について意思表示の無効または取消しの原因があっても，他の組合員の間においては，組合契約は，その効力を妨げられない（667条の2）。

3　組合の業務執行

(1)　業務執行者がない場合

　組合の業務は，組合員の過半数で決定し，各組合員が執行する（670条1項）。

　組合は人的結合の性格が強いため，組合の業務は出資割合などではなく，組合員の頭数による過半数により決定する。

　もっとも，組合の常務（日常的な業務）は，各組合員または各業務執行者が単独で行うことができる。ただし，その完了前に他の組合員または業務執行者が異議を述べたときは，この限りでない（670条5項）。

(2)　業務執行者がある場合

　組合の業務の決定・業務の執行は，組合契約の定めるところにより，一人または数人の組合員または第三者に委任することができ（670条2項），委任を受けた者（業務執行者）は，組合の業務を決定し，執行する。業務執行者が数人あるときは，組合の業務は，業務執行者の過半数をもって決定し，各業務執行者がこれを執行する（670条3項）。

4　対外的業務執行

　組合の事業を営むにあたり，他者と取引を行うにはどのようにすればよいのだろうか。組合には法人格はなく，他の組合員全員の代理によって取引など（法律行為）をする（組合代理）。

　各組合員は，組合の業務を執行する場合において，組合員の過半数の同意を得たときは，他の組合員を代理することができる（670条の2第1項）。

　もっとも，業務執行者があるときは，業務執行者のみが組合員を代理する

ことができ，業務執行者が数人あるときは，各業務執行者は，業務執行者の過半数の同意を得たときに限り，組合員を代理することができる（670条の2第2項）。ただし，各組合員または各業務執行者は，組合の常務を行うときは，単独で組合員を代理することができる（670条の2第3項）。

5　組合財産の帰属

　組合は法人格を有しないから，組合という団体に財産が帰属するということはできない。各組合員の出資その他の組合財産は，総組合員の共有に属する（668条）。この「共有」とは，合有（各人に持分はあるが，潜在的なものとして観念され，持分の処分や分割請求が制限・否定される共同所有形態）と解されている。組合員は，組合財産についてその持分を処分したとしても，その処分をもって組合および組合と取引をした第三者に対抗することができない（676条1項）。また，組合員の債権者は，組合財産についてその権利を行使することができない（677条）。

　組合財産である債権（組合の債権）について，組合員は自己の持分についての権利を単独で行使することができない（676条2項）。組合財産は総組合員の合有であるから組合員は自己の持分の処分をすることはできないのである。組合財産である債権は，組合員ごとに独立した債権があるのではなく，総組合員が一体となって債権を有しているものと観念される。

民法の共同所有の形態（共有，合有，総有）

　共有とは，ある財産権に対し，複数の共有者が持分権を有しており，その持分を処分（譲渡）したり，あるいは分割請求によって単独の権利者となり，共有関係を解消することができる共同所有形態をいう。民法は249条以下でこの共有について規定を置いている。たとえば，AとBが共同相続した土地を共有している場合，Aは誰かに自分の持分を譲渡することができる。また，Aは土地の分割請求をして，分割した土地の単独所有者となり共有状態を終わらせることもできる。

　合有とは，各人に持分はあるが，潜在的なものとして観念され，持分の処分や分割請求が制限・否定される共同所有形態をいう。合有の例としては，組合員による組合財産の共有（合有と呼ぶ）が挙げられる。潜在的な持分はあるた

め，組合を脱退する際には持分の払戻しが認められる。組合員は，清算前に組合財産の分割を求めることができない（676条3項）。

　総有とは，そもそも各人に持分が認められておらず，分割請求も認められない共同所有形態をいう。各人は総有財産の使用・収益のみを行うことができる。払戻しも認められない。

6 組合の債務

　組合の債務は総組合員に合有的に帰属する。組合の債務は，組合員ごとに独立した債務があるのではなく，総組合員が一体となって債務を負っているもの（総組合員に請求されるべきもの）と観念される。組合の債権者は，組合財産についてその権利を行使する（強制執行する）ことができる（675条1項）。

　また，組合の債権者は，その選択に従い，各組合員の固有財産に対して損失分担の割合または等しい割合でその権利を行使する（強制執行する）ことができる（組合の債権者がその債権の発生の時に各組合員の損失分担の割合を知っていたときはその割合による）（675条2項）。つまり，組合の債権者は，組合員の個人責任も問えるのである（なお，組合員の債権者は，組合財産についてその権利を行使することができない［677条］）。

　組合の成立後に加入した組合員は，その加入前に生じた組合の債務については，これを弁済する責任を負わない（677条の2第2項）。

　脱退した組合員は，その脱退前に生じた組合の債務について，従前の責任の範囲内でこれを弁済する責任を負う。この場合において，債権者が全部の弁済を受けない間は，脱退した組合員は，組合に担保を供させ，または組合に対して自己に免責を得させることを請求することができる（680条の2第1項）。脱退した組合員が組合の債務を弁済したときは，組合に対して求償権を有する（680条の2第2項）。

7 組合員の加入・脱退・除名

(1) 加　入

　組合員は，その全員の同意によって，または組合契約の定めるところにより，新たに組合員を加入させることができる（677条の2第1項）。

(2) 脱　退

組合契約で組合の存続期間を定めなかったとき，またはある組合員の終身の間組合が存続すべきことを定めたときは，各組合員は，いつでも脱退することができる。ただし，やむを得ない事由がある場合を除き，組合に不利な時期に脱退することができない（678条1項）。

組合の存続期間を定めた場合であっても，やむを得ない事由があるときは，各組合員は脱退することができる（678条2項）。

この場合のほか，組合員は，次に掲げる事由によって脱退する（679条）。

① 死亡
② 破産手続開始の決定を受けたこと
③ 後見開始の審判を受けたこと
④ 除名

組合員の除名は，正当な事由がある場合に限り，他の組合員の一致によってすることができる。ただし，除名した組合員にその旨を通知しなければ，これをもってその組合員に対抗することができない（680条）。

脱退した組合員と他の組合員との間の計算は，脱退の時における組合財産の状況に従ってしなければならない（681条1項）。出資の種類を問わず，脱退した組合員の持分は金銭で払い戻すことができる（681条2項）。脱退の時にまだ完了していない事項については，その完了後に計算をすることができる（681条3項）。

8　組合の解散

組合は，次の事由によって解散する（682条）。

① 組合の目的である事業の成功又はその成功の不能
② 組合契約で定めた存続期間の満了
③ 組合契約で定めた解散の事由の発生
④ 総組合員の同意

やむを得ない事由があるときは，各組合員は組合の解散を請求することが

できる (683条)。

第12　終身定期金

終身定期金とは

終身定期金は，当事者の一方が，自己，相手方または第三者の死亡に至るまで，定期に金銭その他の物を相手方または第三者に給付することを約することによって成立する契約である (689条)。たとえば，相手が死亡するまで生活費を送り続けると契約する場合である。

諾成契約である。対価がある場合は双務・有償契約である。対価がない場合は，片務・無償契約である。

第13　和　解

⟮ 1 ⟯ 和解とは

和解とは，当事者が互いに譲歩をしてその間に存する争いをやめることを約することによって成立する契約をいう (695条)。和解契約は諾成契約である。互いに譲歩（互譲）することが要素となるため，双務・有償契約である。

互譲が要件となっているので，一方的に譲歩するのは和解ではない（和解に類似した非典型契約として拘束力がある）。

和解には確定効（確定力）がある (696条)。確定効によって，和解当事者の法律関係が確定する。紛争の蒸し返しを防止するためである。互譲の対象となった事項に錯誤があっても，確定効により，錯誤 (95条) があっても取消しは認められない。

これに対して，当事者が互譲の対象となった事項の前提として予定していた事項については，そもそも争いの対象になっておらず，蒸し返しが禁止される事由にはあたらないと解され，錯誤がある場合には錯誤取消しの主張が認められうる。

2　苺ジャム事件

　　代物弁済として提供されるジャムが一定の品質を有する（市場で一般に通用しているところの特選金菊印苺ジヤム）ことを前提として和解契約がなされたところ，ジャムの大部分がリンゴやアンズを材料としたもので苺は僅か1，2割にすぎない粗悪品であつた。錯誤（95条）の主張は認められるか。

　判決（最判昭33年6月14日民集12巻9号1492頁）は「原判決の適法に確定したところによれば，本件和解は，本件請求金額62万9777円50銭の支払義務あるか否かが争の目的であって，当事者である原告（被控訴人，被上告人），被告（控訴人，上告人）が原判示のごとく互に譲歩をして右争を止めるために仮差押にかかる本件ジヤムを市場で一般に通用している特選金菊印苺ジヤムであることを前提とし，これを一箱当り3千円（一缶平均62円50銭相当）と見込んで控訴人から被控訴人に代物弁済として引渡すことを約したものであるところ，本件ジヤムは，原判示のごとき粗悪品であったから，本件和解に関与した被控訴会社の訴訟代理人の意思表示にはその重要な部分に錯誤があった」として，和解の錯誤を認めた原判決には法令の解釈に誤りがあるとは認められないとした。この判決は，ジャムの品質については，互譲の対象となっていなかったので不当な蒸し返しにはあたらないとしたものである。

Ⅳ　法定債権

　法定債権とは，法律の規定によって生じる債権をいう。すなわち，債権は，以下で扱う，事務管理，不当利得，不法行為により，当事者の意思とは関わりなく，法律の規定に基づいても発生する。事務管理，不当利得，不法行為は契約と並ぶ重要な債権発生原因である。

第1　事務管理

> 　Aは，旅行で不在中の隣人Bの家屋の屋根が壊れているのを発見し，暴風雨からBの家屋を守るため，屋根を修理しておいてあげた。Aは修理にかかった費用をBに請求できるか。AがBの敷地に入ることは不法行為となるか。

1　事務管理とは

　民法は，義務なく他人（本人）のために事務の管理を始めた者（管理者）は，その事務の性質に従い，最も本人の利益に適合する方法によって，その事務の管理（事務管理）をしなければならない（697条1項）とし，管理者は，本人のために有益な費用を支出したときは，本人に対して費用償還請求をすることができる（702条1項）という規定を置く。

　事務管理とは，義務なく他人のために他人の事務を管理することをいう。所定の要件を満たすことより，管理者は，その他人（本人）に対して，費用償還請求ができる。

　たとえば，上述の例で，屋根の修理をしたAはBに対して修理費用の償還請求をすることができる。また，通常は不法行為が成立するような場合でも，事務管理が成立する場合は管理行為の違法性が阻却され，不法行為とはならない。管理行為として必要な限度でAがBの敷地に入った行為は不法行為

とならない。

　他人の生活領域には干渉してはならないのが近代私法の原則であるが，相互扶助との調和の観点から事務管理の制度が民法に規定されている。

2　事務管理の成立要件

① 他人の事務の管理をすること
② 他人のためにする意思があること（管理意思）
③ 他人の事務を管理する義務がないこと（697条1項）
④ 他人の意思および利益に反することが明らかでないこと（700条ただし書）

(1)　他人の事務を管理すること

(i)　事務とは

　事務には法律行為も事実行為も共に含まれる。たとえば，家を修理する行為（事実行為）も事務に含まれる。他人が誰であるかは知っている必要はない。

(ii)　管理とは

　管理行為（保存行為，利用行為，改良行為）のみならず，処分行為も含まれる。たとえば，ゴミを廃棄処分すること，収穫期の果物を収穫して売ること，売買契約を解除することなども事務管理に含まれうる。

(iii)　中性の事務

　留守にしている隣家の屋根が壊れていたために，業者に修繕を依頼した場合は事務管理が成立しうる。これに対して，管理者が自分で修理する場合において，隣家の屋根の修繕のために，修理材料を購入するといった行為は，主観的には他人の事務として行われるものであるが，客観的に見た場合は，それが誰ための事務なのか判断ができないことが多い。このような事務を中性の事務という。中性の事務について事務管理は成立するのであろうか。通説は，中性の事務についても，他人のためにする意思をもって管理するときには事務管理が成立するとする。事務管理が成立することにより，管理者は事務管理を始めたことを遅滞なく本人に通知しなければならないため（699条本文），本人が事務管理を不要だと思えば早期に中止を求めることができるこ

とになる。これに対して否定説は，客観的にみて他人の事務と認められるような行為でなければ事務管理は成立しないとする（例では，修理を開始したときに事務管理が成立する）。

(2)　他人のためにする意思があること（管理意思）

　事務管理が成立するためには他人のためにする利他的な意思が必要である（697条1項）。もっぱら自己のためにする意思であった場合は，事務管理は成立しない。

　隣家の壊れた屋根の修理が，自宅を守るためであっても事務管理は成立するのであろうか。判例は，他人のためにする意思と自己のためにする意思とが併存することは事務管理の成立を妨げないものと解している（大判大8年6月26日民録25輯1154頁）。

(3)　他人の事務を管理する義務がないこと

　他人の事務を管理する義務がないことが必要である。義務に基づく場合は事務管理は成立せず，契約など基礎となる法律関係によって規律される。

(4)　他人の意思および利益に反することが明らかでないこと

　他人の意思および利益に反することが明らかでないことが事務管理の要件となると解される。700条は「管理者は，本人またはその相続人若しくは法定代理人が管理をすることができるに至るまで，事務管理を継続しなければならない。ただし，事務管理の継続が本人の意思に反し，または本人に不利であることが明らかであるときは，この限りでない」と規定し，事務管理を中止するべき場合を定めている。このことからすれば，初めから同条ただし書に該当するような場合には，そもそも事務管理は成立しないと考えられるからである。結果的に他人の意思や利益に反することが判明した場合でも，事務管理の成立は否定されない。

　なお，本人の意思が公序良俗に反し，あるいは強行法規に反する場合には，そのような本人の意思を尊重する必要はないことから，事務管理は成立すると解されている（大判大8年4月18日民録25輯574頁）。たとえば，自殺をしよう

としている人を助けることは本人の意思には反するが,事務管理は成立する。

3　事務管理成立の効果

(1)　違法性の阻却

　義務なく他人の事務を処理した場合，他人の権利などに対する侵害となり不法行為の成立が問題となりうるが，事務管理が成立すると，違法性が阻却され，管理行為として必要な限度で不法行為は成立しない。

(2)　管理者の義務

(i)　善管注意義務

　管理者は，事務の性質に従い，最も本人の利益に適合する方法によって事務管理をしなければならない（697条1項。なお，無償委任の受任者も善管注意義務を負う）。事務管理の注意義務の程度は善管注意義務であると解される（698条反対解釈，委任の規定の644条は準用されていない）。管理者は，本人の意思を知っているとき，またはこれを推知することができるときは，その意思に従って事務管理をしなければならない（697条2項）。

　管理者が善管注意義務に違反した場合，管理者は債務不履行の損害賠償責任を負う。しかし，管理者にはとっさの判断が求められることもある。そこで，民法は，管理者が本人の身体，名誉または財産に対する急迫の危害を免れさせるために事務管理をしたとき（緊急事務管理）は，管理者に悪意（本人を害する意思）または重過失がある場合のみ損害賠償義務を負うものとした（698条）。管理者が善意無重過失の場合は本人も危険を引き受けるべきである。「急迫の危害を免れさせるために事務管理をしたとき」の例として，犯罪の被害者や急病人を救助する場合が挙げられる。

(ii)　事務管理の継続義務・通知義務

　管理者は，本人またはその相続人もしくは法定代理人が管理をすることができるに至るまで，事務管理を継続しなければならない（700条本文）。途中で中止すると，かえって本人に損害が生じることがあるからである。ただし，事務管理の継続が本人の意思に反し，または本人に不利であることが明らかであるときは，この限りでない（700条ただし書）（継続義務を負わないだけではな

く，中止義務を負うと解釈されている）。

　管理者は，事務管理を始めたことを遅滞なく本人に通知しなければならない（699条本文，通知義務）。この趣旨は，本人に事務管理を中止させ，あるいは本人の意思に沿った事務管理を行わせる機会を与えるためである。ただし，本人が既にこれを知っているときは，通知の必要はない（699条ただし書）。

(iii) 委任の規定の準用による義務

　委任の規定である645条から647条までの規定は，事務管理について準用される（701条）。これにより管理者は次の義務を負う。

　報告義務（645条，701条），受取物引渡義務，権利移転義務（646条1項，2項，701条），金銭消費についての責任（647条，701条）。

(3) 本人の義務

　管理者は，本人のために有益な費用を支出したときは，本人に対し，支出した費用の償還を請求することができる（702条1項，費用償還義務）。有益な費用には，必要費も含まれる。

　なお，委託を受けない保証人の保証債務の履行に基づく求償権（462条）は，事務管理に基づく費用償還請求権の性格を有する。

　委任の規定（650条2項）の準用により，管理者が本人のために有益な債務を負担した場合，本人は代弁済義務，担保供与義務を負う（702条2項）。

　管理者が本人の意思に反して事務管理をしたときは，本人の現存利益の限度で費用償還請求ができる（702条3項）。たとえば，本人に頼まれたわけではないのに，管理者が壊れた家屋を修理したところ，本人の意思に反した事務管理であり結局本人がその家屋をその後取り壊してしまった場合には，本人に現存利益がないので，費用償還請求はできない。

　なお，他人の意思または利益に反することが明らかであるときは，そもそも事務管理が成立しないので，費用を償還請求できない。

　管理者は本人に対して報酬の支払いを請求できない。また，管理者が管理するに際して損害を受けた場合，本人に対して損害賠償請求をすることはできない（委任の規定の650条3項は事務管理に準用されていない）。もっとも，「費用」（702条1項）を合理的に解して実質的に報酬請求を認める考え方もある。

4 準事務管理とは

　前述したように，もっぱら自己のためにする意思であった場合は，事務管理は成立しない。その場合でも，準事務管理として事務管理の規定の類推適用が認められるかが問題となる。

> 　Ａ所有の土地が使用されずに放置されていたため，Ｂは儲けられると思い，無断でＡの土地を駐車場にして，営業利益を挙げていた。ＡはＢに対して利益を自分によこすように請求できるか。

　Ｂは「他人のために」事務を管理していないので，事務管理が成立することはない。Ａの立場からは，Ｂに対して不当利得返還請求や不法行為に基づく損害賠償請求をすることが考えられる。しかし，不当利得・不法行為は当人が損失・損害を受けた限度で返還・賠償を求めうるだけであるので，ＡはＢが得た営業利益を受け取ることはできない。そこで，事務管理の規定（701，646条）の準用により，Ｂに受取物引渡義務を負わせ，管理者の得た利得をすべて吐き出させ本人に返還させるべきであるという考えがある。すなわち，準事務管理の概念を解釈上認めて，事務管理の規定を類推適用すべきというのである。これに対しては，準事務管理を否定し，不当利得・不法行為により処理するべきという考え方もある。準事務管理否定説は，もっぱら自己のための行為を準事務管理として相互扶助の制度である事務管理制度に取り込むことは適切でないとし，営業利益は管理者の才覚によるものであって，本人に棚からぼたもち的な利益を与えるべきではないことを論拠とする。

第2 不当利得

> 　① ＡはＢに100万円を渡し，Ｂに対する債務を弁済したと思っていたが，実はＢへの債務は存在していなかった。ＡはＢから100万円を返してもらえるか。
> 　② Ａは自分の家にあったＢの物を自分の物だと思ってそれを売却し代金を得た。ＢはＡからその代金額の返還を求めることはできるか。
> 　③ Ａは放牧されていたＢの家畜を自分の家畜と誤信して飼養していた。Ａ

は B から飼育費用の返還を求めることはできるか。

1　不当利得とは

不当利得返還請求権について 703 条は次のように規定する。

「法律上の原因なく他人の財産又は労務によって利益を受け，そのために他人に損失を及ぼした者（以下この章において「受益者」という。）は，その利益の存する限度において，これを返還する義務を負う」。

このように，法律上の原因なく，他人の財産または労務によって利益を受け，そのために他人に損失を及ぼす場合を不当利得という。損失を受けた者（損失者）は，利益を受けた者（受益者）に対し，利益の存する限度において，不当利得に基づく返還請求権を行使することができる。この場合，悪意の受益者は，その受けた利益に利息を付して返還しなければならない（704 条）。

要するに，703 条・704 条の不当利得とは，一方で利得（受益）を得た者がおり，他方で損失を受けたものがおり，利得と損失の間に「そのために」といえるような因果関係があり，利得が法律上の原因なく生じた場合には，損失者は，利得者（受益者）に対して不当利得返還請求権を取得する（悪意の受益者は利息も返還する）というものである。

703 条の要件

① 「利得」（受益）
② 「損失」
③ 利得と損失との因果関係
④ 「法律上の原因」がないこと

2　不当利得制度の根拠（本質）

不当利得は冒頭に挙げた事例などさまざまな場面で問題となりうる。

不当利得はどのような場合に認められるのか，なぜ認められるのかという不当利得の根拠（本質）については，様々な議論がある。

(1)　衡平説

　伝統的通説は，不当利得の根拠を衡平（公平）に求めた（衡平説）。衡平説は，703条・704条は様々な場面に適用するこができる一般的な規定であると理解する。すなわち，衡平説は不当利得制度を，形式的・一般的には正当視される財産的価値の移動が実質的・相対的には正当視されない場合に，公平の理念に従ってその矛盾の調整を試みる制度と捉える（我妻榮）。不当利得制度は統一的に把握されるべきものというのが衡平説の基本的な考えである。

(2)　類型論

　衡平説に対しては，不当利得制度をそのように統一的に理解することはできないとして，不当利得が問題となる場面をいくつかに分類，類型化して，類型ごとに要件・効果などを考察するべきという考えが出てきた。これを類型論という。

　類型論において，不当利得が問題となる場面をどのように類型化するかについては，諸説あるが，下記のように分類されるのが一般的である（大きく，給付利得とそれ以外の非給付利得とに分けることもできる。費用利得と求償利得とをまとめて支出利得として位置づける考えもある）。

(i)　侵害利得（侵害不当利得）

　侵害利得とは，受益者の利得が，他人の財産を「侵害」する形で得られているような場合である。たとえば，土地の所有者が，土地を不法占有している者に対して，土地と賃料相当額の返還を求める場面などである（土地の返還については，物権的請求権との競合が問題となる）。

　侵害利得の場合は，受益者に不法行為が成立する場合もあるが，誤振込により利得している場合など受益者に故意・過失がなく不法行為が成立しない場合もある。

(ii)　給付利得（給付不当利得）

　給付利得とは，契約関係の清算において問題となる不当利得であり，契約の不存在・無効・取消・解除といった事由によって，契約当事者間で互いの給付を原状回復させる場合である。解除の原状回復義務（545条）については，解除の効果の直接効果説からは，給付利得として位置づけられる。間接効果

説，折衷説からは，不当利得とは異なる制度と理解されることになる。

(iii)　費用利得（費用不当利得）

費用利得とは，他人の物に財産や労務を投下したことによって，他人の財産が増加した場合に，有益費や必要費などの費用の償還を求めるときをいう。

費用利得が問題となる場面は，当事者間に特約があればそれにより，特約がない場合でもそのほとんどが個別の条文で対処されており，費用利得の不当利得返還請求権が問題となる場面はわずかしかない。

個別の条文により対処されている場面とは，196 条（占有者による費用の償還請求），299 条（留置権者による費用の償還請求），595 条（使用貸借人の費用の負担），608 条（賃借人による費用の償還請求），650 条（受任者による費用の償還請求），702 条（管理者による費用の償還請求）等である。契約各論の条文については本書の各記述を参照されたい。

(iv)　求償利得（求償不当利得）

求償利得とは，他人の債務を弁済することにより，他人が債務から解放され，利益を得ている場合をいう。

ほとんどの場面は個別の条文で対処されている。442 条（連帯債務者間の求償），459 条・462 条（保証人の求償権），702 条（管理者による費用償還請求権）である。

費用利得と求償利得についてはほとんどが個別の条文で対処されているので，以下では，侵害利得と給付利得について検討する。その後，複数当事者間の不当利得について検討する。

3　侵害利得

703 条の文言から侵害利得の要件を次のように整理することができる。

一方で，①利得（受益）を受けた者がおり，他方で，②損失を受けた者がおり，③利得と損失との間に因果関係があり，④その利益について法律上の原因がないことである。

(1)　要　件

(ⅰ)　利得（受益）

利得とは財産が増加することある。財産を得るといった積極的な増加の場合や，支出するはずであった費用が節約された場合のような消極的な増加の場合がある。

(ⅱ)　損　失

他方の者が損失を受けたことが必要である。財産を失うといった積極的な減少の場合や，本来は増加するべきであった財産が増加しなかった場合のような消極的な減少の場合がある。

(ⅲ)　利得と損失との因果関係

703 条の因果関係（「そのために」）とはどのようなことか。

①　直接的因果関係説

利得と損失との間に直接の因果関係が必要であるとする考え方（大判大 8 年 10 月 20 日民録 25 輯 1890 頁）。A が法律上の原因なく B に金銭を交付した場合のように，二者間では直接の因果関係を問題なく認めやすい。これに対し，三者関係以上の場合の因果関係を検討する上では，直接の因果関係を容易に肯定しがたい場合がある（たとえば，A の金銭を B が受け取り，B が C にそれを交付した場合の A の損失と C の利得との因果関係）。

②　社会観念的因果関係説

直接の因果関係では狭すぎるとして，社会観念的な因果関係があれば足りるとする（我妻説）。後で見る最判昭 49 年 9 月 26 日民集 28 巻 6 号 1243 頁（騙取金による弁済事件）はこの説を採用したものである。

(ⅳ)　法律上の原因がないこと

衡平説は，法律上の原因がないことを，利得を保有することが形式的・一般的には是認されるが，実質的・相対的には公平の理念に反するために是認されない点に求められるとする（我妻榮）。判例（大判昭 11 年 1 月 17 日民集 15 巻 101 頁）は，「正義公平の観念上正当とされる原因」という表現を用いる。

類型論からは，利得者に利得を正当化するような債権や物権などの権利がないことを意味する（たとえば，賃借権，使用借権，地上権などの占有権原がないことや，所有権の取得原因がないこと等）。

⑵　効　果

⒤　原物返還の原則とその例外

利得者（受益者）は不当利得返還義務を負う。利得した原物を返還するのが原則である。

原物返還が不可能な場合，受益者は価額賠償義務を負う。

代替性のある物の不当利得返還義務の内容はどのようなものか。代替性のある物の場合は，同種・同等・同量の物の返還義務が問題となるようにも思われる（かつての大審院判例）。

しかし，最高裁は（最判平19年3月8日民集61巻2号479頁），受益者が法律上の原因なく利得した代替性のある物（上場株式）を第三者に売却処分した場合について，受益者は損失者に対し，原則として，売却代金相当額の金員の不当利得返還義務を負うとした。その理由として，最高裁は次の2点を挙げる。①受益者が返還すべき利益を事実審口頭弁論終結時における同種・同等・同量の物の価格相当額であると解すると，その物の価格が売却後に下落したり，無価値になったときには，受益者は取得した売却代金の全部または一部の返還を免れることになるがこれは公平でない。②同種・同等・同量の物の価格が売却後に高騰したときには，受益者は現に保持する利益を超える返還義務を負担することになるが，これも公平でない。

⒤⒤　返還義務の範囲

善意の受益者は現存利益の返還義務を負う（703条）。704条が悪意の受益者についての規定であることから，703条は善意の受益者の規定である。善意の受益者にすべての返還を求めるのは必ずしも適切ではないことから，民法は善意の受益者は現存利益の返還で足りるとした。

悪意の受益者は，その受けた利益に利息を付して返還しなければならない。この場合において，なお損害があるときは，悪意の受益者はその賠償の責任を負う（704条）。

受益時には善意であっても，その後に悪意となった場合は，その時から悪意の受益者として返還義務を負うと解されている。

⒤⒤⒤　果実・使用利益の返還

受益者は，得た利益の返還義務を負うのが原則であるが，物の果実につい

ては，189条に特則が置かれている。すなわち，善意の受益者は，占有物により生じる果実を取得できるとされている（189条）。たとえば，他人の土地を無断で誰かに賃貸していた場合，善意の受益者は法定果実としての賃料を所有者に返還する必要はない。

189条の規定は，物の使用利益について類推適用されるものと解されている（大判大14・1・20民集4巻1頁）。たとえば，受益者が善意で他人の土地を無断使用していた場合，賃料相当額の使用利益の返還は不要である。

悪意の受益者には190条が適用され，果実の返還をしなければならない（使用利益については190条類推適用）。

4 給付利得

Aは甲土地をBに売却する契約を締結したが，Aの意思表示はBの詐欺によるものであったので，Aはこの契約を取消した。AがBから甲土地や使用利益の返還を受けるための法的根拠は何か。

給付利得とは，契約関係の清算において問題となる不当利得であり，契約の不存在・無効・取消し・解除といった事由によって，契約当事者間で給付を原状回復させる場合である。

契約の無効や取消しの場合については121条の2に，契約解除の場合については545条1項に個別の規定がある。これらの規定は，受益者の善意・悪意により返還の範囲を異にする703条・704条のような規律をしておらず，原則として，受益者は原状に復させる義務（原状回復義務）を負うものとしている（最初の状態に復元する全面返還を原則とする）。

意思無能力により無効となり，あるいは制限行為能力者の行為が取り消され無効となった場合，その行為に基づく債務の履行として給付を受けた者は，相手方を原状に復させる義務を負う（121条の2第1項）。

また，契約解除の場合については，当事者の一方がその解除権を行使したときは，各当事者は，その相手方を原状に復させる義務（原状回復義務）を負う（545条1項本文）。ただし，第三者の権利を害することはできない（545条1項ただし書）。原状回復義務につき，金銭を返還するときは，その受領の時から利

息を付さなければならない (545条2項)。金銭以外の物を返還するときは，その受領の時以後に生じた果実をも返還しなければならない (545条3項)。533条の規定は，545条の場合に準用される (546条)。

このように給付利得については，121条2，545条1項が適用され，703条・704条は適用されない。

(1) 要　件

給付不当利得の要件は，①給付者が受益者に給付をしたこと，②契約の不存在・無効・取消し・解除といった事由によって，給付についての法律上の原因がないことである。

(2) 効　果

(i) 原物返還義務とその例外

受益者は原状回復義務を負う。原則として原物返還義務を負う。ただし，原物返還が不可能な場合は価格返還義務を負う。当事者相互の返還義務は，同時履行の関係に立つ (533条類推適用，546条)。

(ii) 返還義務者保護のための例外

121条の2第2項，3項は返還義務者保護のための例外の場合を定める。

上述のように，意思無能力者と売買契約をして，意思無能力者から代金(物)を受取った相手方は，それを意思無能力者に返還しなければない。同様に，意思無能力者も相手方から物 (代金) を返還しなければならない (121条の2第1項)。ただし，意思無能力者は，その行為によって現に利益を受けている限度 (現存利益) において返還をすれば足りる (121条の2第3項前段)。意思無能力者は，金銭を費消してしまったり，給付物を紛失している場合もあるので，意思無能力者を保護する規定を設けたのである。制限行為能力者についても同様である (121条の2第3項後段)。

また，121条の2第2項は，贈与契約が無効であるなど，無効な無償行為があった場合に，給付受領者が給付時にその行為が無効であることにつき善意のときはその者を保護するため現存利益の返還で足りるとしている (給付後に取消され無効となった無償行為について，給付受領者が給付時にその行為が取消しうる

ことにつき善意の場合も同様）。

ⅲ 果実・使用利益の返還

給付利得の効果は，最初の状態に復元する全面返還を原則とする。そのことから，果実・使用利益はすべて返還しなければならないものと解される（189条，190条は適用されない）。

ⅳ 物権的返還請求権

給付不当利得が認められる場合に，給付した物を取戻すには，給付利得としての不当利得返還請求と所有権に基づく返還請求権の2つの手段が考えられる。両者の併存を認める見解が多数説である。

(3) 特殊の給付利得

以下にみる狭義の非債弁済（705条），期限前の弁済（706条），他人の債務の弁済（707条）を総称して広義の非債弁済という。

ⅰ 債務の不存在を知ってした弁済（狭義の非債弁済）

債務の弁済として給付をした者は，その時において債務の存在しないことを知っていたときは，その給付したものの返還を請求することができない（705条）。自ら知って不合理なことをしたのだから，返還請求できないものとした（禁反言の法理）。そのような趣旨の規定であるため，任意の弁済でない場合（強制執行を避けるためや脅迫を避けるためである場合）には，本条は適用されない（大判大6年12月11日民録23巻2075頁）。債務の不存在を知ってした弁済を狭義の非債弁済と呼ぶ。

ⅱ 期限前の弁済

債務の弁済として給付をした者は，その時において債務の存在しないことを知っていたときは，その給付したものの返還を請求することができない（706条本文）。債務は存在しているので，弁済がなされたことには法律上の原因があるから，不当利得は成立せず，給付したものの返還を請求することはできない。ただし，債務者が錯誤によってその給付をしたときは，債権者は，これによって得た利益（中間利息）を返還しなければならない（706条ただし書）。

(iii)　他人の債務の弁済

> AはBのCに対する債務を自己の債務であると誤信してCに弁済をした。C は無事に弁済を受けられたと思い，時が経ちBに対する債権は時効により消滅 してしまった。

　債務者でない者が錯誤によって「債務の弁済」をした場合，たとえば，A がBの債務を自己の債務と誤信してCに「弁済」した場合は，給付の不当利 得返還請求が認められる。なぜならば，AはBの債務の弁済をしたのでない から，Bの債務は消滅せず，他方，Cは実際には存在しないAの「弁済」に より利得を受けているからである。しかし，Cが善意で証書を滅失させもし くは損傷し，担保を放棄し，または時効によってその債権を失ったときは， Aは返還の請求をすることができないとされている（707条1項）（この場合，弁 済は有効となると解されている）。このような場合には，Cが真の債務者Bから債 権の取り立てを行えなくなってしまう場合があるからである。しかしこの場 合，弁済したAは，債務を免れた真の債務者Bに対して肩代わりした分の求 償をすることができる（707条2項）。

(4)　不法原因給付

> 賭博に負けて賭け金を支払ったAが「賭博は公序良俗違反で無効だ」として， 賭博の相手方に金銭の返還を求めることはできるか。

(i)　不法原因給付とは

　不法な原因のために給付をした者は，その給付したものの返還を請求する ことができない（708条本文）。

　これは，自ら違法なことをしておきながら，その行為に関して裁判所に救 済を求めるべきではないというクリーンハンズの原則の考え方を採用したも のである。

　不法な原因が受益者についてのみ存したときは，不法原因給付とはならな い（708条ただし書）。

(ii)　不法原因給付の要件

①　不法

不法原因給付にいう「不法」とは，公序良俗に反し，道徳的に醜悪な行為（90条違反）をいう。単に強行法規に違反する行為というだけでは，直ちに708条の「不法」にあたるとまではいえないが，倫理，道徳に反する醜悪な強行法規違反は「不法」にあたる（最判昭37年3月8日民集28巻3号500頁参照）。

たとえば，Aが麻薬の密輸をするためにBがAに金銭を貸す行為は，不法原因給付となって，BはAから金銭の返還を請求することはできなくなるのであろうか。このように，法律行為自体は不法ではないが，その動機において不法である場合を動機の不法という。金銭消費貸借自体は不法ではないが，Aの動機は麻薬の密輸のために金銭を借りるという点において不法がある。この場合，給付者Bが動機の不法を知っていた（知ることができた）場合には，不法原因給付として返還請求は認められないと解される。

②　給付

（不法原因）「給付」とは，終局的な利益を与えるものでなければならないと解されている。不動産について言えば，既登記不動産の場合は引渡しがあっただけでは「給付」とは認められず，所有権移転登記があってはじめて「給付」があったとされる（最判昭46年10月28日民集25巻7号1069頁）。なぜ，引渡しだけでは，「給付」と考えるべきではないのか。たとえば，AがBと愛人契約を結び（90条違反），AがBに既登記の建物を引渡したとする。この場合，引渡しだけで「給付」があったとすると，Bは建物の所有権を取得し，Aに対して所有権移転登記請求ができることになる。Aが任意にこれを履行しない場合は，Bの請求を裁判所が認容して給付を実現することになる。しかし，これでは国家が不法な給付の実現を助力することになってしまう。そこで，不動産では所有権移転登記をしたというように，終局的な利益を与えるものであったときに初めて不当利得返還請求ができなくなる（不法原因給付となる）と考えるのである。

動産の場合は引渡しがあれば「給付」となる。他方，未登記不動産の場合は引渡し（最大判昭45年10月21日民集24巻11号1560頁）があれば「給付」と認められる。

③ 不法の原因が受益者についてのみ存するものでないこと(708 条ただし書)

不法の原因が受益者についてのみ存するものである場合，不法原因給付は認められず，不当利得返還請求ができる (708 条ただし書)。この場合は，クリーンハンズの原則の趣旨があてはまらないからである。

他方，給付者，受益者のいずれもが不法な場合であっても，給付者の不法性が受益者の不法性に比べてきわめて脆弱なものにすぎない場合には，不法原因給付は成立せず，給付者は不当利得返還請求ができる (最判昭 29 年 8 月 31 日民集 8 巻 8 号 1557 頁)。

(iii) 不法原因給付の効果

不法原因給付が成立すると，本来可能であったはずの不当利得返還請求権が否定される (708 条本文)。なお，不法原因給付を合意解除して，返還の合意をする場合には，708 条は適用されないとした判例がある (最判昭 28 年 1 月 22 日民集 7 巻 1 号 56 頁)。

(iv) 物権的請求権への 708 条の類推適用

不法原因給付があった場合に，所有権に基づく返還請求権によって給付物の返還を求めることができるのだろうか。返還を認めれば，クリーンハンズの原則の趣旨が没却される。これにつき，判例 (最大判昭 45 年 10 月 21 日民集 24 巻 11 号 1560 頁) は，所有権に基づく返還請求権にも 708 条が類推適用され，返還請求は認められないとする。

給付者に所有権に基づく返還請求権が否定される場合，不動産の所有権は，給付者，受益者どちらに帰属するのか。

判例 (最大判昭 45 年 10 月 21 日民集 24 巻 11 号 1560 頁) は，給付した物の返還を請求できなくなったときは，その反射的効果として，目的物の所有権は，給付を受けた者に帰属するとする。つまり，給付者は所有権を失い，その反面，受益者が所有権を取得するとする (所有権が承継取得されるのではなく受益者が原始取得するものと解される)。

(v) 不法行為に基づく損害賠償請求権への 708 条の類推適用

不法行為に基づく損害賠償請求権についても 708 条は類推適用されるのだろうか。これを認める考え方もあるが，クリーンハンズの原則の趣旨を踏まえ，加害者・被害者の違法性の程度を考慮して判断する必要があるだろう。

(vi) 損益相殺との関係

ヤミ金融業者（違法に貸金業を営む業者）の高利で違法な貸付けにより被害を被った被害者が，ヤミ金融業者に対して不法行為に基づく損害賠償をした事例において，貸付金を損益相殺ないし損益相殺的調整の対象として被害者の損害額から控除することは，708条の趣旨に反して許されないとした判例がある（最判平20年6月14日民集62巻6号1488頁）。

また，投資詐欺事件において，被害者が配当金として得た金員を，損害額から控除することは同様に許されないとした判例がある（最判平20年6月24日判時2014号68頁）。

(5) 多数当事者間の不当利得
(i) 騙取金による弁済

　ＡはＢから金銭を騙し取って，その金銭でＡの債権者Ｃに対する債務を弁済した。ＢのＣに対する不当利得返還請求が認められるか。

金銭については占有あるところに所有あると考えられている（最判昭39年1月24日判時365号26頁）。ＢからＡに金銭の所有権が移転し，ＡからＣに弁済が行われた場合でも，なお，Ｂの損失と，Ｃの利得との間に因果関係があるのか問題となる。なお，古い判例では直接の因果関係が必要とされていた（大判大8年10月20日民録25輯1890頁）。

また，ＢのＣに対する不当利得返還請求権が認められるためには，Ｃの利得に法律上の原因がないといえなければならないが，これをどのように考えるべきか。Ｃは弁済として金銭を受け取っており，法律上の原因はあるようにも思われるので問題となる。

> 最判昭49年9月26日民集28巻6号1243頁は次のように判示した（衡平説の考え方を基礎としている）。
> 「およそ不当利得の制度は，ある人の財産的利得が法律上の原因ないし正当な理由を欠く場合に，法律が，公平の観念に基づいて，利得者にその利得の返還義務を負担させるものであるが，いまＡが，Ｂから金銭を騙取又は横領して，その金銭で自己の債権者Ｃに対する債務を弁済した場合に，ＢのＣに対する不当利得返還請求が認め

られるかどうかについて考えるに」，

　＜因果関係について＞　　「騙取又は横領された金銭の所有権がＣに移転するまでの間そのままＢの手中にとどまる場合にだけ，Ｂの損失とＣの利得との間に因果関係があるとなすべきではなく，Ａが騙取又は横領した金銭をそのままＣの利益に使用しようと，あるいはこれを自己の金銭と混同させ又は両替し，あるいは銀行に預入れ，あるいはその一部を他の目的のため費消した後その費消した分を別途工面した金銭によって補填する等してから，Ｃのために使用しようと，社会通念上Ｂの金銭でＣの利益をはかったと認めるだけの連結がある場合には，なお不当利得の成立に必要な因果関係があるものと解すべきであ」る。

　＜法律上の原因について＞　　「また，ＣがＡから右の金銭を受領するにつき悪意又は重大な過失がある場合には，Ｃの右金銭の取得は，被騙取者又は被横領者たるＢに対する関係においては，法律上の原因がなく，不当利得となるものと解するのが相当である。」

　本判例は，社会通念上の因果関係があればよいとして，因果関係の要件を緩和した。また，法律上の原因の要件では，受領者の主観的態様を問題とし，受領者が悪意または重過失の場合には，法律上の原因がないといえるとした。

(ii)　転用物訴権

ブルドーザー事件（最判昭 45 年 7 月 16 日民集 24 巻 7 号 909 頁）

　Ｙ所有のブルドーザーを訴外ＡはＹから賃借して使用していた。ブルドーザーが故障したため，訴外ＡはＸに修理を依頼して修理が行われた。その後，ブルドーザーはＹに返却され，Ｙは他に売却し売却代金を得た。訴外ＡはＸに対する修理代金が未払いのまま倒産したため，Ｘは，Ｘの修理によりＹが得た利得はブルドーザーの売却代金の一部として現存していると主張して，Ｙに不当利得の返還を求めた。

　同様の事案で最高裁は次のように判示した。「本件ブルドーザーの修理は，一面において，Ｘにこれに要した財産および労務の提供に相当する損失を生ぜしめ，他面において，Ｙに右に相当する利得を生ぜしめたもので，Ｘの損失とＹの利得との間に直接の因果関係ありとすることができるのであって，本件において，Ｘのした給付（修理）を受領した者がＹでなく訴外Ａであることは，右の損失および利得の間に直接の因果関係を認めることの妨げとなるものではない。ただ，右の修理は訴外Ａの依頼によるものであり，したがって，Ｘは訴外Ａに対して修理代金債権を取得するから，右修理によりＹの受ける利得はいちおう訴外Ａの財産に由来することとなり，ＸはＹに対し右利得の返還請求権を有しないのを原則とするが，訴外Ａの無資力のため，右修理代金債権の全部または一部が無価値であるときは，その限度において，Ｙの受けた利得はＸの財産および労務に由来したものということができ，Ｘは，右修理（損失）によりＹの受けた利得を，訴外Ａに対する代金債権が無価値である限度において，

不当利得として，Y に返還を請求することができるものと解するのが相当である（修理費用を訴外 A において負担する旨の特約が同会社と Y との間に存したとしても，X から Y に対する不当利得返還請求の妨げとなるものではない）」。

　本判決は，原則論として，X の Y に対する不当利得返還請求権を否定する。しかし，A が無資力のため修理代金債権が無価値となる場合には不当利得の返還請求ができるとし，A・Y 間で A が修理費用を負担するとの特約があっても，その結論は変わらないとした。

(iii)　ビル改修事件（最判平 7 年 9 月 19 日民集 49 巻 8 号 2805 号）

　Y 所有の建物を A が賃借していた。X は A との間でこの建物を修繕工事する請負契約を締結し，工事を完成させた。その後 A は行方不明となった。X は Y に不当利得返還請求ができるか。なお Y と A とでは，A が権利金を支払わないことの代償として，本件建物に対してする修繕，造作の新設・変更等の工事はすべて A が負担するものとし，本件建物返還時に A は Y に金銭的請求を一切しないとの特約があった。

　＜判旨＞　同様の事案で最高裁は，法律上の原因につき，まず次のような見解を示した。「X が建物賃借人 A との間の請負契約に基づき右建物の修繕工事をしたところ，その後 A が無資力になったため，X の A に対する請負代金債権の全部又は一部が無価値である場合において，右建物の所有者 Y が法律上の原因なくして右修繕工事に要した財産及び労務の提供に相当する利益を受けたということができるのは，Y と A との間の賃貸借契約を全体としてみて，Y が対価関係なしに右利益を受けたときに限られるものと解するのが相当である。けだし，Y が A との賃貸借契約において何らかの形で右利益に相応する出捐ないし負担をしたときは，Y の受けた右利益は法律上の原因に基づくものというべきであり，X が Y に対して右利益につき不当利得としてその返還を請求することができるとするのは，Y に二重の負担を強いる結果となるからである」。

　そして，Y が X のした本件工事により受けた利益は，本件建物を営業用建物として賃貸するに際し通常であれば賃借人である A から得ることができた権利金の支払を免除したという負担に相応するものというべきであって，法律上の原因なくして受けたものということはできず，これは，本件賃貸借契約が A の債務不履行を理由に解除されたことによっても異なるものではないとして，X の不当利得返還請求を棄却した原審の判断を認めて，上告を棄却した。

　本判決は，A との賃貸借契約において Y は A の権利金の支払を免除し，負担を負っていることから，X の工事により Y が受けた利益には法律上の原因があるとした。

　本判決は，ブルドーザー事件の規範（修理代金債権が無価値となる場合には不当利得の返還請求ができる）をより精緻なものとした。

第 3　不法行為

> 　Ｂが横断歩道を歩いていたところ，Ａ運転の自動車と衝突して，Ｂは全治 3 か月の傷害を負い，身につけていた時計も壊れてしまった。Ｂは 3 か月間仕事ができず，その間は無収入となってしまった。Ｂには後遺症が残り，仕事としていた飲食店の勤務ができなくなってしまった。ＢはＡにどのようなことを請求できるだろうか。

1　不法行為とは

　不法行為とは，違法な加害行為によって他人に損害を及ぼした場合をいう。

　故意または過失によって他人の権利または法律上保護される利益を侵害した者は，これによって生じた損害を賠償する責任を負う（709 条）。

　不法行為は，債権発生原因の一つであり，一定の要件の下で被害者は加害者に対して損害賠償請求を請求することができる。

　709 条は，不法行為法の一般的規定であり，原則となる規定である。これに対して，一般不法行為の要件・効果を修正した，特殊不法行為と呼ばれる領域がある。たとえば，一般不法行為では，過失の立証責任は被害者側にあるが，特殊不法行為では立証責任が加害者側に転換されているなど，特別の要件の下で不法行為の成立を認める。民法以外の特別法にも特殊不法行為が定められている。

　過失責任の原則は，過失がなければ責任を問われないとする原則をいう。そのことにより，予測可能性が担保され，人々の行動の自由が保障される。過失責任の原則は，近代資本主義の発展のために必要な原則であると考えられた。近代自由主義の下では，自由である個人が，他人に対して義務を負うとするならば，その主観的態様として非難が可能な行為に基づくことが必要であると考えられ，意思活動に由来しない行いについては責任を負うことはないとされたのである。

　不法行為責任を問うには，故意・過失，権利・利益侵害，法律上保護される利益の侵害（違法性），因果関係，損害の発生を被害者側が立証しなければ

ならない。公害訴訟，医療事故訴訟等では，過失（さらに因果関係等）について，裁判所によって被害者の立証責任が緩和されることがある。また，過失の立証責任が，被害者から加害者に転換されている例もみられる（自動車損害賠償保障法など）。

　特定の不法行為については，被害者救済をより徹底して行うため，あるいは他人に損害を及ぼすことを抑止するため，過失責任の原則が修正されて無過失責任を採用する立法も増えている（鉱業法，大気汚染防止法，水質汚濁防止法，原子力損害の賠償に関する法律，製造物責任法など）。

　また，近代の個人主義の思想からは，人は自らの行為についてのみ責任を負わされるのであって，他人の行為について責任を負わされることがないのが原則である（自己責任の原則）。民法では，自己責任の原則を当然の原則とした上で，他人の行為について不法行為責任を負わせる特則をいくつか規定している。

一般不法行為と特殊不法行為

不法行為
- 一般不法行為（709 条）
- 特殊不法行為（714 条「責任無能力者の監督者責任」，715 条「使用者責任」，716 条「注文者責任」，717 条「土地工作物責任」718 条「動物占有者の責任」719 条「共同不法行為」）

2　不法行為法の目的

(1)　損害の公平な分担

　不法行為法は，損害の公平な分担を目的とする。その方法・内容として，民法は金銭賠償を原則とする（722 条 1 項，417 条）。発生した損害をどのように分担すれば公平かということに主眼があるから，刑法のように行為に対する非難という要素は後退している。そのため，加害者の故意と過失によって効果に違いを設けていない。

(2)　不法行為法の機能

　不法行為法は被害者の損害の填補（損害填補機能）を柱とする。さらに不法

行為法には，抑止機能，制裁機能や，不法行為訴訟の住民運動的機能，立法・行政への指導的機能，新たな社会的紛争の場におけるルール設定の機能がある。

　わが国では懲罰的損害賠償あるいは制裁的慰謝料は認められていない。不法行為責任の存在理由や機能は，刑事責任とは明確に区別されている。

3　一般不法行為の不法行為の要件・効果論

　故意または過失によって，他人の権利または法律上保護される利益を侵害した者は，これによって生じた損害を賠償する責任を負う（709条）。他人の身体，自由もしくは名誉を侵害した場合または他人の財産権を侵害した場合のいずれであるかを問わず，709条の規定により損害賠償の責任を負う者は，財産以外の損害に対しても，その賠償をしなければならない（710条）。他人の生命を侵害した者は，被害者の父母，配偶者および子に対しては，その財産権が侵害されなかった場合においても，損害の賠償をしなければならない（711条）。

　以下，要件論では，故意・過失，権利・利益侵害，損害の発生，因果関係，責任能力など，効果論では損害の評価・算定などについて概観する。

　　一般不法行為の成立要件
　　① 故意または過失による行為であること
　　② 権利または法律上保護される利益の侵害（違法性）
　　③ 損害の発生
　　④ 行為と損害との間の因果関係の存在
　　⑤ 加害者の責任能力（709条には規定はないが712条，713条に規定）
　　⑥ 違法性阻却事由（720条等）の不存在

(1)　故意または過失による行為であること

(i)　故意・過失とは

　一般不法行為が成立するためには，行為者に故意または過失がなければならない。民事訴訟において，故意または過失があったという評価を根拠づけ

る事実（評価根拠事実）については原告が主張・立証しなければならない。

　故意とは，損害の発生を認識・認容することをいう（通説）。

　過失とは，注意義務違反をいう。過失は，かつては不注意な心理状態とさ
れ，主観的に捉えられたが，最近では注意義務違反として客観的に捉えられ
（客観的過失論），義務違反として理解される。具体的には，結果の予見可能性
を前提とした結果回避義務違反をいう。

　注意義務を尽したかどうかは，通常人（あるいは合理人ともいう）の判断が基
準とされる。この基準は，客観的でわかり易いという利点がある。また，通
常人を基準にすると，実際に他の人の行動を予測・期待することができるの
で，社会生活が円滑に成り立ち得る。このような過失を抽象的過失ともいう。
善良な管理者の注意（400 条，644 条，852 条，869 条）も，同様の考え方である。

(ii)　注意義務の内容

　注意義務は，交通事故，医療過誤等の不法行為（事故）の類型に応じて，客
観化されている。通常人の注意とは，すべての人間の平均を基準とするので
はなく，社会生活における加害者の属する集団における平均的な注意を意味
する。たとえば，人の生命・身体の健康・自由に直接関係する医師，自動車
等の運転手，警察官，食品製造販売業者等には，それぞれの職に求められる
当時の水準に照らした最善の注意義務が要求される（東大梅毒輸血事件・最判昭
36 年 2 月 16 日民集 15 巻 2 号 244 頁，未熟児網膜症事件・最判昭 57 年 3 月 30 日判時
1039 号 66 頁参照）。

　医療行為については，医療水準が問題になる。また，たとえば専門と専門
外，最新設備のある専門病院とへき地の診療所では要求される注意義務が異
なる（未熟児網膜症姫路日赤事件・最判平 7 年 6 月 9 日民集 49 巻 6 号 1499 頁参照）。

(iii)　失火責任法

　失火責任法（失火ノ責任ニ関スル法律）は，「民法第 709 条ノ規定ハ失火ノ場合
ニハ之ヲ適用セス但シ失火者ニ重大ナル過失アリタルトキハ此ノ限ニ在ラ
ス」と規定し，失火の場合の不法行為責任を重過失の場合に限定している。
つまり，軽過失の場合には責任を負わせないものとしている。これは，木造
家屋が多いわが国においては，延焼による被害が大きく広がる可能性がある
ため，失火者の責任を重過失の場合に限定して，責任を軽減する趣旨である。

債務不履行責任（415条）の場合には失火責任法は適用されない（大連判明45年3月23日民録18輯315頁）。たとえば，建物の賃借人が失火で建物を燃やしてしまった場合，軽過失によるものでも，賃貸人に対して債務不履行責任を負う。

(2)　権利または法律上保護される利益の侵害（違法性）

709条は権利または法律上保護される利益が侵害されたことを要件とする。2004年改正前の709条は「故意マタハ過失ニ因リテ他人ノ権利ヲ侵害シタル者ハ之ニ因リテ生シタル損害ヲ賠償スル責ニ任ス」と規定し，侵害の対象は「権利」としていた。2004年改正後は「権利又は法律上保護される利益」となった。

(i)　権利侵害論から違法性論へ

初期の判例は権利侵害の要件を厳格に捉えた。709条の権利侵害に関して，桃中軒雲右衛門（とうちゅうけんくもえもん）事件（大判大3年7月4日刑録20輯1360頁）がある。桃中軒雲右衛門の浪曲（浪花節とも言い，三味線を伴奏で物語が語られる）をレコードに複製した行為が権利侵害にあたるかが問題となった。大審院は，浪曲は著作権による保護の対象ではないとして不法行為の成立を否定した。

その後の大学湯事件（大判大14年11月28日民集4巻670頁）において，大審院は法規違反の行為（暖簾の無断使用）によって他人の利益を侵害したという点を捉えて責任を認めた。大審院は，権利とはいえなくても，法律上保護に値する利益の侵害といえれば不法行為の対象となるとして，桃中軒雲右衛門事件のように権利侵害要件を狭く解する立場を改めた。

学説（末川博）は，「権利侵害」というのは，法秩序を破るような違法行為を表す例にすぎないとし，要するに，これは違法性を意味すると理解した（権利侵害から違法性へ）。

通説・判例はその後，権侵利害の要件を厳密に解さず，法律上保護される利益を違法に侵害すればこの要件を充たすと解してきた。

こうして，法律上保護される利益が上記のように明文化されたのである。

なお，判例は，権利侵害（利益侵害）の要件を違法性の要件に置き換えたわけではない。実務でもどのよう権利・利益の侵害があったかが争点となる。

(ii) 相関関係理論——違法性の判断

不法行為の成立要件としての違法性は，被侵害法益（被侵害利益）と侵害行為の態様との相関関係で判断されるとする考え方を，相関関係理論（相関関係説）という。相関関係理論は，紛争処理において弾力性を有する法理論として，不法行為論の基礎とされてきた。

(iii) 被侵害法益の種類

被侵害利益には財産権の侵害のほか，人の生命・自由・名誉等の侵害も含まれる（710条，711条）。また，法律上保護される利益もこれに含まれる。利益については，その重要度は個々人の感覚によることも多く，他人の権利・利益との調整がより一層必要となってくる。

生命・身体・物権（所有権）については法的保護が強く要請され，その侵害に対しては違法性が基本的に認められる。他方で，債権や営業上の利益の侵害については，自由競争の範囲であれば違法性が否定される場合がある。名誉権，プライバシー権の侵害については，表現の自由などとの関係から違法とはいえない場合がある。

(iv) 侵害行為の態様

侵害行為の態様とは，刑法など刑罰法規違反，道路交通法，食品衛生法など取締法規違反，民法の公序良俗違反や権利濫用などのほか，作為義務に反する不作為，自力救済などをいう。侵害行為の態様・程度は不法性ともいわれる。

たとえば，名誉毀損・信用毀損・詐欺・文書偽造等の刑法上の犯罪行為によって他人に損害を与えた場合には，被侵害法益の種類を問わず違法性がある。また，公序良俗違反または権利濫用と認められる場合（不当な強制執行，不当訴訟，不当競売など）には，個別の法規に違反しなくても違法性がある。取締法規は，これに違反したことにより人々の利益が侵害されたことが必要であろう。

(v) 人格権論

人格権は，民法の権利のうち，財産権，身分権に対置される権利（私権）である。人格権とは人の生命，身体，自由，名誉，貞操などの人格的利益をいい，民法710条に根拠を有する。人格権は人の人格にかかわる権利であり，

財産権とは性質は異なる。人格権の性質，内容に関する議論を人格権論という。

　人格権は，環境訴訟，環境問題に関する権利論において重要な役割を果している。民法上の請求としては，損害賠償と差止めが考えられる。被害が発生していればそのことを主張立証して損害賠償を請求する。また，人格権・人格的利益に基づき騒音などの差止めを請求することもできる。以上のいずれの場合も責任の根拠となる違法性の有無が裁判所によって判断される。ここに形成されるのが法理論であり，裁判所は受忍限度論という考え方を採用している。なお，環境権は裁判上の請求権としては認められないとするのが裁判所の考え方である。

⑹　名誉毀損

　名誉とはその人の人格的利益に対する社会的評価をいい，これを侵害し社会的評価を低下させることを名誉毀損という。社会的評価であるから不特定多数の人々との関係において問題になる。名誉毀損の態様には，事実を摘示しての名誉毀損と，意見ないし論評の表明による名誉毀損がある。後者も事実を基礎にしている場合がある。学説は判例と同様，両態様で成立要件・免責要件に違いがあることを指摘している。かかる名誉毀損の態様の違いが名誉毀損の本質論に違いをもたらすものではないと考える。

　他人の名誉を毀損した者に対しては，裁判所は被害者の請求により損害賠償に代えまたは損害賠償とともに，名誉を回復するに適当な処分を命ずることができる（723条）。適当な処分としては，雑誌や新聞等への謝罪文の掲載（謝罪広告）が行われている。

　名誉毀損については，表現の自由（日本国憲法21条）との関係が問われる（表現の媒体はテレビ等の報道，本・雑誌，映画等のほか，インターネットの掲示板などいろいろである）。

　近時，個人あるいは法人の人格的利益に対する権利意識の高まり，情報通信技術（ICT）の普及等に伴い，人格的利益への侵害とその紛争がしばしば発生している。情報の保護という観点も必要である。

名誉毀損の免責要件

表現の自由との関係から，名誉毀損が免責される場合がある。

①その行為が公共の利害に関する事実に係り，かつ，もっぱら公益を図る目的に出た場合において，

②摘示された事実がその重要な部分について真実であることが証明されたときは，違法性が阻却され，不法行為は成立しない（真実性の抗弁）。

③仮に右事実が真実であることが証明されなくても，行為者においてその事実を真実と信ずるについて相当の理由があるときには，違法な行為ではあるが，右行為には故意もしくは過失がなく，結局，不法行為は成立しない（相当性の抗弁）。

インターネットによる名誉毀損

インターネットが普及し，これに伴う名誉毀損が深刻化している。たとえば，電子掲示板に書き込まれた発言による名誉毀損の成否，電子掲示板の管理運営者の責任が問題になる（東京地判平 15・7・17 判時 1869 号 46 頁，東京地判平 15・6・25 判時 1869 号 54 頁等）。

プライバシーの侵害

プライバシーとは，私生活をみだりに公開されないこと，さらには，自己の情報をコントロールし得る利益（自己情報コントロール権）をいう。最近の研究では，後者に重点がある。個人情報を消去してもらう「忘れられる権利」もプライバシーに含まれる。

プライバシーの侵害が認められる場合には，損害賠償や差止めを請求することができる。

(vii)　第三者による債権侵害

債権は債務者に対してしか請求できない相対的権利であり，排他性もないため，第三者がこれを侵害しても，不法行為は成立しないのではないかが問題になる。債権も権利としての不可侵性を有しており，第三者による債権侵害の場合にも不法行為は成立しうる。判例も古くから不法行為の成立を肯定する（大判大 4 年 3 月 10 日刑録 21 輯 279 頁）。もっとも，債権の存在は認識できない場合も多く，自由競争が妥当する場合もあるので，債権侵害が常に違法と

なるわけではない。侵害行為の態様等を考慮して不法行為の成否を決するべきである。

(viii)　景観利益

法律上保護される利益の侵害も不法行為を構成する。ここでは，景観利益の侵害についてみてみよう。

良好な景観を享受できる景観利益については，法律上保護される利益として保護されうる。最高裁は，国立高層マンション訴訟において，景観利益が法律上保護される利益であることを認め，保護される場合の要件を示すなどした（最判平 18 年 3 月 30 日民集 60 巻 3 号 948 頁）。

「建物の建築が第三者に対する関係において景観利益の違法な侵害となるかどうかは，被侵害利益である景観利益の性質と内容，当該景観の所在地の地域環境，侵害行為の態様，程度，侵害の経過等を総合的に考察して判断すべきである」。「ある行為が景観利益に対する違法な侵害に当たるといえるためには，少なくとも，その侵害行為が刑罰法規や行政法規の規制に違反するものであったり，公序良俗違反や権利の濫用に該当するものであるなど，侵害行為の態様や程度の面において社会的に容認された行為としての相当性を欠くことが求められると解するのが相当である」と判示した（違法性を否定し，撤去請求は否定）。

(ix)　受忍限度論・新受忍限度論——公害・環境訴訟における違法性論の展開

違法性論は，公害・環境訴訟の判例法において受忍限度論として展開した。

受忍限度論とは，違法性を，社会生活上一般に受忍すべき限度をこえた侵害があったかどうかによって判断する考え方をいう。利益衡量論に依拠するもので，環境民事訴訟（損害賠償・差止）における違法性の成否を考えるための理論として機能してきた。

受忍限度内であるか否かは，侵害行為の態様，侵害の程度，被侵害利益の性質と内容，侵害行為の公共性・公益性，被害者側の事情（先住性，生活妨害を知りながら居住），地域環境（地域性），侵害行為の開始とその後の継続の経過および状況，その間にとられた被害の防止措置の有無・内容・効果，交渉の経緯等の諸般の事情を総合的に考察して決せられる（最判平 6 年 3 月 24 日判タ 862 号 260 頁，最判平 7 年 7 月 7 日民集 49 巻 7 号 1870 頁等を参照）。

　また，新受忍限度論とは，過失および違法性の有無を受忍限度の枠組で一体的に判断する考え方をいう。すなわち，過失は，受忍限度を超えた侵害を防止するための相当な手段をとったか否かの問題であるとして，受忍限度を超える被害を与えた場合には，予見可能性の有無にかかわらず過失があるとする。原因者の故意・過失は，独立の要件としては扱われない。

　受忍限度論と新受忍限度論は，利益衡量論を基礎とする同質の理論である。環境上の利益は絶対的に保護されるのではなく，被害者側の被害の種類・程度，侵害行為の態様・程度，公共性の有無・程度，損害防止措置等を総合的に比較衡量して判断することにより，相対的に保護されるべきであると考えるものである。

　受忍限度の判断要素は，手続的要素，規制的要素および実体的要素の3要素に類型化されている。かかる類型化は，加害行為に関する法的評価を総合的，実質的に行うことに資するものである。

(3)　損害の発生
(i)　不法行為の損害論
　不法行為が成立するためには，損害が発生しなければならない。

　民事訴訟では損害発生の事実および損害額（差額説）は，原告が主張・立証しなければならない。損害が生じたことが認められる場合において，裁判所は，損害の性質上その額を立証することが極めて困難であるときは口頭弁論の全趣旨および証拠調べの結果に基づき，相当な損害額を認定することができる（民事訴訟法248条）。

　損害の発生は，不法行為の被害性を明らかにするための要素として位置づけることができる。事案のなかには，そもそも損害が発生したといえるかという問題（被害性）があり，むち打ち損傷，PTSD（心的外傷後ストレス障害），原子力発電所事故等による風評被害などいくつかの問題がとりあげられた。この問題については，医学，工学など科学的知見を参考にして被害の実像を明らかにしなければならない。

　損害論では，損害の意義（損害とは何か），損害の評価・算定，損害賠償の方法などの問題が扱われる。

　不法行為の要件が充足されると，不法行為の効果が発生する。民法 709 条は不法行為の効果として損害賠償請求権の発生を規定する。

　不法行為法の構造としては，加害者に損害賠償責任があるかという問題と，損害賠償額はいくらかという問題とは区別することができるとし，かかる区別を重視する考え方が通説である。因果関係論において述べるように，709 条の前段の「よって」は損害賠償責任の成否を，後段の「よって」は損害賠償の範囲を指している。判例は，債務不履行に関する民法 416 条は相当因果関係を定めたものと解し，この規定を不法行為にも適用ないし準用する。学説は 416 条のそのままの適用ではなくて，必要に応じて修正を加え，原則として通常損害は当然に，特別事情の損害は例外的に賠償の対象としている。

　これに対して，責任の大小と損害の量とが無関係ではあり得ないとし，あるいは，損害論と因果関係論とを関連させる考え方も可能である。判例法における相当因果関係論はそのような機能を果たしている。責任と損害との関係をどのように捉えるべきかについては不法行為法の課題といえる。

(ii)　公正な賠償

　金銭賠償は，損害の公平な分担という不法行為法の目的を実現するために，損害額を適正に算定することが必要である。加藤一郎によって提唱された公正な賠償論は，わが国の裁判例及び学説の動向や，アメリカ不法行為法の状況をも考慮し，損害賠償法のあるべき理念として提示されたものといえる。すなわち，「被害者にできるだけ多くの賠償を与えることが常に望ましいわけではなく，被害者・加害者双方にとって公正な賠償でなければならないという，不法行為の本来のあるべき姿が表面に現れてきた，ということができよう」とし，「被害者保護から公正な賠償へ」移行すべきであると指摘する（加藤一郎「戦後不法行為法の展開―被害者保護から公正な賠償へ」法教 76 号 10 頁（1987 年），加藤一郎「被害者保護と公正な賠償」判自 22 号 1 頁［1986 年］）。被害者救済のもとに高額賠償を追求する考え方が主張されているが，民法の考え方としては適切でない。

　不法行為法は理論の中立性が問われるべきであるが，公正な賠償は中立の理論によって実現することができるといってよい。公正な賠償を通じて，被害者の生活再建を図ることも求められている。公正な賠償論は，1990 年代ま

でのわが国の不法行為法の議論を総括する見解の一つといえる。

(iii)　金銭賠償の原則

加害行為によって生命，身体，精神または財産に被害を受けた者は，被害者として救済対象となる。民法は，損害賠償の方法として金銭賠償を原則とする（722条1条，417条。金銭賠償の原則）。

なお，名誉毀損については，損害賠償とともに，あるいは損害賠償に代え，名誉を回復するために適当な処分（たとえば謝罪広告）を命じることができる（723条）。

(iv)　損害の意義——差額説

損害とはどのような概念なのだろうか。判例は原則として，損害を不法行為がなかった場合を仮定し，仮定による財産状況と，不法行為があったことによる現実の財産状態の差を金銭評価したものと考える（差額説）。これによれば，治療費，修理費，休業損害というように，損害費目を立て，個別に損害項目を積上げる方式により算定することになる。

差額説を厳格に用いると，労働能力喪失が生じているにもかかわらず，減収が生じていないとして，損害賠償が認められないことがあり，被害者救済において問題がある。しかし，判例のなかには，減収が生じていない場合にも，差額説を柔軟に考え，特段の事情を認め，損害を認めることがある。

差額説に対して，物損の場合は，物の滅失・損傷，人損の場合は死傷という事実を損害と捉える考え方もある（損害事実説）。

(v)　一時金と定期金

損害賠償金は通常，一括して，一時金で支払われる（一時金方式）。原告の請求は圧倒的に一時金が多く，判決例も一時金が多い。一時金請求は通常，損害の総額が請求されるが，損害の総額を明示しつつ，その一部を請求する一部請求が行われることもある。

また，たとえば毎月15万円を10年間支払う方式（定期金方式）が用いられることがある。定期金方式とは，将来の損害を回帰的に給付する場合をいう。死亡逸失利益（仮に被害者が生存していれば得られたであろう利益）や，将来の介護費，医療費等（被害者が生存していれば支出したであろう費用）について，その得られたであろう時あるいは支出したであろう時に支払うことを請求する方式を

いう。

最高裁は，交通事故の被害者が事故に起因する後遺障害による逸失利益について定期金による賠償を求めた事案につき，不法行為に基づく損害賠償制度の目的および理念（被害者に生じた現実の損害を金銭的に評価し，加害者にこれを賠償させることにより，被害者が被った不利益を補填して，不法行為がなかったときの状態に回復させることを目的，および損害の公平な分担を図るという理念）に照らして相当と認められるときは，逸失利益は定期金による賠償の対象となるものと解し，「後遺障害による逸失利益につき定期金による賠償を命ずるに当たっては，交通事故の時点で，被害者が死亡する原因となる具体的事由が存在し，近い将来における死亡が客観的に予測されていたなどの特段の事情がない限り，就労可能期間の終期より前の被害者の死亡時を定期金による賠償の終期とすることを要しない」とした（最判令2年7月9日裁判所ウェブサイト）。

(vi)　一律請求（包括請求）

損害は原則として，費目別に個別に主張立証して請求し，裁判所も個別損害を積み上げている。他方，多数の被害者が発生することがある環境訴訟，薬害訴訟等では原告（被害者）から一律請求（多数の被害者の請求額に差を設けず定額的に請求する方式。被害の程度・症状に応じたランク分けが行われることがある），あるいは包括請求（損害を個別積算せず包括的に捉え請求する方式。慰謝料名目で請求される）がなされることがある（両者を併せて包括一律請求ということもある）。裁判例には，被害の程度に応じた定額的，定型的慰謝料を認めるものがある（最判平6年2月22日民集48巻2号441頁）。

(vii)　個別損害の積み上げ

判例は，積極損害，消極損害，慰謝料の個別損害を積み上げる方式（個別損害項目積み上げ方式，個別積算方式）を採用している。

①　積極損害

積極損害とは，金銭の支出による損害をいう。

積極損害の種類をみると，治療関係費，付添看護費，入院雑費，通院交通費，医師等への謝礼，将来の手術費・治療費・通院交通費・雑費等，子どもの学習費・保育費，通学付添費等，器具購入費等，家屋・自動車等改造費・調度品購入費，葬儀費用など，様々なものがある。

損害賠償請求関係費用は必要かつ相当な範囲で認められる。弁護士費用は，認容額の 10% 程度を加害者側に負担させる。これは損害額に加算されるものであり，弁護士に支払われるものではない。弁護士の報酬や弁護活動に伴う費用は，依頼者と弁護士との委任契約に基づいて定まる。

② 消極損害

消極損害とは，得べかりし利益（本来得られるはずの利益）の喪失をいい，休業損害，後遺症による逸失利益，死亡による逸失利益がある。

(viii) 死亡の逸失利益

被害者が死亡した場合の逸失利益について，遺族がこれを相続して加害者に対して損害賠償請求できるかについては争いがある。

判例（大判大 15 年 2 月 16 日民集 5 巻 150 頁など）は，事故で死亡した被害者本人が死亡による逸失利益についての損害賠償をまず取得し，遺族がそれを相続するという構成をとる（相続構成）。被害者が即死の場合も，重症となった後に死亡したものとみて，同様に考える。これに対し，近時は，このような相続説の考え方を否定し，遺族が固有の損害賠償請求権（扶養請求権など）を取得するという考え方も有力である。

(ix) 中間利息の控除

たとえば，後遺障害により，労働能力を完全に喪失した者が，20 年分の給与の逸失利益を一時金方式により賠償された場合，将来受け取るはずの金銭をいわば前払いでもらうことになるので，その金銭の運用益（利息）については，本来得られなかったはずの利益を得ることになってしまう。そこで，その利息分を控除するべきことになる。これを中間利息の控除という。控除の方法にはライプニッツ式とホフマン式があるが，現在実務では広くライプニッツ式が用いられている。

2017 年改正法は中間利息の控除について新設し規律の明確化を図った（722条 1 項，417 条の 2）。すなわち，「将来において取得すべき利益についての損害賠償の額を定める場合において，その利益を取得すべき時までの利息相当額を控除するときは，その損害賠償の請求権が生じた時点における法定利率により，これをする」（722 条 1 項，417 条の 2 第 1 項），「将来において負担すべき費用についての損害賠償の額を定める場合において，その費用を負担すべき時

までの利息相当額を控除するときも，前項と同様とする」（722条1項，417条の2第2項）とした。

　なお，改正法は，法定利率の規定も改正して3%とし，変動制を採用した（404条2項，3項）。すなわち，「利息を生ずべき債権について別段の意思表示がないときは，その利率は，その利息が生じた最初の時点における法定利率による」（404条1項）とし，法定利率を年3%とした（404条2項）。改正法は変動制を採用し，法定利率は，3年を一期とし，一期ごとに，一定の方式により変動するものとした（404条3項）。なお，商行為によって生じた債務については，商事法定利率として商法の規定により年6%とされていた（商法514条）が，民法改正に伴い民法に統一された。

(x)　遅延損害金

　不法行為による損害賠償請求権は，損害の発生と同時に遅滞に陥る（412条3項の請求を要しない）（最判昭38年9月4日民集16巻9号1834頁）。

(xi)　慰謝料

①　慰謝料とは

　慰謝料とは，被害者が被った精神的・肉体的苦痛に対する損害をいう。慰謝料は精神的損害ともいわれる。精神的損害は，財産的損害と対置される損害である。精神的損害は自然人については妥当する。胎児，幼児，心神喪失中の者にも認められる。法人にも慰謝料が認められるが，厳密には法人に精神的損害はあり得ないので，法人も含めた呼称は非財産的損害の用語を用いる。

　慰謝料の根拠として，民法は次の2カ条を設ける。第1に，710条は，財産以外の損害の賠償について規定する。すなわち，「他人の身体，自由若しくは名誉を侵害した場合又は他人の財産権を侵害した場合のいずれであるかを問わず前条の規定により損害賠償の責任を負う者は，財産以外の損害に対しても，その賠償をしなければならない」とし，精神的損害に対する賠償義務を認める。第2に，711条は，近親者に対する損害の賠償について規定する。すなわち，「他人の生命を侵害した者は，被害者の父母，配偶者及び子に対しては，その財産権が侵害されなかった場合においても，損害の賠償をしなければならない」とし，生命侵害の場合に近親者に慰謝料請求権を認める。なお，

生命侵害以外の場合でも生命侵害に比肩しうべき精神上の苦痛を受けた場合には，709条，710条に基づき慰謝料請求ができるとした判例がある（最判昭33年8月5日民集12巻12号1901頁）。

　慰謝料は，裁判官の自由裁量により算定される（大判明43年4月5日民録16輯273頁など）。慰謝料算定において考慮される要素は，被害の程度，不法行為の契機（動機）や経緯，被害者加害者双方の年齢，性別，学歴，職業，収入，資力，既婚未婚の別，社会的地位など，多岐にわたる。

　慰謝料算定において，被害の甚大性，加害行為（犯罪・非行）の性質，態様（悪質性等）を考慮し額を加算することは，公正な賠償論と矛盾するものではない。また，被害者と加害者との互換性がある交通事故等と，互換性のない医療事故等とでは慰謝料額の算定に違いがあってもよい。責任のあり方としても不自然ではないであろう。

　予防あるいは制裁の機能についてみると，民事責任における賠償額高額化は，刑事責任における予防・制裁機能とは異なる独自の予防・制裁機能を認めることができる。前述のように裁判例は懲罰的損害賠償を否定するが（日本では法制度上，懲罰的慰謝料は認められていないと解されている），事案の悪質性等を考慮して慰謝料が増額される例も少なくない。

　②　慰謝料請求権の相続

　被害者が死亡した場合の本人の慰謝料請求権は遺族に相続されるか。当初の判例は，本人が慰謝料を請求する意思表示をしていた場合には相続されるとした。そして，「残念，残念」と言い残した場合には，この意思表示があるが，「助けてくれ」ではこの意思表示はないと解した。しかし，このように結論が異なるのは不当であると考えられた。その後，最高裁は，慰謝料請求権は意思表示をまたないで当然に発生し，それが相続されると解した（最大判昭42年11月1日民集21巻9号2249頁）。以上の相続構成によれば，遺族の慰謝料請求権は，相続した本人の慰謝料請求権と，遺族固有の慰謝料請求権（父母，配偶者，子は711条，その他の近い関係にある者は711条類推適用）の2本立てとなる。これに対して，近時は，慰謝料請求権の相続を否定し，遺族は711条のみにより慰謝料を請求できるという考えも有力である。

(xii)　**過失相殺**

損害の発生，拡大について被害者に過失があったときは，裁判所は損害賠償額を減額することができる（722 条 2 項）。これを過失相殺といい，被害者と加害者との間の公平を図ることを目的とする。

過失相殺は，公平の見地から被害者の不注意を斟酌できるか否かの問題である。そこで，被害者に責任能力がなくても，事理弁識能力があれば過失相殺をすることができると解されている（最大判昭 39 年 6 月 24 日民集 18 巻 5 号 854 頁）。学説には，被害者の不注意や事理弁識能力も不要とする見解もある。

過失相殺においては，被害者と身分上・生活関係上一体をなすと見られる関係にある者の過失も考慮できる。たとえば，夫が運転する車に妻が同乗していた事例で，妻の損害額の算定にあたって，夫の過失を考慮できるかが問題となり，肯定した例として，最判昭 51 年 3 月 25 日民集 30 巻 2 号 160 頁がある。

(xiii)　**素因競合**

①　被害者の素因

素因競合，すなわち被害者が事故前から有していた素因（心因的素因，疾患ないし身体的素因）が事故の損害を発生あるいは拡大させている場合に，判例は発生した損害の評価にあたり損害の公平な分担の観点から損害額を減額している（いわゆる素因減額）。そして，その法律構成として，722 条 2 項の過失相殺の規定を類推適用する。ここでの類推適用は，公平の観点から損害額を減額するために実定法の過失相殺規定を用いるものであり，素因等を被害者（側）の落ち度として斟酌しているわけではないと捉えるべきである。

素因の考慮に否定的な見解もある。たとえば，「あるがまま判決」と称される裁判例は，「不法行為の被害者がいわゆる賠償神経症であるためその賠償請求を認めないことがかえって当該被害者の救済となる場合又は損害の拡大が被害者の精神的・心理的状態に基因するためそのすべてを加害者に負担させるのが公平の観念に照らして著しく不当と認められるような場合（略）には，当該賠償請求を棄却し又はその一部を減額すべきと解するのは格別，『加害者は被害者のあるがままを受け入れなければならない。』のが不法行為法の基本原則であり，肉体的にも精神的にも個別性の強い存在である人間を基

準化して，当該不法行為と損害との間の相当因果関係の存否等を判断することは，この原則に反するから許されないと解すべき」と述べる（東京地判平元年9月7日交民22巻5号1021頁）。学説では素因を原則として考慮するべきでないとする見解が有力となっている。

　判例はこのような場合に素因の考慮を認め，損害賠償責任を割合的に判断している（割合的認定）。すなわち，判例は交通事故の素因競合について，心因的要因の寄与により損害が拡大している場合（最判昭63年4月21日民集42巻4号243頁）（後掲），疾患も原因となった場合（最判平4年6月25日民集46巻4号400頁）（後掲）に，損害額を減額している。判例は法的構成につき，過失相殺（722条2項）の類推適用が用いる。判例は，基礎疾患を有する者が労災により死亡した場合につき，「被害者に対する加害行為と加害行為前から存在した被害者の疾患とが共に原因となって損害が発生した場合において，当該疾患の態様，程度等に照らし，加害者に損害の全部を賠償させるのが公平を失するときは，裁判所は，損害賠償の額を定めるに当たり，民法722条2項の規定を類推適用して，被害者の疾患をしんしゃくすることができる（最高裁昭和63年(オ)第1094号平成4年6月25日第1小法廷判決・民集46巻4号400頁参照）。このことは，労災事故による損害賠償請求の場合においても，基本的に同様」と判示している（最判平20年3月27日判時2003号155頁，判タ1267号156頁）。

　しかし，判例は素因が疾患ではなく，通常の身体的特徴にとどまる場合には，それが仮に結果に寄与しているとしても，損害額を減額しないとする（最判平8年10月29日民集50巻9号2472頁）（後掲）。

　②　交通事故と自殺

　交通事故の被害者がその後に自殺した事案において，身体に重大な器質的障害を伴う後遺症を残すようなものでなかったとしても，本件事故の態様が被害者に大きな精神的衝撃を与え，その衝撃が長い年月にわたって残存し，その後の補償交渉が円滑に進行しなかったことなどが原因となったことを認定し，交通事故と自殺との間に相当因果関係があるとし，自殺に被害者の心因的要因が寄与したと認められるとして損害を減額している（最判平5年9月9日判タ832号276頁，判時1477号42頁）（後掲）。

③　過労による自殺

　勤労者が仕事の過労により自殺した場合について，交通事故判例法（前掲最判平5・9・9）を踏襲しつつ，後掲のように雇用契約の特徴を考慮して損害を減額しなかった判例がある（電通過労死自殺事件・最判平12年3月24日民集54巻3号1155頁）（後掲）。

最判昭63年4月21日民集42巻4号243頁
＜心因的素因＞被害者の特異な性格，回帰への自発的意欲の欠如等

　「思うに，身体に対する加害行為と発生した損害との間に相当因果関係がある場合において，その損害がその加害行為のみによって通常発生する程度，範囲を超えるものであつて，かつ，その損害の拡大について被害者の心因的要因が寄与しているときは，損害を公平に分担させるという損害賠償法の理念に照らし，裁判所は，損害賠償の額を定めるに当たり，民法722条2項の過失相殺の規定を類推適用して，その損害の拡大に寄与した被害者の右事情を斟酌することができるものと解するのが相当である。」

最判平4年6月25日民集46巻4号400頁
＜疾患＞被害者の一酸化炭素中毒による各種の精神的症状

　「被害者に対する加害行為と被害者のり患していた疾患とがともに原因となって損害が発生した場合において，当該疾患の態様，程度などに照らし，加害者に損害の全部を賠償させるのが公平を失するときは，裁判所は，損害賠償の額を定めるに当たり，民法722条2項の過失相殺の規定を類推適用して，被害者の当該疾患をしんしゃくすることができるものと解するのが相当である。けだし，このような場合においてもなお，被害者に生じた損害の全部を加害者に賠償させるのは，損害の公平な分担を図る損害賠償法の理念に反するものといわなければならないからである。」

　「本件事故後，Aが前記精神障害を呈して死亡するに至ったのは，本件事故による頭部打撲傷のほか，本件事故前にり患した一酸化炭素中毒もその原因となっていたことが明らかである。そして，原審は，前記事実関係の下において，Aに生じた損害につき，右一酸化炭素中毒の態様，程度その他の諸般の事情をしんしゃくし，損害の50パーセントを減額するのが相当であるとしているのであって，その判断は，前示したところに照らし，正当として是認することができる。」

最判平8年10月29日民集50巻9号2472頁
＜身体的特徴＞

　「被害者に対する加害行為と加害行為前から存在した被害者の疾患とが共に原因と

なって損害が発生した場合において，当該疾患の態様，程度などに照らし，加害者に損害の全部を賠償させるのが公平を失するときは，裁判所は，損害賠償の額を定めるに当たり，民法722条2項の規定を類推適用して，被害者の疾患を斟酌することができることは，当裁判所の判例（最高裁昭和63年(オ)第1094号平成4年6月25日第一小法廷判決・民集46巻4号400頁）とするところである。しかしながら，被害者が平均的な体格ないし通常の体質と異なる身体的特徴を有していたとしても，それが疾患に当たらない場合には，特段の事情の存しない限り，被害者の右身体的特徴を損害賠償の額を定めるに当たり斟酌することはできないと解すべきである。けだし，人の体格ないし体質は，すべての人が均一同質なものということはできないものであり，極端な肥満など通常人の平均値から著しくかけ離れた身体的特徴を有する者が，転倒などにより重大な傷害を被りかねないことから日常生活において通常人に比べてより慎重な行動をとることが求められるような場合は格別，その程度に至らない身体的特徴は，個々人の個体差の範囲として当然にその存在が予定されているものというべきだからである。

　これを本件についてみるに，上告人の身体的特徴は首が長くこれに伴う多少の頸椎不安定症があるということであり，これが疾患に当たらないことはもちろん，このような身体的特徴を有する者が一般的に負傷しやすいものとして慎重な行動を要請されているといった事情は認められないから，前記特段の事情が存するということはできず，右身体的特徴と本件事故による加害行為とが競合して上告人の右傷害が発生し，又は右身体的特徴が被害者の損害の拡大に寄与していたとしても，これを損害賠償の額を定めるに当たり斟酌するのは相当でない。」

最判平5年9月9日判タ832号276頁，判時1477号42頁
＜自殺＞交通事故後の自殺と因果関係

　「本件事故によりAが被った傷害は，身体に重大な器質的障害を伴う後遺症を残すようなものでなかったとはいうものの，本件事故の態様がAに大きな精神的衝撃を与え，しかもその衝撃が長い年月にわたって残るようなものであったこと，その後の補償交渉が円滑に進行しなかったことなどが原因となって，Aが災害神経症状態に陥り，更にその状態から抜け出せないままうつ病になり，その改善をみないまま自殺に至ったこと，自らに責任のない事故で傷害を受けた場合には災害神経症状態を経てうつ病に発展しやすく，うつ病にり患した者の自殺率は全人口の自殺率と比較してはるかに高いなど原審の適法に確定した事実関係を総合すると，本件事故とAの自殺との間に相当因果関係があるとした上，自殺には同人の心因的要因も寄与しているとして相応の減額をして死亡による損害額を定めた原審の判断は，正当として是認することができ，原判決に所論の違法はない。」

最判平 12 年 3 月 24 日民集 54 巻 3 号 1155 頁
＜自殺＞電通過労死自殺事件

　「身体に対する加害行為を原因とする被害者の損害賠償請求において，裁判所は，加害者の賠償すべき額を決定するに当たり，損害を公平に分担させるという損害賠償法の理念に照らし，民法 722 条 2 項の過失相殺の規定を類推適用して，損害の発生又は拡大に寄与した被害者の性格等の心因的要因を一定の限度で斟酌することができる」。「この趣旨は，労働者の業務の負担が過重であることを原因とする損害賠償請求においても，基本的に同様に解すべきものである。しかしながら，企業等に雇用される労働者の性格が多様のものであることはいうまでもないところ，ある業務に従事する特定の労働者の性格が同種の業務に従事する労働者の個性の多様さとして通常想定される範囲を外れるものでない限り，その性格及びこれに基づく業務遂行の態様等が業務の過重負担に起因して当該労働者に生じた損害の発生又は拡大に寄与したとしても，そのような事態は使用者として予想すべきものということができる。しかも，使用者又はこれに代わって労働者に対し業務上の指揮監督を行う者は，各労働者がその従事すべき業務に適するか否かを判断して，その配置先，遂行すべき業務の内容等を定めるのであり，その際に，各労働者の性格をも考慮することができるのである。したがって，労働者の性格が前記の範囲を外れるものでない場合には，裁判所は，業務の負担が過重であることを原因とする損害賠償請求において使用者の賠償すべき額を決定するに当たり，その性格及びこれに基づく業務遂行の態様等を，心因的要因として斟酌することはできないというべきである。
　これを本件について見ると，A の性格は，一般の社会人の中にしばしば見られるものの一つであって，A の上司である B らは，A の従事する業務との関係で，その性格を積極的に評価していたというのである。そうすると，A の性格は，同種の業務に従事する労働者の個性の多様さとして通常想定される範囲を外れるものであったと認めることはできないから，一審被告の賠償すべき額を決定するに当たり，A の前記のような性格及びこれに基づく業務遂行の態様等を斟酌することはできないというべきである。この点に関する原審の前記判断には，法令の解釈適用を誤った違法がある。」

④　損益相殺

　損益相殺とは，損害賠償請求権者が損害を受けたのと同一原因によって利益を得た場合に，損害の算定にあたりその利益を控除することをいう。民法に規定はないが，当事者間の公平のために利益の控除が行われる。たとえば，死亡による逸失利益からは，被害者の生活費が控除される。生きていれば支出するはずであった費用を免れているのでその分利益があると考える。これに対し，生命保険や火災保険については，保険契約に基づく給付であるから

控除されない（生命保険につき，最判昭39年9月25日民集18巻7号1528頁，火災保険につき，最判昭50年1月31日民集29巻1号68頁）。

遺族年金の損益相殺的な調整（最大判平5年3月24日民集47巻4号3039頁）

　退職年金の受給者が不法行為によって死亡し，その相続人が遺族年金の受給権を取得した場合において，加害者に対する賠償額（被害者が得られるはずであった退職年金の現在額の賠償）から，遺族年金の額を控除する必要があるか。

　「一1　不法行為に基づく損害賠償制度は，被害者に生じた現実の損害を金銭的に評価し，加害者にこれを賠償させることにより，被害者が被った不利益を補てんして，不法行為がなかったときの状態に回復させることを目的とするものである。

　2　被害者が不法行為によって損害を被ると同時に，同一の原因によって利益を受ける場合には，損害と利益との間に同質性がある限り，公平の見地から，その利益の額を被害者が加害者に対して賠償を求める損害額から控除することによって損益相殺的な調整を図る必要があり，また，被害者が不法行為によって死亡し，その損害賠償請求権を取得した相続人が不法行為と同一の原因によって利益を受ける場合にも，右の損益相殺的な調整を図ることが必要なときがあり得る。このような調整は，前記の不法行為に基づく損害賠償制度の目的から考えると，被害者又はその相続人の受ける利益によって被害者に生じた損害が現実に補てんされたということができる範囲に限られるべきである。

　3　ところで，不法行為と同一の原因によって被害者又はその相続人が第三者に対する債権を取得した場合には，当該債権を取得したということだけから右の損益相殺的な調整をすることは，原則として許されないものといわなければならない。けだし，債権には，程度の差こそあれ，履行の不確実性を伴うことが避けられず，現実に履行されることが常に確実であるということはできない上，特に当該債権が将来にわたって継続的に履行されることを内容とするもので，その存続自体についても不確実性を伴うものであるような場合には，当該債権を取得したということだけでは，これによって被害者に生じた損害が現実に補てんされたものということができないからである。

　4　したがって，被害者又はその相続人が取得した債権につき，損益相殺的な調整を図ることが許されるのは，当該債権が現実に履行された場合又はこれと同視し得る程度にその存続及び履行が確実であるということができる場合に限られるものというべきである。

　二1　法の規定する退職年金及び遺族年金は，本人及びその退職又は死亡の当時その者が直接扶養する者のその後における適当な生活の維持を図ることを目的とする地方公務員法所定の退職年金に関する制度に基づく給付であって，その目的及び機能において，両者が同質性を有することは明らかである。そして，給付義務を負う者が共済組合であることに照らせば，遺族年金については，その履行の不確実性を問題とす

べき余地はないということができる。しかし，法の規定によれば，退職年金の受給者の相続人が遺族年金の受給権を取得した場合においても，その者の婚姻あるいは死亡などによって遺族年金の受給権の喪失が予定されているのであるから（法96条），既に支給を受けることが確定した遺族年金については，現実に履行された場合と同視し得る程度にその存続が確実であるということができるけれども，支給を受けることがいまだ確定していない遺族年金については，右の程度にその存続が確実であるということはできない。

　2　退職年金を受給していた者が不法行為によって死亡した場合には，相続人は，加害者に対し，退職年金の受給者が生存していればその平均余命期間に受給することができた退職年金の現在額を同人の損害として，その賠償を求めることができる。この場合において，右の相続人のうちに，退職年金の受給者の死亡を原因として，遺族年金の受給権を取得した者があるときは，遺族年金の支給を受けるべき者につき，支給を受けることが確定した遺族年金の額の限度で，その者が加害者に対して賠償を求め得る損害額からこれを控除すべきものであるが，いまだ支給を受けることが確定していない遺族年金の額についてまで損害額から控除することを要しないと解するのが相当である。」

⑷　因果関係

(i)　因果関係論

　不法行為が成立するためには，行為と結果との間に因果関係がなければならない。不法行為による損害賠償の因果関係論は，加害行為と結果との間の法的つながりを明らかにするものである。

　709条には2つの「よって」が登場する。①「故意又は過失によって他人の権利又は法律上保護される利益を侵害した者は」の「よって」は，損害賠償責任の有無に関する因果関係を示している（責任の成立要件としての因果関係）。そして，②「これによって生じた損害を賠償する責めに任ずる」の「よって」は，損害賠償の範囲に関する因果関係を示している（賠償範囲の因果関係）。

①　相当因果関係論

　因果の流れをみると，無限に広がり得る。すなわち，「風が吹けば桶屋がもうかる」式に広がる因果の流れをそのまま損害賠償の範囲としたのでは法の求める公平とは到底いえないので，公平を実現するために法的視点から限定する必要がある。これが法的因果関係である。

　債務不履行責任については，416条によって賠償の範囲が限定される。こ

れに対して不法行為については，このような明文の規定が存在しない。

大審院判例は，当初，709条の因果関係は「社会普通ノ観念ニ基キ」（大判大6年6月4日民録23輯1026頁）判断するべきとしていた。

その後，大審院は富喜丸事件（大連判大15年5月22日民集5巻386頁）で，次のように判示し，債務不履行の規定である416条が類推適用されるとした。

> 「不法行為に因りて生ずる損害は自然的因果関係より論ずるときは通常生じ得べきものなると特別の事情に因りて生じたるものなるとを間はず，又予見し若は予見し得べかりしものなると否とを論せず加害者は一切の損害に付，責に任ずべきものと謂はざるを得ずと雖，其の責任の範囲広きに過ぎ加害者をして無限の負担に服せしむるに至り，吾人の共同生活に適せず，共同生活の関係に於て其の行為の結果に対する加害者の責任を問ふに当りては，加害者をして一般的に観察して相当と認め得る範囲に於てのみ其の責に任ぜしめ，其の以外に於て責任を負はしめざるを以て法理に合し，民法第709条以下の規定の精神に適したるものと解すべきものなれはなり。然り而して民法第416条の規定は，共同生活の関係に於て人の行為と其の結果との間に存する相当因果関係の範囲を明にしたるものに過ぎずして，独り債務不履行の場合にのみ限定せらるべきものに非ざるを以て<u>不法行為に基く損害賠償の範囲を定むるに付ても同条の規定を類推して其の因果律を定むべきものとす</u>」（原文カナ。適宜修正した）。

ここでいう416条の類推適用とは，債務不履行に関する416条の規定を不法行為の因果関係にも同様に適用しようという考え方をいう。ドイツの相当因果関係論が416条の解釈論として紹介され，これが不法行為法にも持ち込まれたのである。

最高裁も，「不法行為による損害賠償についても，民法416条が類推適用され，特別の事情によって生じた損害については，加害者において，右事情を予見しまたは予見することを得べかりしときにかぎり，これを賠償する責を負うものと解すべきである」と判示した（最判昭48年6月7日民集27巻6号681頁）。

判例は，損害賠償の範囲は原則としてその不法行為によって通常生ずべき損害であり，また，特別事情によって生じた損害については当事者（加害者）が予見していたか，予見可能であった場合に限り損害賠償の範囲に含められるとする。ここでの予見は通常人（合理人）が基準とされる。

　責任の成立要件としての因果関係についても，予見可能性を前提とする相当因果関係理論が判例法として確立されるに至った（最判昭 38 年 9 月 26 日民集 17 巻 8 号 1040 頁参照）。

　以上について，判例が採用してきた相当因果関係論は，その行為がなければその損害が生じなかったであろうと認められ，かつ，そのような行為があれば通常はそのような損害が生じるであろうと認められる場合に，法的因果関係が認められるとする。事実的因果関係の存在を前提に，法的に損害賠償責任の有無と損害賠償の範囲とを判定する。

　なお，前掲最判昭 48 年判決において大隅健一郎裁判官は反対意見で次のような本質的な批判を投げかけた。「債務不履行の場合には，当事者は合理的な計算に基づいて締結された契約により初めから債権債務の関係において結合されているのであるから，債務者がその債務の履行を怠った場合に債権者に生ずる損害について予見可能性を問題とすることには，それなりに意味があるのみならず，もし債権者が債務不履行の場合に通常生ずべき損害の賠償を受けるだけでは満足できないならば，特別の事情を予見する債権者は，債務不履行の発生に先立ってあらかじめこれを債務者に通知して，将来にそなえる途もあるわけである。これに反して，多くの場合全く無関係な者の間で突発する不法行為にあっては，故意による場合はとにかく，過失による場合には，予見可能性ということはほとんど問題となりえない。たとえば，自動車の運転者が運転を誤って人をひき倒した場合に，被害者の収入や家庭の状況などを予見しまたは予見すべきであつたというがごときことは，実際上ありうるはずがないのである。その結果，民法 416 条を不法行為による損害賠償の場合に類推適用するときは，立証上の困難のため，被害者が特別の事情によって生じた損害の賠償を求めることは至難とならざるをえない。そこで，この不都合を回避しようとすれば，公平の見地からみて加害者において賠償するのが相当と認められる損害については，特別の事情によって生じた損害を通常生ずべき損害と擬制し，あるいは予見しまたは予見すべきでなかつたものを予見可能であつたと擬制することとならざるをえないのである」。

　裁判実務では不法行為において特別事情の予見可能性を問うことは抽象化され，あるいは形骸化されている。

② 区分論——事実的因果関係保護範囲

相当因果関係論に対しては，責任の成立要件としての事実的因果関係と，損害賠償範囲確定のための因果関係とを明確に分けるべきであると主張し，損害賠償範囲確定のための因果関係について，保護範囲，義務射程，有責性関連，危険性関連，危険範囲などの概念のもとにそれぞれの基準を提示する考え方がある。そのうえで，因果関係のもう1つの要素として損害の金銭的評価の項目を独立させる。このような考え方を本書では区分論と称する。区分論は，相当因果関係説は，ドイツの完全賠償主義の下でのみ意義をもつものであるとして批判を行った。

区分論は，事実的因果関係という概念を因果関係論の独立した要素とする。ある加害行為が原因となってその被害が発生したという原因と結果の事実上のつながりを，事実的因果関係と捉える。事実的因果関係は「あれなければこれなし」の条件関係をいい，「あるかないか（オール・オア・ナシング）」の考え方を基準にしてその有無が判断される。

区分論（平井説）

　損害賠償の範囲の問題は，①加害行為と損害（損害事実説）が事実的因果関係に立つかどうかの判断，②事実的因果関係に立つ損害のうちどこまでのものが保護範囲に含まれるかの判断，③保護範囲内の損害について金銭的評価の3つに分かれるとする。因果関係の問題は①のみとする（平井宜雄『債権各論Ⅱ不法行為』［弘文堂，1992］110頁）。

③ 割合的因果関係論

割合的因果関係論とは，複数の原因が競合してある結果をもたらした場合に，原因が結果の発生にどの程度影響したかを考慮し，事故の寄与度に応じた損害賠償責任を加害原因者に対して負担させようと考えるものでる。すなわち，因果関係をあるかないか (but for rule) ではなく，事故の結果に対する寄与度に応じて割合的に判断すべきとする。

割合的因果関係論では，結果に対する原因が複数認められる，いわゆる原因競合事例について，加害行為の寄与度（事故の寄与度）が吟味される。他原因が結果に寄与した部分については，当該不法行為事例では共同不法行為が成

立する場合を除いて責任追及の対象から除外される。ただし，他原因に対して，別に責任を追及する可能性が残されている場合もある。

④　寄与度論

判例が採用する相当因果関係論における相当性判断は，因果関係と損害の双方に及んでおり，割合的認定，すなわち寄与度責任あるいは素因減額を行っている。相当因果関係論における「相当性」の判断にあたっては寄与度を基本にしている。

相当因果関係論は実務に定着し，その本質である相当性判断に科学的，医学的知見を用いることによって相当性を数値化することを許容する。これが判例における割合的認定論ではないだろうか。判例において割合的認定論を可能にしたものは，相当性判断の枠組みではないかと考える。

寄与度論は，割合的因果関係論の本質に学びそこにおける割合的認定の方法を参考にする。同時に，相当因果関係論における相当性の判断方法との接続を図っている。これにより寄与度論は相当因果関係における相当性判断の柔軟性を追求する。そして，科学的知見に基づく事故の寄与度（賠償科学的寄与度）を因果関係論と損害論の双方に位置づけるものである（小賀野晶一「割合的認定論の法的構成—相当因果関係論の再構成」日弁連交通事故相談センター編『交通賠償論の新次元』［判例タイムズ社，2007 年］100 頁以下，同「寄与度，過失相殺—寄与度論への道すじ」野村好弘監修『割合的解決と公平の原則』［ぎょうせい，2002 年］43 頁以下）。

(ii)　因果関係の立証

①　高度の蓋然性の証明

因果関係の立証についてはどの程度のものが要求されるのだろうか。東大ルンバール事件判決（最判昭 50 年 10 月 24 日民集 29 巻 9 号 1417 頁）において最高裁は「訴訟上の因果関係の立証は，一点の疑義も許されない自然科学的証明ではなく，経験則に照らして全証拠を総合検討し，特定の事実が特定の結果発生を招来した関係を是認しうる高度の蓋然性を証明することであり，その判定は，通常人が疑を差し挟まない程度に真実性の確信を持ちうるものであることを必要とし，かつ，それで足りるものである」とした。高度の蓋然性とは，科学的証明までは必要としないが，単なる可能性では足りず，その可能性が相当に高い場合をいう。

② 門前到達説

新潟水俣病事件判決（新潟地判昭46年9月29日判タ267号99頁）は，①被害疾患の特性とその原因（病因）物質，②原因物質が被害者に到達する経路（汚染経路）の立証がなされ，汚染源の追求がいわば企業の門前にまで達したときは，むしろ企業側において自己の工場が汚染源になり得ないことを証明しない限り，その存在を事実上推認され，その結果，すべての法的因果関係が立証されたものと解すべきであるとして，原告の側で加害企業における原因物質の排出（生成・排出に至るまでのメカニズム）を証明することは不要であると解した（門前到達説といわれる）。

③ 疫学的因果関係

疫学の手法を用いる疫学的因果関係という考え方がある（疫学とは，公衆衛生や疾病の予防を人間集団における事象を統計的な手法を用いて研究・解明する学問である）。

疫学的因果関係は，イタイイタイ病訴訟の第1審富山地判昭46年6月30日下民集22巻5・6号別冊1頁，第2審名古屋高金沢支判昭47年8月9日判時674号25頁で採用され，その後の公害裁判でも被害者救済上重要な役割を果たしている。第2審の名古屋高金沢支判は，次のように述べた。「およそ，公害訴訟における因果関係の存否を判断するに当っては，企業活動に伴って発生する大気汚染，水質汚濁等による被害は空間的にも広く，時間的にも長く隔った不特定多数の広範囲に及ぶことが多いことに鑑み，臨床医学や病理学の側面からの検討のみによっては因果関係の解明が十分達せられない場合においても，疫学を活用していわゆる疫学的因果関係が証明された場合には原因物質が証明されたものとして，法的因果関係も存在するものと解するのが相当である」。

四日市ぜん息事件判決（津地四日市支判昭47年7月24日判タ280号100頁）は，疫学的因果関係が認められる条件として次の4点掲げた。すなわち，①その因子は発病の一定期間前に作用するものであること，②その因子の作用する程度が著しいほど，その疾病の罹患率が高まること，③その因子の分布消長の立場から，記載疫学で観察された流行の特性が矛盾なく説明されること（その因子がとり去られた場合その疾病の罹患率は低下すること，その因子をもたない集団で

は，その疾病の罹患率がきわめて低いことなど），④その因子が原因として作用する機序（メカニズム）が生物学的に矛盾なく説明されることである。その上で，「原告らが磯津地区に居住して，大気汚染に暴露されている等，磯津地区集団のもつ特性をそなえている以上，大気汚染以外の罹患等の因子の影響が強く，大気汚染の有無にかかわらず，罹患または症状増悪をみたであろうと認められるような特段の事情がない限り，大気汚染の影響を認めてよい」として，Ｙら6社の工場のばい煙が汚染源になっていると認め，その大気汚染によりＸらが閉そく性肺疾患に罹患し，症状が増悪したと認めた。

(5)　責任能力

　不法行為責任が成立するためには加害者に責任能力が必要である。責任能力とは，自己の行為が法的に非難を受けうることであると認識できる能力をいう。

　709条にはこの要件は明示されていないが，712条および713条の規定からうかがえる。実質的にも，自己の行為がどのような結果をもたらすかを理解できない者に責任を負わせるのは酷である。理論的には，責任能力のない者がなぜ責任を負わないのかは問題になりうる。免責の理由としては諸説があり，①故意・過失（709条）の前提となる判断能力がない，②違法性を判断する能力がない，③通常資力の乏しい者を救済しようとする政策判断過などが考えられる。過失責任主義に立つ以上，責任能力がない者に責任を追及することはできないと考えるべきであろう。民法はこのような意味における結果責任を認めていない。民事訴訟では，不法行為時に加害者に責任能力がなかったという事実は抗弁として位置づけられる。

　民法は責任無能力者として，①未成年者であり，その行為の責任を弁識するに足る能力を有しない者（712条）を挙げ，損害賠償義務を負わないものとしている。責任能力が備わるのは12歳程度であるといわれる。より低年齢でも責任能力を認める考え方もある。

　また，②精神上の障害により自己の行為の責任を弁識する能力を欠く状態にある者（713条）（旧規定では心神喪失者と称した）も責任無能力者とされ，損害賠償義務を負わない。

　健常な判断能力を有する成年者が，泥酔・麻酔等によって一時的に心神喪失状態に陥った場合に，責任能力がないと評価されることがある。ただし，故意または過失によって一時的に自己の行為の責任を弁識する能力を欠く状態を招いたときは，責任無能力者としての免責を受けることができない（713条ただし書）。

(6)　違法性阻却事由

　民法は違法性阻却事由として，正当防衛と緊急避難について規定する（720条1項，2項）。

　他人の不法行為に対し，自己または第三者の権利または法律上保護される利益を防衛するため，やむを得ず加害行為をした者は，損害賠償の責任を負わない（720条1項）。これを正当防衛という。ナイフで切りつけられたので，近くにいた第三者の杖を取り上げ武器にして対抗し，その杖を壊したした場合のように，第三者や第三者の物に向けた防衛行為でも，やむを得ず加害行為をしたのであれば，民法では正当防衛となる。この点，刑法の正当防衛においては，急迫不正の侵害に対して行われなければならないので，第三者に向けた防衛行為は，正当防衛は成立せず緊急避難が成立しうる（刑法の通説）。

　他人の物から生じた急迫の危難を避けるためその物を損傷した場合を緊急避難という。加害行為を行った者は損害賠償責任を負わない（720条2項）。緊急避難は，たとえば，板が倒れてきたので，とっさに蹴り壊して避けたというように，他人の物から生じ，その物を損傷した場合の規定である。

　他の違法性阻却事由として，正当業務行為（医師の手術など），被害者の承諾，危険の引き受け（ボクシングなどのスポーツ），事務管理などもある。自力救済（強盗から物を奪い返すこと等）は，法治国家においては，原則として禁止されており，例外的に認められうるに過ぎない。

4　特殊の不法行為

　特殊不法行為では立証責任が加害者側に転換されているなど，特別の要件の下で不法行為の成立を認める。民法以外の特別法にも特殊不法行為が定められている。

(1) 監督義務者の責任

責任能力のない者（責任無能力者）が行った行為については，これを監督すべき法定の義務ある者（監督義務者）およびその者に代わって監督する者（代理監督者）が，自己の注意を怠らなかったことを証明しない限り，責任を負う（714条）。監督義務者等が責任を免れるためには，自ら義務を怠らなかったこと（無過失）を立証しなければならない。すなわち，過失の立証責任が転換されている（714条ただし書。中間責任）（無過失の立証による免責の要件につき，後掲のサッカーボール事件判決を参照）。

監督義務者と代理監督者の責任は選択関係ではなく，併存的に成立し得る。この場合，両責任は不真正連帯債務の関係に立つ。

不真正連帯債務

不真正連帯債務とは，債権者に満足を与える事由（弁済など）以外は，1人の債務者に生じた事由は他の債務者に影響を与えず（相対的効力），債務者間での求償も当然には認められない連帯債務をいう。

2017年改正で，以前の連帯債務の絶対的効力事由の一部（請求，免除，時効の完成）が相対的効力事由となったことにより，不真正連帯債務という概念の意義は大幅に減少したと言われている。

(i) 監督義務者とは

監督義務者の例は，未成年者の親権者（820条），未成年後見人（857条）などである。

代理監督者とは，幼稚園の保育士，小学校の教員，精神病院の医師，少年院の職員などをいう。契約による監督の委託を重視し，幼稚園・小学校・精神病院等については個々の職員・医師ではなく施設自体を代理監督者とみる見解もある。

監督義務者（監督義務者に準ずるべき者）の責任につき，後掲のJR東海認知症高齢者事故訴訟を参照。

(ii) 失火責任法との関係

責任無能力の未成年者の失火と監督義務者の責任につき，失火責任法にいう重過失の有無は，責任無能力の未成年者の過失について判断されるのか，

あるいは監督義務者の監督上の過失について判断されるのであろうか。最判平7年1月24日民集49巻1号25頁は，監督義務者が監督について重過失であったかどうかを問題とする（監督義務者が監督について軽過失であるにとどまる場合は，監督義務者は失火に関する不法行為責任につき免責される）。

(iii)　責任能力のある未成年者の不法行為と監督義務者の709条責任

　不法行為を行った未成年者に責任能力が認められる場合，714条の適用はない。そのため，未成年者に資力がない場合は，被害者救済に欠けるようにも思われる。しかし，この場合であっても，監督義務者の義務違反と当該未成年者の不法行為によって生じた結果との間に相当因果関係を認めうるときは，監督義務者につき709条に基づく不法行為が成立する（最判昭49年3月22日民集28巻2号347頁）。

最判平27年4月9日民集69巻3号455頁（サッカーボール事件判決）

　責任を弁識する能力のない未成年者が，サッカーボールを蹴って他人に損害を加えた事故につき，その親権者が民法714条1項の監督義務者としての義務を怠らなかったと認めた事案である。

　＜事案＞　「(1)C（平成4年3月生まれ）は，平成16年2月当時，愛媛県越智郡D町立（現在は今治市立）E小学校（以下「本件小学校」という。）に通学していた児童である。

　(2)本件小学校は，放課後，児童らに対して校庭（以下「本件校庭」という。）を開放していた。本件校庭の南端近くには，ゴールネットが張られたサッカーゴール（以下「本件ゴール」という。）が設置されていた。本件ゴールの後方約10mの場所には門扉の高さ約1.3mの門（以下「南門」という。）があり，その左右には本件校庭の南端に沿って高さ約1.2mのネットフェンスが設置されていた。また，本件校庭の南側には幅約1.8mの側溝を隔てて道路（以下「本件道路」という。）があり，南門と本件道路との間には橋が架けられていた。本件小学校の周辺には田畑も存在し，本件道路の交通量は少なかった。

　(3)Cは，平成16年2月25日の放課後，本件校庭において，友人らと共にサッカーボールを用いてフリーキックの練習をしていた。Cが，同日午後5時16分頃，本件ゴールに向かってボールを蹴ったところ，そのボールは，本件校庭から南門の門扉の上を越えて橋の上を転がり，本件道路上に出た。折から自動二輪車を運転して本件道路を西方向に進行してきたB（大正7年3月生まれ）は，そのボールを避けようとして転倒した（以下，この事故を「本件事故」という。）。

　(4)Bは，本件事故により左脛骨及び左腓骨骨折等の傷害を負い，入院中の平成17年

7月10日，誤嚥性肺炎により死亡した。

　(5)Cは，本件事故当時，満11歳11箇月の男子児童であり，責任を弁識する能力がなかった。上告人らは，Cの親権者であり，危険な行為に及ばないよう日頃からCに通常のしつけを施してきた。

　＜原審の判断＞　原審は，上記事実関係の下において，本件ゴールに向けてサッカーボールを蹴ることはその後方にある本件道路に向けて蹴ることになり，蹴り方次第ではボールが本件道路に飛び出す危険性があるから，上告人らにはこのような場所では周囲に危険が及ぶような行為をしないよう指導する義務，すなわちそもそも本件ゴールに向けてサッカーボールを蹴らないよう指導する監督義務があり，上告人らはこれを怠ったなどとして，被上告人らの民法714条1項に基づく損害賠償請求を一部認容した。

　＜判旨＞　「満11歳の男子児童であるCが本件ゴールに向けてサッカーボールを蹴ったことは，ボールが本件道路に転がり出る可能性があり，本件道路を通行する第三者との関係では危険性を有する行為であったということができるものではあるが，Cは，友人らと共に，放課後，児童らのために開放されていた本件校庭において，使用可能な状態で設置されていた本件ゴールに向けてフリーキックの練習をしていたのであり，このようなCの行為自体は，本件ゴールの後方に本件道路があることを考慮に入れても，本件校庭の日常的な使用方法として通常の行為である。また，本件ゴールにはゴールネットが張られ，その後方約10ｍの場所には本件校庭の南端に沿って南門及びネットフェンスが設置され，これらと本件道路との間には幅約1.8ｍの側溝があったのであり，本件ゴールに向けてボールを蹴ったとしても，ボールが本件道路上に出ることが常態であったものとはみられない。本件事故は，Cが本件ゴールに向けてサッカーボールを蹴ったところ，ボールが南門の門扉の上を越えて南門の前に架けられた橋の上を転がり，本件道路上に出たことにより，折から同所を進行していたBがこれを避けようとして生じたものであって，Cが，殊更に本件道路に向けてボールを蹴ったなどの事情もうかがわれない。

　責任能力のない未成年者の親権者は，その直接的な監視下にない子の行動について，人身に危険が及ばないよう注意して行動するよう日頃から指導監督する義務を負うと解されるが，本件ゴールに向けたフリーキックの練習は，上記各事実に照らすと，通常は人身に危険が及ぶような行為であるとはいえない。また，親権者の直接的な監視下にない子の行動についての日頃の指導監督は，ある程度一般的なものとならざるを得ないから，通常は人身に危険が及ぶものとはみられない行為によってたまたま人身に損害を生じさせた場合は，当該行為について具体的に予見可能であるなど特別の事情が認められない限り，子に対する監督義務を尽くしていなかったとすべきではない。

　Cの父母である上告人らは，危険な行為に及ばないよう日頃からCに通常のしつけをしていたというのであり，Cの本件における行為について具体的に予見可能であったなどの特別の事情があったこともうかがわれない。そうすると，本件の事実関係に

照らせば，上告人らは，民法714条1項の監督義務者としての義務を怠らなかったというべきである」。

　「以上によれば，原審の判断中，上告人らの敗訴部分には判決に影響を及ぼすことが明らかな法令の違反があり，この点に関する論旨は理由がある。そして，以上説示したところによれば，被上告人らの民法714条1項に基づく損害賠償請求は理由がなく，被上告人らの民法709条に基づく損害賠償請求も理由がないこととなるから，原判決中上告人らの敗訴部分をいずれも破棄し，第1審判決中上告人らの敗訴部分をいずれも取り消した上，上記取消部分に関する被上告人らの請求をいずれも棄却し，かつ，上記破棄部分に関する承継前被上告人Aの請求に係る被上告人X2及び同X3の附帯控訴を棄却すべきである。」

　本判決は，責任能力のない未成年者の親権者の監督義務違反につき，人身に危険が及ばないよう注意して行動するよう日頃から指導監督する義務を負うとしつつ，「通常は人身に危険が及ぶものとはみられない行為」については，具体的に予見可能であるなど特別の事情が認められない限り，監督義務違反を問えないとした。

最判平28年3月1日民集70巻3号681頁（JR東海認知症高齢者事故訴訟）

　認知症が進んだ高齢者がホームから線路内に入り列車と衝突して死亡した事故につき，JR東海が，死亡事故によって振替輸送等の費用の支出を余儀なくされたとして，遺族に対して709条または714条に基づき人件費等約720万円の損害賠償を請求した。原告はJR東海であり，被告は列車に轢かれて死亡したA（91歳）の遺族である。亡Aと同居し介護に当たったその妻Y1（85歳，愛知県大府市内在住で同居）には4人の子がいたが，長男Y2（事故当時57歳）とY2の妻B（横浜市内在住だったが平成14年以降A宅の近くに引っ越し，デイサービス以外の介護を担った）の他は，直接には介護に関わっていなかった。

裁判所の判断

	判決（認容額）	妻（要介護1）	長男（20年以上別居）
1審	名古屋地判平25年8月9日判時2202号68頁（約720万円）	○民法709条	○民法714条
控訴審	名古屋高判平26年4月24日判時2223号25頁（約360万円）	○民法714条	×（長期の別居）
上告審	最判平28年3月1日民集70巻3号681頁	×（高齢で監督できる状況にない）	×（長期の別居，月3回訪問）

※損害賠償責任の有無＞被告に責任あり（○），被告に責任なし（×）

最高裁判決の考え方を要約すると次の 1-3 のようになる。

　1　法定監督義務者とは——（保護者や）成年後見人は直ちに法定監督義務者に該当するとはいえない。

　「身上配慮義務は，——成年後見人が契約等の法律行為を行う際に成年被後見人の身上について配慮すべきことを求めるものであって，成年後見人に対し事実行為として成年被後見人の現実の介護を行うことや成年被後見人の行動を監督することを求めるものと解することはできない。」

　2　精神障害者と同居する配偶者は，法定監督義務者に当らない（夫婦の同居協力扶助義務は法定監督義務の根拠とならない）。

　3　法定監督義務者に該当しない者であっても，責任無能力者との身分関係や日常生活における接触状況に照らし，第三者に対する加害行為の防止に向けてその者の監督義務を引き受けたとみるべき特段の事情が認められる場合には，法定監督義務者に準ずべき者として 714 条 1 項が類推適用され責任が認められる場合がある。

　これにつき「諸般の事情を総合考慮して，その者が精神障害者を現に監督しているかあるいは監督することが可能かつ容易であるなど衡平の見地からその者に対し精神障害者の行為に係る責任を問うのが相当といえる客観的状況が認められるか否かという観点から判断する」とした。

本判決は特段の事情の判断要素として，以下の諸点を掲げた。

①その者自身の生活状況や心身の状況など

②精神障害者との親族関係の有無・濃淡

③同居の有無その他の日常的な接触の程度

④精神障害者の財産管理への関与の状況などその者と精神障害者との関わりの実情

⑤精神障害者の心身の状況や日常生活における問題行動の有無・内容

⑥これらに対応して行われている監護や介護の実態など

　「(1)ア　民法 714 条 1 項の規定は，責任無能力者が他人に損害を加えた場合にはその責任無能力者を監督する法定の義務を負う者が損害賠償責任を負うべきものとしているところ，このうち精神上の障害による責任無能力者について監督義務が法定されていたものとしては，平成 11 年法律第 65 号による改正前の精神保健及び精神障害者福祉に関する法律 22 条 1 項により精神障害者に対する自傷他害防止監督義務が定め

られていた保護者や，平成 11 年法律第 149 号による改正前の民法 858 条 1 項により
禁治産者に対する療養看護義務が定められていた後見人が挙げられる。しかし，保護
者の精神障害者に対する自傷他害防止監督義務は，上記平成 11 年法律第 65 号により
廃止された（なお，保護者制度そのものが平成 25 年法律第 47 号により廃止された。）。
また，後見人の禁治産者に対する療養看護義務は，上記平成 11 年法律第 149 号による
改正後の民法 858 条において成年後見人がその事務を行うに当たっては成年被後見人
の心身の状態及び生活の状況に配慮しなければならない旨のいわゆる身上配慮義務に
改められた。この身上配慮義務は，成年後見人の権限等に照らすと，成年後見人が契
約等の法律行為を行う際に成年被後見人の身上について配慮すべきことを求めるもの
であって，成年後見人に対し事実行為として成年被後見人の現実の介護を行うことや
成年被後見人の行動を監督することを求めるものと解することはできない。そうする
と，平成 19 年当時において，保護者や成年後見人であることだけでは直ちに法定の監
督義務者に該当するということはできない。

　　イ　民法 752 条は，夫婦の同居，協力及び扶助の義務について規定しているが，こ
れらは夫婦間において相互に相手方に対して負う義務であって，第三者との関係で夫
婦の一方に何らかの作為義務を課するものではなく，しかも，同居の義務については
その性質上履行を強制することができないものであり，協力の義務についてはそれ自
体抽象的なものである。また，扶助の義務はこれを相手方の生活を自分自身の生活と
して保障する義務であると解したとしても，そのことから直ちに第三者との関係で相
手方を監督する義務を基礎付けることはできない。そうすると，同条の規定をもって
同法 714 条 1 項にいう責任無能力者を監督する義務を定めたものということはでき
ず，他に夫婦の一方が相手方の法定の監督義務者であるとする実定法上の根拠は見当
たらない。

　　したがって，精神障害者と同居する配偶者であるからといって，その者が民法 714
条 1 項にいう「責任無能力者を監督する法定の義務を負う者」に当たるとすることは
できないというべきである。

　　ウ　第 1 審被告 Y1 は A の妻であるが（本件事故当時 A の保護者でもあった（平成
25 年法律第 47 号による改正前の精神保健及び精神障害者福祉に関する法律 20 条参
照）。），以上説示したところによれば，第 1 審被告 Y1 が A を「監督する法定の義務を
負う者」に当たるとすることはできないというべきである。

　　また，第 1 審被告 Y2 は A の長男であるが，A を「監督する法定の義務を負う者」
に当たるとする法令上の根拠はないというべきである。

　　(2)ア　もっとも，法定の監督義務者に該当しない者であっても，責任無能力者との
身分関係や日常生活における接触状況に照らし，第三者に対する加害行為の防止に向
けてその者が当該責任無能力者の監督を現に行いその態様が単なる事実上の監督を超
えているなどその監督義務を引き受けたとみるべき特段の事情が認められる場合に
は，衡平の見地から法定の監督義務を負う者と同視してその者に対し民法 714 条に基

づく損害賠償責任を問うことができるとするのが相当であり，このような者については，法定の監督義務者に準ずべき者として，同条 1 項が類推適用されると解すべきである（最高裁昭和 56 年(オ)第 1154 号同 58 年 2 月 24 日第一小法廷判決・裁判集民事 138 号 217 頁参照）。その上で，ある者が，精神障害者に関し，このような法定の監督義務者に準ずべき者に当たるか否かは，その者自身の生活状況や心身の状況などとともに，精神障害者との親族関係の有無・濃淡，同居の有無その他の日常的な接触の程度，精神障害者の財産管理への関与の状況などその者と精神障害者との関わりの実情，精神障害者の心身の状況や日常生活における問題行動の有無・内容，これらに対応して行われている監護や介護の実態など諸般の事情を総合考慮して，その者が精神障害者を現に監督しているかあるいは監督することが可能かつ容易であるなど衡平の見地からその者に対し精神障害者の行為に係る責任を問うのが相当といえる客観的状況が認められるか否かという観点から判断すべきである。

　イ　これを本件についてみると，A は，平成 12 年頃に認知症のり患をうかがわせる症状を示し，平成 14 年にはアルツハイマー型認知症にり患していたと診断され，平成 16 年頃には見当識障害や記憶障害の症状を示し，平成 19 年 2 月には要介護状態区分のうち要介護 4 の認定を受けた者である（なお，本件事故に至るまでに A が 1 人で外出して数時間行方不明になったことがあるが，それは平成 17 年及び同 18 年に各 1 回の合計 2 回だけであった。）。第 1 審被告 Y1 は，長年 A と同居していた妻であり，第 1 審被告 Y2，B 及び C の了解を得て A の介護に当たっていたものの，本件事故当時 85 歳で左右下肢に麻ひ拘縮があり要介護 1 の認定を受けており，A の介護も B の補助を受けて行っていたというのである。そうすると，第 1 審被告 Y1 は，A の第三者に対する加害行為を防止するために A を監督することが現実的に可能な状況にあったということはできず，その監督義務を引き受けていたとみるべき特段の事情があったとはいえない。したがって，第 1 審被告 Y1 は，精神障害者である A の法定の監督義務者に準ずべき者に当たるということはできない。

　ウ　また，第 1 審被告 Y2 は，A の長男であり，A の介護に関する話合いに加わり，妻 B が A 宅の近隣に住んで A 宅に通いながら第 1 審被告 Y1 による A の介護を補助していたものの，第 1 審被告 Y2 自身は，横浜市に居住して東京都内で勤務していたもので，本件事故まで 20 年以上も A と同居しておらず，本件事故直前の時期においても 1 箇月に 3 回程度週末に A 宅を訪ねていたにすぎないというのである。そうすると，第 1 審被告 Y2 は，A の第三者に対する加害行為を防止するために A を監督することが可能な状況にあったということはできず，その監督を引き受けていたとみるべき特段の事情があったとはいえない。したがって，第 1 審被告 Y2 も，精神障害者である A の法定の監督義務者に準ずべき者に当たるということはできない。」

(2)　使用者責任

　　AはBタクシー会社勤務のCが運転するタクシーにはねられ大怪我を負った。AはBやCに対してどのような請求をすることができるか。

(i)　使用者責任とは

　ある事業のために他人を使用する者（使用者）は，被用者がその事業の執行について第三者に加えた損害を賠償する責任を負う（715条1項本文）。このような使用者の第三者に対する責任を使用者責任という。

　717条1項ただし書は，使用者が被用者の選任およびその事業の監督について相当の注意をしたとき，または相当の注意をしても損害が生ずべきであったときは，責任を負わないとして免責を認めている（中間責任）。もっとも，実際にはこの免責は簡単に認められるものではなく，事実上，無過失責任となっている。

(ii)　報償責任

　使用者責任は，使用者は被用者の行為（事業の執行）によって利益を得ているのであるから，被用者の行為によって損害が発生した場合には被用者に代わって責任を負担しなければならないとする報償責任の考え方に基づいている。また，危険な原因を作出した者・支配している者に，そのリスクを負わせるべきであるという危険責任の考えにも基づく。

代位責任か自己責任か

　判例・通説は，被用者という他人の不法行為についての責任であると捉える（代位責任）。これに対して学説には，使用者責任を，被用者の選任・監督上の使用者の過失に基づくものと捉える見解もある（自己責任）。

　代位責任という考えの下でも，使用者責任が負う責任は他人の損害賠償義務の肩代わり責任なのか，あるいは報償責任という自己固有の帰責根拠に基づくものなのか考え方が分かれる。使用者責任を他人の損害賠償義務の肩代わり責任と捉えた場合には，使用者責任が成立する前提として，他人に不法行為責任が成立する必要があることになる（通説）。他方で，使用者責任を，報償責任という自己固有の責任根拠に基づくものだと捉えた場合は，被用者に不法行為責任が成立することは必ずしも必要ないことになる（たとえば，被用者に責任能

力がなく，被用者の不法行為が成立しなくても，使用者責任は肯定しうる）。

ⅲ　使用者責任の成立要件

使用者責任の成立要件は，①ある事業のために他人を使用すること，②被用者が事業の執行について第三者に損害を与えたこと（被用者が一般不法行為の要件を満たす必要がある［判例・通説］），③使用者が相当の注意をして被用者を監督したこと，または相当の注意をしても損害が生じたであろうことを証明できないことである（715条1項）。

使用関係は，雇用契約を必要とせず，日常の用法よりも広義である。指揮・監督する関係があれば足りる（たとえば，最判平16年11月12日民集58巻8号2078頁。暴力団の組長と下部組織の構成員との関係につき肯定）。

715条の「事業の執行につき」とは，その行為の外形から客観的に観察し，職務の範囲に属すると認められるものであればよい（外形理論あるいは外形標準説という）（最判昭32年7月16日民集11巻7号1254頁）。

外形理論に関して判例は，取引的不法行為については行為の外形に対する第三者の信頼保護にその根拠を求めている。そのことから，最判昭42年11月2日民集21巻9号2278頁は，相手方が悪意または重過失の場合は使用者責任を問えないとする。

交通事故のような事実的不法行為についても，行為の外形を重視し，事業の範囲内にあたるかどうかを客観的に判断するのが判例である（最判昭30年12月22日民集9巻14号2047頁，最判昭37年11月8日民集16巻11号2255頁）。事実的不法行為の場合は，通常第三者の信頼は問題にならないので外形理論は問題とならないはずであるが，判例はそのように解している。なお，従業員の暴力行為について，事業との密接関連性があることを要件として使用者責任が認める判例がある（最判昭44年11月18日民集23巻11号2079頁，最判昭46年6月22日民集25巻4号566頁）。

ⅳ　使用者と被用者の責任関係

使用者の責任（715条）と被用者の責任（709条）とは，不真正連帯債務の関係に立つ。

(v)　失火責任法との関係

使用者は，被用者の選任・監督について重過失がなくても，被用者が重過失によって失火を生じさせたときは，使用者責任を負うのだろうか。最高裁はこれを肯定する。すなわち，「『失火ノ責任ニ関スル法律』は，失火者その者の責任条件を規定したものであつて，失火者を使用していた使用者の帰責条件を規定したものではないから，失火者に重大な過失があり，これを使用する者に選任監督について不注意があれば，使用者は民法715条により賠償責任を負うものと解すべき」であるとする（最判昭42年6月30日民集21巻6号1526頁）。

(vi)　代理監督者

使用者に代わって事業を監督する者（代理監督者）も，使用者と同様に715条1項の責任を負う（715条2項）。代理監督者とは，客観的に観察して，使用者に代わって事業を監督する地位にあるものをいう（最判昭35年4月14日民集14巻5号863頁）。たとえば，経理事務について営業所の所長がこれにあたる。

(vii)　被用者に対する求償権

715条1項・2項の規定は，使用者または監督者から被用者に対する求償権の行使を妨げない（715条3項）。

報償責任の考え方を徹底すると，被用者への求償（715条3項）を無限定に認めることは必ずしも合理的でない。判例は，「使用者が，その事業の執行につきはなされた被用者の加害行為により，直接損害を被り又は使用者としての損害賠償責任を負担したことに基づき損害を被った場合には，使用者は，その事業の性格，規模，施設の状況，被用者の業務の内容，労働条件，勤務態度，加害行為の態様，加害行為の予防若しくは損失の分散についての使用者の配慮の程度その他諸般の事情に照らし，損害の公平な分担という見地から信義則上相当と認められる限度において，被用者に対し右損害の賠償又は求償の請求をすることができるものと解すべきである」として求償権の行使を信義則上相当の限度に制限している（最判昭51年7月8日民集30巻7号689頁）。

(viii)　被用者から使用者への求償（逆求償）

被用者が被害者に損害賠償をした場合，その被用者は使用者に求償することができるか。

　最高裁は，「715 条 1 項が規定する使用者責任は，使用者が被用者の活動に
よって利益を上げる関係にあることや，自己の事業範囲を拡張して第三者に
損害を生じさせる危険を増大させていることに着目し，損害の公平な分担と
いう見地から，その事業の執行について被用者が第三者に加えた損害を使用
者に負担させることとしたものである」「このような使用者責任の趣旨から
すれば，使用者は，その事業の執行により損害を被った第三者に対する関係
において損害賠償義務を負うのみならず，被用者との関係においても，損害
の全部又は一部について負担すべき場合があると解すべきである。また，使
用者が第三者に対して使用者責任に基づく損害賠償義務を履行した場合に
は，使用者は，その事業の性格，規模，施設の状況，被用者の業務の内容，
労働条件，勤務態度，加害行為の態様，加害行為の予防又は損失の分散につ
いての使用者の配慮の程度その他諸般の事情に照らし，損害の公平な分担と
いう見地から信義則上相当と認められる限度において，被用者に対して求償
することができると解すべきところ」(前出・最判昭 51 年 7 月 8 日を引用)，「上記
の場合と被用者が第三者の被った損害を賠償した場合とで，使用者の損害の
負担について異なる結果となることは相当でない。以上によれば，被用者が
使用者の事業の執行について第三者に損害を加え，その損害を賠償した場合
には，被用者は，上記諸般の事情に照らし，損害の公平な分担という見地か
ら相当と認められる額について，使用者に対して求償することができるもの
と解すべきである」として，被用者の使用者への求償 (いわゆる逆求償) を認め
た (最判令 2 年 2 月 28 日裁判所ウェブサイト)。

(3)　注文者の責任

　注文者は，請負人がその仕事につき第三者に加えた損害を賠償する責任を
負わない。ただし，注文または指図につき注文者に過失があったときはこの
限りでない (716 条)。

　請負人は，注文者から独立し，自らの裁量でその仕事を完成させることを
めざしている。こうした請負の性質を考慮し，請負人がその仕事について第
三者に損害を及ぼしても，注文者は原則として責任を負わないとし，注文ま
たは指図につき注文者に過失があったときにのみ責任を負うとしたのである

（716条ただし書）。注文者の責任（716条ただし書）は，709条を注意的に規定したものであり，自己責任と捉えることができる。請負人の不法行為責任の成否とも関係しない。

(4)　土地工作物責任

(i)　土地工作物責任とは

　土地の工作物の設置または保存に瑕疵があったために他人に損害を及ぼしたときは，その工作物の占有者または所有者はその損害を賠償する責任を負う（717条1項本文）。これを土地工作物責任という。たとえば，宅地の石塀がくずれて通行人が負傷した場合などが，土地工作物責任の例である。なお，道路，河川など公の営造物の設置または管理の瑕疵に起因する損害については，国家賠償法の営造物責任が問題となる。

(ii)　危険責任

　土地の工作物はしばしば危険性を内包しているのでそのような物を占有または所有する者は，相応の責任を負担すべきである。土地工作物責任はかかる危険責任の考え方に基づいている。民法は占有者に無過失の免責を認めるが（717条1項ただし書），所有者に無過失責任を課している。

(iii)　土地工作物責任の成立要件

　土地工作物責任の成立要件は，①土地の工作物の設置または保存に瑕疵があること，②瑕疵によって他人に損害が生じたことである（717条1項本文）。占有者が損害の発生を防止するのに必要な注意をしたときは，占有者は免責され，所有者がその損害を賠償しなければならない（717条1項ただし書）。

　土地工作物とは，土地に接着し，人工的作業がなされたものをいう。たとえば，建物，道路，橋，トンネル，石塀，堤防，電柱，電線などがこれにあたる。被害者救済の観点から広く捉えるべきである。工場内の機械設備も土地工作物に該当するという考えが有力である。

　瑕疵とは，欠陥のことをいい，工作物が通常備えているべき安全性を欠いていることをいう。瑕疵には，物理的な性状の瑕疵だけでなく，機能上の瑕疵も含まれる。

(iv)　賠償責任を負う者

本条の賠償責任を負う者は，第1次的にはその工作物の占有者である。占有者が損害発生の防止義務を尽くしていたときは免責される（占有者の責任は中間責任であり，過失がなかったことを占有者が立証しなければならない）。

工作物を直接占有している者を通じて占有している間接占有者も占有者にあたる。たとえば賃貸人である。

占有者が免責事由を証明して免責される場合，第2次的に工作物の所有者が責任を負う。その場合，所有者は過失がなくても責任を負わなければならない（無過失責任）。所有者の無過失責任は結果責任ではない。自然災害や第三者の行為に対する安全性としては，予想すべき危険に対する安全性を備えていることが必要とされる。

占有者と所有者の責任は併存的ではなく，順位的な関係にある。しかし，これには合理的根拠がないとする立法論上の批判がある。

(v)　求　償

占有者または所有者が土地工作物責任を負った場合，損害の原因について他にその責任を負う者があるときは，占有者または所有者は，その者に対して求償権を行使することができる（717条3項）。たとえば，損害の原因が土地工作物の設置工事のミスであり，その工事を請け負った業者が責任を負うべき場合，占有者または所有者はその者に支払った損害金の求償ができる。

(vi)　営造物責任（国家賠償法）

土地工作物責任に類似するものとして，国家賠償法上の国・公共団体の営造物責任がある。

道路などの公の営造物の設置または管理に瑕疵があったために，他人に損害を生じたときは，国・公共団体はこれを賠償する責任を負う（国家賠償法2条1項）。営造物の設置または管理の瑕疵は，営造物が通常有すべき安全性を欠いている状態をいう。

公の営造物とは，国・地方公共団体等が特定の公の目的に供用する建設物または物的施設をいう。たとえば，道路，河川，橋，空港，港湾，干拓地，水道，下水道，学校・病院・官公庁等の建物，公園，海浜，湖沼などがある。不動産だけでなく，動産も含まれる（自動車，航空機，臨海学校の飛込台，ストーブ，

拳銃，砲弾，事務椅子，電気かんな，自動旋盤機など）。

営造物責任の瑕疵の有無は，営造物が通常有すべき安全性または設備（防護施設等）が欠けていたかどうかを基準に判断する（客観説）（判例・通説。なお，営造物を安全良好な状態に保つべき作為・不作為の義務を設置者・管理者に認め，その違反があったかどうかを基準に瑕疵の有無を判断すべきであるとする義務違反説も有力に主張されている）。その際，管理者の管理義務違反等の過失は問わない（無過失責任）。

(5) 動物占有者等の責任

(i) 動物占有者責任とは

動物の占有者は，その動物が他人に加えた損害を賠償する責任を負う（718条1項本文）。ただし，動物の種類および性質に従い相当の注意をして管理していたことを証明すれば責任を負わない（718条1項ただし書）。動物占有者責任では過失の立証責任が転換され，占有者は，「相当の注意をもってその管理をした」ことを証明した場合に免責が認められる（中間責任）。なお，土地工作物責任のように，所有者に無過失責任を負わせる規定はない。

動物占有者の責任の規定は危険責任の法理に基づく。危険責任の趣旨から，動物には蜂などの昆虫も含まれるという考えもある。また，犬の鳴き声により騒音被害を与えた場合にも本条が適用可能とする考えもある。

動物の所有者と占有者の責務

動物愛護管理法（動物の愛護及び管理に関する法律）の7条は，動物の所有者・占有者の責務等を定めている。

第1，動物の所有者・占有者は，命あるものである動物の所有者・占有者として動物の愛護及び管理に関する責任を十分に自覚して，その動物をその種類，習性等に応じて適正に飼養し，または保管することにより，動物の健康及び安全を保持するように努めるとともに，動物が人の生命，身体もしくは財産に害を加え，生活環境の保全上の支障を生じさせ，または人に迷惑を及ぼすことのないように努めなければならない。この場合において，その飼養し，または保管する動物について第7項の基準が定められたときは，動物の飼養及び保管については，当該基準によるものとする。

第2，動物の所有者・占有者は，その所有し，または占有する動物に起因する

感染性の疾病について正しい知識を持ち，その予防のために必要な注意を払うように努めなければならない。

　第3，動物の所有者・占有者は，その所有し，または占有する動物の逸走を防止するために必要な措置を講ずるよう努めなければならない。

　第4，動物の所有者は，その所有する動物の飼養または保管の目的等を達する上で支障を及ぼさない範囲で，できる限り，当該動物がその命を終えるまで適切に飼養すること（終生飼養）に努めなければならない。

　第5，動物の所有者は，その所有する動物がみだりに繁殖して適正に飼養することが困難とならないよう，繁殖に関する適切な措置を講ずるよう努めなければならない。

　第6，動物の所有者は，その所有する動物が自己の所有に係るものであることを明らかにするための措置として環境大臣が定めるものを講ずるように努めなければならない。

　第7，環境大臣は，関係行政機関の長と協議して，動物の飼養及び保管に関しよるべき基準を定めることができる。

(ii)　動物占有者責任の成立要件

　動物占有者責任は，①動物が損害（人身被害，物的被害）を加えたこと，②占有者に免責事由の証明がないことにより成立する。なお，動物の占有補助者は，占有者ではなく，718条の適用はないと考えられている。動物の飼主の子や使用人は占有補助者にすぎないとした判例がある（最判昭37年2月1日民集16巻2号143頁）。

(iii)　動物の管理者の責任

　動物の占有者に代わって動物を管理する者も，その動物が他人に加えた損害を賠償する責任を負う（718条2項）。この規定は，受寄者や運送人を想定した規定であったが，これらの者も現在では「占有者」（1項）にあたると考えられているため，この規定は適用場面がないといわれている。

(6)　共同不法行為責任

(i)　共同不法行為の責任とは

　共同不法行為責任の規定は，発生した損害の全部について，複数加害者に連帯責任（不真正連帯責任）を課すことによって被害者救済を図っている（連帯

責任とすることによって，加害者の中に無能力者がいた場合でも，他の加害者に全額の損害賠償請求をすることができる）。

(ii)　共同不法行為の類型

「数人が共同の不法行為によって他人に損害を加えたときは，各自が連帯してその損害を賠償する責任を負う」（719条1項前段）。「共同行為者のうちいずれの者がその損害を加えたかを知ることができないときも，同様とする」（719条1項後段）。

「行為者を教唆した者及び幇助した者は，共同行為者とみなして，前項の規定を適用する」（719条2項）。

① 狭義の共同不法行為（719条1項前段）

② 加害者不明の共同不法行為（719条1項後段）

③ 教唆・幇助（719条2項）

(iii)　狭義の共同不法行為（719条1項前段）

719条1項前段は，数人が，共同の不法行為により他人に損害を加えたときは，各自連帯して損害賠償責任を負うとする。

共同不法行為の成立要件についてはいくつかの解釈があり，次の2点が主に問題となる。すなわち，①複数の加害者の各自が一般不法行為（709条）の要件を満たしていることが必要か，②どのような「共同」があれば共同不法行為が成立するかである。被害者Aに対し，BとCが共同して傷害を負わせ，Aに損害を負わせたという例で考えてみよう。

第1説は，①B・Cがそれぞれ709条の要件を満たしており，②B・Cに客観的関連共同性（客観的に行為が関連していれば通謀等がなくてもよいとする）が認められれば，719条1項前段の要件を満たすと考える。この説は，各自に709条の要件が備わること必要があるので，自己責任の原則に適う。もっとも，それでは民法が共同不法行為を認めた意味がないと批判されている。

第2説は，B・Cによる共同行為と結果との間に因果関係があれば，719条1項前段の要件を満たすと考える。これは，B・Cがそれぞれ709条の要件を満たしている必要はないとするもので，第1説よりも719条1項前段の成立要件が緩和されている。

　従来の判例・通説は，複数の加害者の各自が一般不法行為（709 条）の要件を満たしていることが必要であるとする（最判昭 43 年 4 月 23 日民集 22 巻 4 号 964 頁等）。関連共同性については，客観的関連共同性で足りると解してきた。

　最近では，行為者間の主観的事情を考慮すべきであるとする見解，客観的事情と主観的事情を併用すべきであるとする見解などが主張されている。

交通事故と医療事故の競合

　最判平 13 年 3 月 13 日民集 55 巻 2 号 328 頁は，交通事故に遭った被害者が，搬送された病院で医療事故により死亡したという事案で，交通事故の加害者と医師による共同不法行為にあたるとした。

　「本件交通事故により，A は放置すれば死亡するに至る傷害を負ったものの，事故後搬入された Y 病院において，A に対し通常期待されるべき適切な経過観察がされるなどして脳内出血が早期に発見され適切な治療が施されていれば，高度の蓋然性をもって A を救命できたということができるから，本件交通事故と本件医療事故とのいずれもが，A の死亡という不可分の一個の結果を招来し，この結果について相当因果関係を有する関係にある。したがって，本件交通事故における運転行為と本件医療事故における医療行為とは民法 719 条所定の共同不法行為に当たるから，各不法行為者は被害者の被った損害の全額について連帯して責任を負うべきものである。本件のようにそれぞれ独立して成立する複数の不法行為が順次競合した共同不法行為においても別異に解する理由はないから，被害者との関係においては，各不法行為者の結果発生に対する寄与の割合をもって被害者の被った損害の額を案分し，各不法行為者において責任を負うべき損害額を限定することは許されないと解するのが相当である。けだし，共同不法行為によって被害者の被った損害は，各不法行為者の行為のいずれとの関係でも相当因果関係に立つものとして，各不法行為者はその全額を負担すべきものであり，各不法行為者が賠償すべき損害額を案分，限定することは連帯関係を免除することとなり，共同不法行為者のいずれからも全額の損害賠償を受けられるとしている民法 719 条の明文に反し，これにより被害者保護を図る同条の趣旨を没却することとなり，損害の負担について公平の理念に反することとなるからである。」

(iv)　加害者不明の共同不法行為（719 条 1 項後段）

　A に対して B，C が投げた石のうち 1 つが A の頭に当たり大怪我をしたという場合，A は誰にどのような請求ができるであろうか。

　共同行為者中のいずれがその損害を加えたかが不明のときも，狭義の共同不法行為者と同様の責任を負う（719 条 1 項後段）。加害者が不明な場合につき，

被害者救済の観点から設けられた規定である。

　これは，因果関係を推定した規定だと考えられている。加害者の一人が因果関係の不存在を証明すれば推定が覆され，免責されるものと解される。

(ⅴ)　教唆・幇助の場合（719条2項）

　教唆者および幇助者は，共同行為者とみなされ，719条1項の規定が準用される（719条2項）。教唆者や幇助者も具体的な加害行為を行った者と同様に，発生した損害の全部について連帯責任（不真正連帯責任）を負う。教唆とは他人をそそのかして不法行為をさせること，幇助とは加害行為を容易にさせる行為である。

(ⅵ)　共同不法行為者間の求償

　数人が共同の不法行為によって他人に損害を加えたときは，各自が連帯してその損害を賠償する責任を負う（719条1項前段）。共同不法行為者の一人が被害者に損害賠償をした場合は，その責任割合に応じ，442条により他の共同不法行為者への求償が認められる。

　（不真正）連帯債務者の求償は442条がその根拠となる（不真正連帯債務は通常の連帯債務でないとされていたが，改正後は両者の区別の意義は相対化され，442条が適用されると解される）。すなわち，「連帯債務者の一人が弁済をし，その他自己の財産をもって共同の免責を得たときは，その連帯債務者は，その免責を得た額が自己の負担部分を超えるかどうかにかかわらず，他の連帯債務者に対し，その免責を得るために支出した財産の額（その財産の額が共同の免責を得た額を超える場合にあっては，その免責を得た額）のうち各自の負担部分に応じた額の求償権を有する」（442条）。

(ⅶ)　共同不法行為と過失相殺

　共同不法行為事案において被害者に過失がある場合の過失相殺の方法には，絶対的方法（絶対的過失相殺）と相対的方法（相対的過失相殺）がある。

　ある事故の加害者（共同不法行為者）をA・B，被害者をCとする。Cの損害額は1000万円だが，Cにも過失があり，A・B・Cの各過失割合は5:3:2とする。

　絶対的方法は，共同不法行為者を一体とみて，A・Bの過失割合は8（5+3）とみる。Cが2なので，8+2の合計10のうち2が過失相殺され，結局，C

は，A・Bに対し，800万円を請求できる（A・Bの連帯債務）。

　これに対して，相対的方法は，それぞれの加害者と被害者ごとに過失相殺する。A：C＝5：2，B：Cは3：2であるから，CはAに対して，1000万円の7分の5（714万円余り）を請求でき，Bに対して，1000万円の5分の3（600万円）を請求できる（A・Bは600万円の限度で連帯債務を負う）。

　以下に挙げる平成13年判決は相対的方法を採用し，平成15年判決は，絶対的方法を採った。事案は，平成13年判決は，交通事故と医療事故の競合の事例，平成15年判決は，一つの交通事故における競合事例である。平成15年判決は，絶対的過失割合を認定することができる事案であり，全額の損害賠償を受けられるとすることによって被害者保護を図ろうとする719条の趣旨を重視した。平成13年判決の事例は交通事故と本件医療事故という別々の不法行為が問題となっており，両者は事案を異にしている。

最判平13年3月13日民集55巻2号328頁
　「本件は，本件交通事故と本件医療事故という加害者及び侵害行為を異にする二つの不法行為が順次競合した共同不法行為であり，各不法行為については加害者及び被害者の過失の内容も別異の性質を有するものである。ところで，過失相殺は不法行為により生じた損害について加害者と被害者との間においてそれぞれの過失の割合を基準にして相対的な負担の公平を図る制度であるから，本件のような共同不法行為においても，過失相殺は各不法行為の加害者と被害者との間の過失の割合に応じてすべきものであり，他の不法行為者と被害者との間における過失の割合をしん酌して過失相殺をすることは許されない。」

最判平15年7月11日民集57巻7号815頁
　「複数の加害者の過失及び被害者の過失が競合する一つの交通事故において，その交通事故の原因となったすべての過失の割合（以下「絶対的過失割合」という。）を認定することができるときには，絶対的過失割合に基づく被害者の過失による過失相殺をした損害賠償額について，加害者らは連帯して共同不法行為に基づく賠償責任を負うものと解すべきである。これに反し，各加害者と被害者との関係ごとにその間の過失の割合に応じて相対的に過失相殺をすることは，被害者が共同不法行為者のいずれからも全額の損害賠償を受けられるとすることによって被害者保護を図ろうとする民法719条の趣旨に反することになる。」

5　不法行為による損害賠償請求権の消滅時効

　不法行為による損害賠償の請求権は，次の場合に，時効によって消滅する（724 条，724 条の 2）。

　①被害者またはその法定代理人が損害および加害者を知った時から 3 年間行使しないとき（人の生命または身体を害する不法行為については 5 年間行使しないとき）。

　②不法行為の時から 20 年間行使しないとき。

6　自動車損害賠償保障法

　自動車損害賠償保障法（自賠法）は，自動車の運行によって人の生命・身体が害された場合における損害賠償を保障する制度を確立することにより，被害者の保護を図り，あわせて自動車運送の健全な発達に資することを目的とする（自賠法 1 条）（自賠法は物損には適用されない）。自動車事故の多発を踏まえ，被害者救済の観点から制定されたものである。自賠法は強制責任保険制度を設けている。

　「自動車」とは，道路運送車両法 2 条 2 項に規定する自動車（農耕作業の用に供することを目的として製作した小型特殊自動車を除く）および自賠法 2 条 3 項に規定する原動機付自転車をいう（自賠法 2 条 1 項）。

　自賠法 3 条は，自己のために自動車を運行の用に供する者（運行供用者）は，その運行によって他人の生命・身体を害したときは，これによって生じた損害の賠償義務を負うとし，ただし，①自己および運転者が自動車の運行に関し注意を怠らなかったこと，②被害者または運転者以外の第三者に故意・過失があったこと，③自動車の構造上の欠陥または機能上の障害がなかったことの 3 点すべてを証明したときは責任を負わない旨規定する。同条の責任は過失責任（あるいは過失等の立証責任が転換した中間責任）に立つが，裁判において加害者が自賠法 3 条ただし書の 3 点を証明することは困難であり，実務上は無過失責任に近い運用がなされている。なお，加害者が運行供用者責任とともに民法の不法行為責任（民法 709 条，715 条等）を負うこともある。

　「運行」とは，人または物を運送するとしないとにかかわらず，自動車を当該装置の用い方に従い用いることをいう（自賠法 2 条 2 項）。

「保有者」とは，自動車の所有者その他自動車を使用する権利を有する者で，自己のために自動車を運行の用に供するものをいう（自賠法 2 条 3 項）。

「運転者」とは，他人のために自動車の運転または運転の補助に従事する者をいう（自賠法 2 条 4 項）。

運行供用者に該当するかどうかは，運行支配と運行利益によって判断される（運行支配に重点がある）。運行支配とは，自動車の運行という危険のあるものを支配している者は責任を負うべきとする考え方（危険責任）であり，運行利益は，自動車の運行により利益を受ける者が責任も負うべきとする（報償責任）という考え方である（最判昭 43 年 9 月 24 日判タ 228 号 112 頁）。

運行供用者となり得るのは，自動車を使用する正当な権限を有する者（自賠法 2 条 3 項の保有者），すなわち，自動車の所有者や賃借人などのほか，無断運転や泥棒運転などのように正当な権限を有しない者も上記運行支配等が認められればこれに含まれる。

運行供用者責任の範囲は判例法によって拡大している。運行概念及び運行起因性は抽象化され，広義に解され，貸与，名義貸し・名義残り，従業員のマイカー通勤，無断運転，盗難車などに係る事故について，保有者に運行供用者責任が認められることがある。

7 製造物責任法

(1) 欠陥に基づく責任——無過失責任

製造物責任法（1995 年施行）は，製造物の欠陥について，製造業者等に損害賠償責任を認めている。製造物責任とは，製造物（自動車，携帯電話，テレビ，食品，医薬品もその 1 つ）に欠陥があった場合における損害賠償責任をいう。過失は要件とされていない（無過失責任）。消費者保護の観点から制定された法律である。

製造物とは，「製造又は加工された動産」をいう（製造物責任法 2 条 1 項）。不動産は本法の対象外である。

製造業者等は，その製造，加工，輸入又は一定の氏名等の表示をした製造物であって，その引き渡したものの欠陥により他人の生命，身体または財産を侵害したときは，これによって生じた損害を賠償する責めに任ずる（ただし，

その損害が当該製造物についてのみ生じたときは，この限りでない）（製造物責任法3条）。製造者等の過失を要件としておらず，無過失責任を導入した。欠陥と損害との因果関係は要件とされており，被害者がこれを立証しなければならない。

　欠陥とは，当該製造物の特性，その通常予見される使用形態，その製造業者等が当該製造物を引き渡した時期その他の当該製造物に係る事情を考慮して，当該製造物が通常有すべき安全性を欠いていることをいう（製造物責任法2条2項）。

　欠陥は，開発・設計，製造工程，説明・警告などの各段階で発生しうる。

(2)　責任の主体

　責任の主体は，①当該製造物を業として製造，加工または輸入した者（「製造業者」），②自ら当該製造物の製造業者として当該製造物にその氏名，商号，商標その他の表示をした者または当該製造物にその製造業者と誤認させるような氏名等の表示をした者，③以上のほか，当該製造物の製造，加工，輸入又は販売に係る形態その他の事情からみて，当該製造物にその実質的な製造業者と認めることができる氏名等の表示をした者である（製造物責任法2条3項）。

(3)　免責規定

　製造物責任法は，製造業者等の免責規定を設けている（製造物責任法4条）。製造業者等は，製造物責任法4条1号・2号の事項を証明したときは，損害賠償責任を免責される。

　「当該製造物をその製造業者等が引き渡した時における科学又は技術に関する知見によっては，当該製造物にその欠陥があることを認識することができなかったこと」（製造物責任法4条1号，開発危険の抗弁）。

　「当該製造物が他の製造物の部品又は原材料として使用された場合において，その欠陥が専ら当該他の製造物の製造業者が行った設計に関する指示に従ったことにより生じ，かつ，その欠陥が生じたことにつき過失がないこと」（製造物責任法4条2号，部品・原材料製造者業者の抗弁）。

(4) 賠償額の無限定

製造物責任法は，賠償額の限度を設けていない。事故と相当因果関係を有する損害が賠償の対象となる。また，民法と同様，懲罰的損害賠償の規定を設けていない。アメリカ法と異なる点である。

(5) 消滅時効

製造物責任法3条に規定する損害賠償請求権は，次の場合に時効によって消滅する（製造物責任法5条）。

①被害者またはその法定代理人が損害および賠償義務者を知った時から3年間行使しないとき（人の生命または身体を侵害した場合は5年間行使しないとき）。

②その製造業者等が当該製造物を引き渡した時から10年を経過したとき（この期間は，身体に蓄積した場合に人の健康を害することとなる物質による損害または一定の潜伏期間が経過した後に症状が現れる損害については，その損害が生じた時から起算する）。

事項索引

著者紹介

小賀野晶一（おがの　しょういち）

1982 年	早稲田大学大学院法学研究科博士課程単位取得。その後，秋田大学専任講師，助教授，教授，千葉大学教授を経て，
現　在	中央大学法学部教授 博士（法学）（早稲田大学）

主要著作

『判例から学ぶ不法行為法』（成文堂，2010 年）
『民法と成年後見法』（成文堂，2012 年）
『認知症と民法』（共編）（勁草書房，2018 年）
『基本講義　民法総則・民法概論（2 版）』（成文堂，2021 年）
『基本講義　環境問題・環境法（2 版）』（成文堂，2021 年）

亀 井 隆 太（かめい　りゅうた）

2001 年	早稲田大学商学部卒業。 千葉大学大学院人文社会科学研究科博士課程修了後，大東文化大学法学部特任講師，横浜商科大学商学部専任講師を経て，
現　在	横浜商科大学商学部准教授 博士（法学）（千葉大学）

主要著作

「保証人の主債務者に対する求償権の消滅時効の中断事由がある場合であっても，共同保証人間の求償権について消滅時効の中断の効力は生じないとした事例」新・判例解説 Watch 18 号（法学セミナー増刊）（2016 年）
『民法（債権法）改正の概要と要件事実』（三協法規出版，2017 年）（「行為能力」，「贈与」の項目を分担執筆）
『リサイクルの法と実例』（三協法規出版，2019 年）（「リサイクル法制度の課題」の項目を分担執筆）
『車両損害の最新判例とその読み方』（保険毎日新聞社，2020 年）（共著）
『民法入門 I　民法総則』（尚学社，2020 年）（共著）

基本講義 契約・事務管理・不当利得・不法行為

2021 年 3 月 1 日　初版第 1 刷発行

著　者　　小賀野晶一
　　　　　亀　井　隆　太

発 行 者　　阿　部　成　一

〒 162-0041　東京都新宿区早稲田鶴巻町 514 番地

発 行 所　株式会社　成 文 堂

電話　03（3203）9201（代）　Fax 03（3203）9206
http://www.seibundoh.co.jp

製版・印刷　三報社印刷　　　　　　　製本　弘伸製本
☆乱丁・落丁本はおとりかえいたします☆
Ⓒ 2021 S. Ogano, R. Kamei　　Printed in Japan
ISBN 978-4-7923-2767-5　C 3032　　検印省略

定価（本体 2600 円 + 税）